知的生きかた文庫

時代を創った怪物たち

島地勝彦

JN109357

三笠書房

「怪物は単なる悪党ではない。
むろん善人ではない。
両方の面を具《そな》えているというよりも、
見る人によって、
どっちともとれるようでなければならない。
馬鹿では怪物になれないが、
利口すぎてもいけないのである。
複雑怪奇で、
割りきることができないばかりではなく、
分母も分子も大きくなければならない」

――大宅壮一『昭和怪物伝』より

冥界《めいかい》から
二度も門前払いされて戻ってきた
島地勝彦について

塩野七生

何やらバーテンダー遊びに夢中になっていると思っていたら、久しぶりにかけた電話の向こうのシマジの声が、いつになく神妙。病院の病室にいるとかで、明日には二度目になる心臓の手術を受けるのだという。

その時は、こちらも神妙になり、「あらまあ、がんばって」とか言って電話は切ったのだが、手術を前にしていてもシマジはシマジ。二週間後に食事を共にすることは決めた。

その夜、島地勝彦は常の彼に戻っていた。私のほうはゲラゲラ笑いながら、「聖ペテロから、ここに来るには少し早いよ、とか言われて追い払われたんでしょう」とその彼をからかう。

死者の国に入る門の鍵は、イエス・キリストの一番弟子であったペテロが握っているのだ。だから、絵画に描かれる聖ペテロは必ず鍵を手にしている。とはいえこうして、われらがシマジは生還してきたってわけです。

だが、その夜の彼は、天ぷらを食べるのもウイスキーをソーダで割ってその上から特別なブラックペッパーをかけるのも変わりはなかったが、ひとつだけ変わっていた。私に、長く愛用してきたライターをくれたのである。

携帯の番号を教えてくれるほどに親しい仲になっていた執刀医が、手術が成功とわかった段階で告げたのだという。

「禁煙はしてください。でないとボクとて保証はできない」と。

医者の忠告に従う島地勝彦なんて想像もしていなかったが、今度ばかりは従う気になったらしい。葉巻でもダメなのかとたずねたら、ダメなのだという。

それで、紫煙への愛を完全に断ち切るために、私にライターをくれたのである。私ときたら、携帯の番号を教えてくれるほどに親しい医者には恵まれていない外国暮らし。

だから腹をくくったわけではないが、死ぬ時は死ねばよいのだと、葉巻よりも心臓に悪いらしい紙巻煙草を平然と吸い続けている。シマジのライターは、ローマに持って帰った。

ところが、しばらく使われていなかったのか火が点かない。ガスも石もあるのに点かない。この種の問題を解決してくれそうな店は、ローマにはなぜか、首相官邸や国会議事堂の近くにある店しかない。それでそこに持っていったのだが、店の主人は言う。相当に使いこんでいるようなので、本格的な修理が必要だと。その本格的な修理代はいくらになるのかと聞いたら、75ユーロ。日本円に直せば1万円。ずいぶん高いなという私の想いを察したのか、主人が言った。

クラシックそのもののダンヒルだからいまでは骨董的価値がある。亡くなったお父さまの愛用の品でも、と。

私は苦笑しながら、それほどでもないけれどヴァローレ・アフェッティボならありますね、と答える。このイタリア語を日本語に直せば、情緒的価値という感じ。それでも、シマジ愛用の品であったというだけの情緒的価値を回復するために、ライターは〝入院〟させたのだった。

ところが、〝退院〟時に引き取りに行ったら、火が点くのは回復したが、点いた火はなぜか横に流れる。主人の言うには、これはパイプ愛好者に特有の癖で、この癖だけは直せなかったのだそうだ。というわけで退院後のライターはダンヒル独特の美しさと機能を回復できたのだが、火を点ける際にはちょっとした注意が必要になった。まったく島地勝彦とは、いつになろうと人迷惑な男である。

そのシマジが、古今東西の有名人100人を書いた一冊を世に問うという。ただし、その一人ひとりを論ずるのに要する分量は短いコラム記事だから、深く掘り下げることまでは無理だろう。だがシマジとは、二度も死者の国まで行っていながら二度とも追い返されたというツワモノだから、人間にとっての運はいつどこで変わるかを見極める眼は確かに違いない。

まあ、吸えなくなった彼に代わって葉巻でも紙巻でも吸いながら、寝に就く前にでも少しずつ読み進めてください。あの彼の書くことだ。眠れないほどの深刻な話にはなりようがないので、読後の安らかな眠りだけは保証できます。

ローマにて

Contents

本文イラスト　倉橋 弘（マッダオフィス）

〇〇一

庶民の味方で
子どもに夢を与えた
ギャング王。

アル・カポネ

1899年、アメリカ生まれ。禁酒法時代に、密造酒、賭博、売春で犯罪組織を拡大したシカゴのギャング。アンタッチャブルと呼ばれた酒類取締局の精鋭チームに逮捕された後はアルカトラズ刑務所に服役。1947年、48歳で死去。

アル・カポネ。あなたは確かに残忍なシカゴのギャングでしたが、子どもたちにとってはやさしいおじさんでした。クリスマスシーズンになると、あなたはオープンカーにプレゼントを山ほど積んで、姪っ子が通う小学校へ行ったそうですね。そこでは、あなたは素敵なサンタクロースでした。プレゼントを買ったお金が、密造酒やモグリ酒場、売春宿で儲けた大金だったなんて、子どもたちは知るよしもありません。

あなたは組織づくりの名人でした。シカゴで拮抗するギャング界のライバル、ジョージ・モラン一家を、警官の制服を着せた自分の子分たちに襲撃させましたね。しかも敵方のギャングたちをガレージの壁に向かって立たせ、マシンガンで皆殺しにしました。射殺すると、あなたの忠実な子分たちは風のごとく消えたのです。

ところがたった1匹、クルマにつながれていた犬が生き残り、激しく吠えまくった。その鳴き声によって近所の人が虐殺現場を見つけ事件が明るみに出てしまったのです。その犬の名前が「ハイボール」といったのは、禁酒法時代の皮肉でしょうか。この殺戮は〝セント・バレンタインデーの虐殺〟として、いまでも語り継がれています。

事件当日、あなたは自分の経営するスピークイージー（モグリ酒場）のなかで、ソワソワしながら子分からの朗報を待っていたというではないですか。奇しくもバーカウンターのなかにいたのは若い日本人、塚本元吉だけだったことを覚えていますか。バーは、まだオープンする前の仕込みの時間でした。

ツカモトは後に日本に帰国して赤坂のレストラン「カナユニ」のバーマンとしてカウンターに立ったのです。わたしが出会った頃は、すでに80歳は過ぎていましたが、品のいい大学教授のような紳士でした。わたしはツカモトバーマンから虐殺の日のあなたの行動を直接訊くことができました。

「その日、早くからカポネ親分は落ち着かない様子で店のなかを行ったりきたりしていました。すると、けたたましく電話が鳴り響いたのです。親分は急いで受話器を鷲《わし》づかみにすると『そうか！　うまくいったか！　よくやった！』と言って電話を切りました。そして、わたしにウインクしながら『モト、一杯飲もう！』と言ったのです。それが大虐殺の成功を祝う乾杯であったことは、写真入りの一面トップで報じられた翌朝の新聞で知りました」

シカゴのギャング王になったと確信していたあなたの前に、アメリカ財務省捜査官エリオット・ネスが現れました。当時のあなたは、どんな警官でも賄賂《わいろ》で手なずけていましたが、ネスだけには利かなかった。だからネスはアンタッチャブル（手出しできない奴）と呼ばれたのでしょう。ところが、そのネスをもってしても、あなたを脱税の罪でしか逮捕できなかったのです。

あなたが投獄されたサンフランシスコ沖の小島にあるアルカトラズ刑務所に、わたしも観光で訪れたことがあります。毎夜、暗い独房から寂しくサンフランシスコの夜景を眺めていたあなたの姿を思うと、どんな気持ちだったかと胸が痛みました。

刑期を終えて出てきたあなたは、若い時の乱行が祟《たた》って梅毒を患《わずら》っていたそうですね。晩年はポーカーに興じていましたが、昔の勝負強さはすでに微塵もなかったようです。それでも、あなたにヒーローでいて欲しかったかわいい子分たちは、わざと負けて何がしかのお金を払ってあげたそうです。そのことにあなたは気が付かなかったでしょう。なぜなら、すでにあなたは脳も梅毒に冒されていたからです。

あなたは、誰もが知る稀代の悪党です。でも、禁酒法時代に庶民が望む酒を提供し、そして子どもたちに夢を与えたことも事実です。いまも昔も、賄賂にまみれた政治家や庶民の金を巻き上げる悪徳投資家はたくさんいる。

だから、あなたの人生を見ると、何が正義なのかわからなくなるのです。わたしは、あなたが、それほど悪人だとは思えないのです。

002
チャーチルの真骨頂は、イギリス軍を死地から救った凄まじい強運。

ウィンストン・チャーチル

1874年、イギリス生まれ。第二次世界大戦中、首相に就任。強い指導力で、自国を勝利へと導いた。ノンフィクション作家としても活躍し、1953年にはノーベル文学賞を受賞した。1965年、90歳で死去。

ウィンストン・チャーチル閣下。わたしの狭い書斎には、あなたの写真が飾られています。まだあなたが40代の頃の姿でしょうか。どこかの建物から颯爽と出てきたところを捉えたものです。外は寒かったのでしょう、襟の裏にベッチンを貼ったコートを羽織り、左手には火が点いた葉巻とステッキ、右手にはグローブ・トロッターを持っています。そして、大衆に向かって振りまく、実にチャーミングな笑顔。生涯にわたり、シガーとシャンパンを愛したあなたの、面目躍如たる1枚でしょう。

あなたの自著と伝記はほとんど読んでいますが、1週間に100本の葉巻を吸ったというのは本当ですか。シャンパンも水替わりに昼間から飲んでいたそうですね。それでいて、90歳と1カ月という長生きをされたのですから、驚異的です。近年は、世界中に禁煙ムードが蔓延していますが、仮にあなたがいまも生きていらしたら、きっと不満を口にされたでしょう。わたしもかつては1日5本のシガーを嗜《たしな》むシガーラバーでしたが、あなたの強靱な肺活量にはとても及びません。しかし、何としてもあなたより1年長い、91歳まで頑張りたいと思っています。

思うに、国家のリーダーが類い稀な強運の持ち主でなければ、その国民は不幸になります。あなたはまさに、強運の指導者にほかなりませんでした。

1940年5月10日、あなたが首相に就任した時、イギリスはまさに〝暗黒の時代〟を迎えようとしていました。その前年の9月に、ドイツがポーランドに侵攻し、第二次世界大戦が勃発したからです。

ネヴィル・チェンバレン前首相と、初代ハリファックス伯爵エドワード・ウッド前外相は、「ドイツと平和条約を結び、宥和《ゆうわ》政策をとってはどうか」とあなたを強く説得したそうですね。しかし、あなたは、アドルフ・ヒトラーを相手に断固戦う一心で、強気の名言を吐いています。

「血を流して自らを守った国は必ず蘇るが、そうでない国は地球上から消滅する」

ところが、そんなあなたの決意を試すかのように、戦況は悪化の一途をたどりました。40年5月21日、フランス本土で戦っていた約30万人のイギリス兵が、ドイツ兵の攻撃を受けて、命からがら、イギリスの対岸の小さな港町・ダンケルクに追い詰められたのです。連合国軍から〝砂漠の狼〟と恐れられたエルヴィン・ロンメル将軍が、まさにイギリス軍を殲滅《せんめつ》せんとニンマリしていた矢先、突然、ヒトラーから進撃停止命令が下りました。なぜ彼がこのような行動をとったのかはいまだに謎ですが、わたしが思うに、ヒトラーはあなたに〝貸し〟をつくろうとしたのではないでしょうか。

実は、次のようなエピソードを読んだことがあります。ある側近が、「どうしてあの時、進撃停止命令を出されたのですか？」と、後日ヒトラーに訊いたところ、総統は悠々とこう答えたそうです。「イギリス人がよく言うじゃないか。いわゆる、〝スポーツマンシップ〟ってやつだよ」

この逸話を思い出すたび、わたしはつくづく、あなたの強運には凄まじいものがあったのだと感心します。

あなたは首相在任中、6回もアメリカを訪問し、フランクリン・ルーズベルト大統領に参戦を繰り返し懇願したそうですね。しかし、ルーズベルトは、「戦争はしない」という大統領選での公約が足枷《あしかせ》になって、イギリスを助けることができずにいました。そんななか、41年12月8日、日本が無謀にも、真珠湾を攻撃しました。その報を聞いて最も欣喜雀躍《きんきじやくやく》したのは、チャーチル、あなたであったのではないですか。これでルーズベルトも、大手を振って大統領公約を破ることができたのです。

あなたの功績は枚挙に遑《いとま》がありません。なかでも最大の勲章は、普通の政治家がもらうノーベル平和賞ではなく、ノーベル文学賞を手にしたことではないでしょうか。

〇〇3

努力の画家、藤田嗣治はモンパルナスのお調子者でロマンティックな愚か者。

藤田嗣治（ふじた・つぐはる）

1886年、東京都生まれ。1913年に渡仏した後、エコール・ド・パリの代表的画家として知られる存在に。1925年にはフランスからレジオン・ドヌール勲章も贈られる。1968年、81歳で死去。

藤田嗣治、もといレオナール・フジタ画伯。日本人として、あなたほど多くのパリジェンヌを愛し淫《いん》した男はいなかったでしょう。それは、小兵ではあったが、稀にみる巨根の持ち主だったからと、わたしは密かに確信しています。画伯は、どの時代の視点で見ても、まったくの狂人でした。わたしも、多くの愚行を繰り返してきましたが、それでも、あなたの話には、唖然とさせられたものです。

画伯は1913年から、単身パリへ留学しました。その留学中、妙なゲームを思いつき、アトリエにたくさんのカップルを呼んだ。ベニヤ板の中央に丸い穴を開け、そこから男客のオチンチンを入れさせ、女客に誰かを当てさせるという、なんとも愚かなチンチン・ゲームです。それは何を隠そう、自分のモノに自信があったからでしょう。スーティンやモディリアーニも、一緒に遊んでいたのですか。しかし、モンパルナスで「小男の大魔羅」を誇った画伯らしいエピソードだとわたしは感服しています。

その一方で、日本に残していった最愛の妻とみさんに「早くパリにきて一緒に暮らそう。お前は世界一の画家の妻だもの」というラブレターを、3年間に179通も書いていますね。そのとみさんとは後に破鏡《はきょう》してしまいましたが、わたしはその矛盾に好感を持っています。画伯の心のなかには〝モンパルナスのフーフー（お調子者）〟の明るさと、ロマンティックな愚か者の純粋さが見事に共存していたのです。

一見、不真面目極まりない愚かな画学生のようですが、画伯は、誰よりも貪欲に絵を学んだ。パリ留学中に第一次世界大戦が勃発し、邦人が皆帰国を急ぐなか、親からの送金も滞ったにもかかわらずパリにしがみついた。肝心の絵がさっぱり売れず、極貧に喘ぎながら棲んだモンパルナスの裏通りのアパートには、同じようにイタリアからやってきたモディリアーニや、リトアニアからやってきたスーティンもいた。みんな貧しかったが、あなた方こそ、エコール・ド・パリといわれる芸術家だったのです。

画伯は著書『地を泳ぐ』に、「ゴッホとか、ゴーガンとかいったような画家は、逆境にあえぎ苦しみぬいて、血のにじむような精進を続けた人たちである――」と書いていますね。そんな画伯も、血のにじむような努力をしていた。ルーブルに通っては、巨匠たちの作品を模写し腕を磨いた。今日は目だけ、明日は鼻だけ、といったようにコツコツと模写し、その技法を身につけ、独特の画風に到達したのです。

きっと下戸だったことも幸いしたのでしょう。手首にはいつも12時を指している腕時計の刺青を彫り、そしてつまらない相手だと、チラリと腕時計を見て「あっ、もう12時だ」と言い、さっさと引き上げてアトリエに籠もった。だから、酒に溺れず絵に没頭することができたのでしょう。

わたしは、芸術家ではありませんが、画伯のように生きたかった。画伯に倣い、夜の銀座で愚行を重ね、そして、妻も娶《めと》った。画伯とは違い、酒が大好きで、時計をチラリと見ることはありませんでしたが、画伯が芸術に対して真摯であったように、わたしも編集者として誰よりも真剣に働いたと自負しています。銀座で朝まで遊び続け、愛人の家に転がり込んでも、仕事では一切、手を抜きませんでした。

画伯に憧れ続けたわたしは、とうとう画伯のトレードマークであるオカッパ頭を摸したカツラと、つけ髭までつくりました。果たして、どれだけ近づけたのかはわかりませんが、少なくとも5度の結婚を繰り返した画伯が遺した名言は実感しています。

「女はそのまま猫と同じです。可愛がればおとなしくしているが、可愛がる手を少しでも休めると、ひっかいてきたりする。ご覧なさい。女にひげと尻尾をつけると、そのまま猫になるではありませんか」

これはまさしく真実であり、わたしも〝女房の目には英雄なし〟という言葉に行き着いております。

004

ペスト患者の頬にもキスをした、人たらしの天才、ナポレオン。

ナポレオン・ボナパルト

1769年、コルシカ島生まれ。フランス革命期の軍人・政治家で、革命後の混乱を収拾し、軍事独裁政権を樹立した。類まれな戦術と政策でヨーロッパの大半を勢力下に置いたが、最終的には失脚。1821年、51歳で死去。

ナポレオン皇帝。あなたの魅力は、わたしの師匠、今東光大僧正《こんとうこうだいそうじょう》に教わりました。大僧正は、ナポレオン狂だったのです。書斎の机の上には所狭しとナポレオンの置物が並べられ、閣下のご遺体が眠る、パリのアンヴァリッド墓所の棺をかたどったインク壺を愛用していたほどです。

コルシカ島の貴族出身のあなたは、もともと生粋《きっすい》のイタリア人でした。しかし、コルシカがフランスの支配下に置かれるとフランス人になってしまった。優秀なあなたは16歳の若さでパリ士官学校を卒業し、破竹の勢いで出世していった。でも、将軍になってからも部下を思う心は変わらなかった。戦地でマスケット銃に撃たれ、血まみれで瀕死の兵士を、あなたはしっかと胸に抱いてやりましたね。将軍の胸のなかで息を引き取った兵士も少なくなかったでしょう。戦場のあちこちで「将軍万歳！」という兵士の声がこだましていたというではないですか。

閣下は人心掌握術の天才でした。１７９８年のエジプト遠征の時、ペストが流行って野戦病院のテントをつくったことがありましたね。「将軍、ペストがうつりますからテントには入らないでください！」という側近の忠告にも耳を貸さず、あなたはベッドに横たわっているペスト患者の兵士を１人ずつ抱擁し、頬にキスまでしたそうではないですか。でも強運と強靭な気力を持った閣下にはうつらなかった。ここでもペスト患者の兵士たちは、力なく「将軍万歳！」と喜び叫んだのです。

この〝将軍万歳〟コールは、いずれ「皇帝万歳！」となった。皇帝の凱旋行進では、小さな少年たちが道端から声を張り上げていたことに気付きましたか？　そのなかに、のちに小説家になるオノレ・ド・バルザックがいたのです。彼は、皇帝の輝ける姿を目撃して「ぼくは小説家の皇帝になるんだ」と誓ったそうですよ。そして彼は成し遂げた。

閣下の最大の魅力は、あの地中海ブルーの目の色です。側近のタレーランも後年、「どうしてナポレオンを皇帝に推挙したのか」という質問に、「それは吸い込まれるような美しいブルーの目の色を持っていたからだ」と答えたそうですよ。ブルーの目ヂカラこそ、あなたの武器だったのでしょう。

わたしが「週刊プレイボーイ」の編集長だったとき、日本刀を持ったヤクザが殴り込んできましたが、わたしは怯《ひる》まず話をつけることができた。それは、わたしが閣下の生き方を学んでいたからだと思っています。わたしも目ヂカラが欲しかった。少しでも黒目に目ヂカラを付けるため、メガネに凝りました。わたしが１００個以上のメガネを持つメガネ狂になったのも、閣下のせいと言えるかもしれません。

閣下は、27歳で年上のジョゼフィーヌと結婚しましたが、わたしは彼女こそ〝福マン〟の持ち主だったと思うのです。しかし、調子に乗った閣下は彼女と離婚した。それからというもの、閣下は運命の坂を転げ落ちるように、持ち前の強運が不運に反転していったではありませんか。勝ちに勝っていた戦争も、離婚後はロシア遠征をはじめ完敗続きでした。ロシアの戦場から1人這《ほ》う這《ほ》うの体で逃げ出す失態までやってしまったのです。その話を聞いたわたしは、女房を手放すことには躊躇しました。恐妻ですが、わたしが編集者として生きられたのも、妻のお蔭だと思うようにしています。

でも、あなたは間違いなく人たらしの天才でした。いまもウィーン美術史美術館に飾られている絵画「サンベルナール峠を越えるボナパルト」を見れば、一目瞭然です。お抱え画家ダビッドに勇ましい自画像を描かせたことは、見る者から英雄視されることを計算していたからでしょう。実際は、あの雪のアルプス越えでは、ヘトヘトになり大変だったそうではないですか。大衆はつまらない真実より、素敵な嘘を好むのだという心理を知っていたのですね。断崖絶壁で馬に跨がった姿は圧巻です。わたしも売文の徒として、素敵な嘘を死ぬまで書き続けたい。ナポレオン・ボナパルト万歳！

005

カエサルは、その知性と品性で女性を魅了し、神にまで愛された。

ユリウス・カエサル

紀元前100年頃、ローマ生まれ。共和制ローマの政治家・軍人。帝国への道筋を引いた英雄として知られる。「ブルータス、お前もか」「賽《さい》は投げられた」等の名言も残した。紀元前44年、にブルータスらによって暗殺。

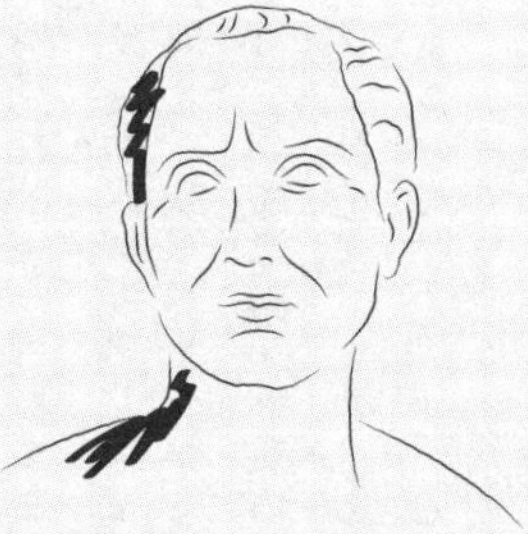

偉人とは、古今東西を問わず弱者を命がけで守る美学の持ち主であるのでしょう。ユリウス・カエサル、あなたはまさにそういう人でした。すでに18歳で結婚していたあなたは、古代ローマで権力を一手に握った政敵スッラの「処刑リスト」に入っていましたね。スッラは、宿敵キンナの娘コルネリアと政略結婚していたあなたに、こう言い放った。

「カエサル、もし命が惜しければ、わたしの宿敵キンナの娘と即刻離婚することが条件である」

ポンペイウスさえも生きのびるためにあっさり妻と離縁したというのに、あなたはそれを拒否して、ひとり小アジアに逃亡して雌伏《しふく》の時を送りましたね。その時、あなたの妻は身ごもっていた。それを知ったローマ市民は、心から拍手喝采を送ったそうではないですか。

すでに、あなたには好色漢で浪費家の兆しが表れていたというのに、それは清々しい行動でした。有史以来あなたほど女にモテた男をわたしは知りません。莫大な借金の保証人であるクラッススの妻テウトリアスをはじめ、ポンペイウスの妻ムチア、ポンペイウスの副官ガビニウスの妻ロリア、「ブルータス、お前もか」のブルータスの母親セルヴィーリア、そしてエジプトのクレオパトラに至るまで、女性たちは自ら請うように喜んであなたの愛人になりました。彫像を見ても、あなたは決してイケメンではありません。それがどうして、かくもこんなに女性にモテたのでしょうか。

塩野七生さんをはじめ、多くの歴史家があなたのことを書き記しています。それらを紐解いて、わたしなりの結論に達しました。

1．若い頃から読書の好きなあなたは、女性と会話するとき、キラリと光るエスプリと上品なユーモアがあった。
2．気前のいいあなたは、借金してまで女に貢いだ。
3．愛人たることを堂々と公言していて、決して隠さなかった。
4．女性の前であなたは絶対に威張らず、むしろ少年のように可愛く振る舞った。
5．あなたは女性に対する所有欲が少なく、だから嫉妬心もなかった。
6．女性が飽きるまで関係を続け、決して自分のほうから決別することはなかった。
7．あなたには女性を蕩《とろ》けさせる性の妙技があった。

このカエサル7箇条を若い時から拳々服膺《けんけんふくよう》して、わたしも女道を探求してきましたが、失敗したり成功したりの連続でした。ただひとつ言えることは、男と女は別の動物なのだということです。

カエサル、あなたはこの真理をどう思われますか。告白すれば、わたしは単なる恐妻家の多穴主義者だったようです。そして自分をこの世に産んでくれた母が理想の女です。男にとって母親以上の女は、この世に存在しないのではないでしょうか。いろんな女たちと恋に落ちて探求することは、精神的な〝母をたずねて三千里〟の旅なのです。81歳になったわたしは、いまもって女という動物を理解しておりません。

暗殺されたあなたの遺体は、薪が積まれて火が点けられた。遺体が燃え尽きる頃、神のお怒りが下ったかのように突如豪雨が降りはじめ、あなたの遺体はどこかに流されてしまったのです。だから、あなたの墓はもちろん、一片の骨すらないのです。もっとも後年、初代皇帝アウグストゥスによってカエサル神殿は建てられましたが、そこにはあなたの魂が入っていたかどうかなど知るよしもありません。

突然跡形もなく消える恋は、まるで豪雨に流されたあなたの遺骨みたいなものです。わたしはいつも、恋人と写真を撮ることに逡巡します。あの激しい恋情は、決して写真には残らないからです。「男と女は誤解して愛し合い、理解して別れる」という、わたしが負け惜しみにつくった〝迷言〟を、あなたは果たしてどう思われるでしょうか。

006

〝まっさん〟こと竹鶴政孝は、ウイスキーにも妻にも燃えるような情熱を注いだ。

竹鶴政孝（たけつる・まさたか）

1894年、広島県生まれ。単身スコットランドへ渡り、ウイスキーづくりを学ぶ。帰国後は、山崎蒸留所の初代工場長に就任。その後、北海道にて、現在のニッカウヰスキーの原点となる余市蒸留所を創設した。1979年死去。

ＮＨＫ連続テレビ小説『マッサン』（２０１４～２０１５年放送）のお蔭で、以前わたしがバーマンをやっていた伊勢丹新宿店メンズ館のサロン・ド・シマジでは、当時「竹鶴17年」が飛ぶように売れました。竹鶴政孝さん、あなたがいなかったら、日本にウイスキーは根付かなかったでしょう。

あなたは、24歳という若さで、ウイスキーづくりを学ぶため、単身スコットランドへ渡りました。１９１８年に神戸港を出港し、太平洋を渡ってサンフランシスコ港からアメリカ大陸に上陸した。シカゴを経由してニューヨークのグランド・セントラル駅まで汽車の旅をし、ニューヨーク港からイギリスのサウサンプトン港に向けて、再び客船の人となった。大西洋上で乗っていた客船が衝突事故に遭ったにもかかわらず、無事イギリスに上陸できたのは、あなたが強運の人だったからでしょう。

いま日本であなたは「まっさん」と呼ばれています。まっさん、あなたが当時２カ月以上もかけて行ったスコットランドは、たった十数時間で行くことができます。２０１３年の秋に、わたしはオリジナルのシングルモルトをボトリングするために、グレンファークラス蒸留所をはじめとした、いくつかの蒸留所を訪ねました。ベンリアック蒸留所を訪れたとき、その蒸留所のスタッフが、「このすぐ隣に見えるのがロングモーン蒸留所です」と、その方角を指差して教えてくれました。そのロングモーン蒸留所こそ、若きまっさんがウイスキーの蒸留学を学ぶために逗留したところなのだと、わたしはひとり感慨に耽《ふけ》りました。

まっさん、あなたがそこで学んだことを記したノートのレプリカをわたしは大事に持っています。細かな字で流麗に書かれたその内容を読むにつけ、まっさんの才能と燃えるような情熱が伝わってきます。この〝竹鶴ノート〟こそ、日本ではじめてつくられた山崎蒸留所の〝聖書〟になったのです。

以前、長野県にあるマルス信州蒸留所に行きました。その蒸留所の立ち上げにかかわった岩井喜一郎は、摂津酒造時代にまっさんをスコットランドに派遣した、まさにその人です。岩井喜一郎は、スコットランドから持ち帰った聖なるノートを受け取り、最初に読まれたそうですね。その後は、鳥井信治郎に誘われ寿屋（現・サントリー）に入社し、山崎蒸留所の創設にかかわりますが、10年後には袂《たもと》を分かち、理想のウイスキーづくりを目指して北海道に余市蒸留所を誕生させた。現在のニッカウヰスキーの原点です。

わたしのウイスキーコレクションのなかに、余市蒸留所で20年間熟成させた「シングルモルト余市1987」があります。気前のいいわたしですが、これだけはまっさんを偲んで深夜にこっそりひとりで飲んでいます。これはウイスキーの世界的なコンペティションで最優秀賞に輝いた名酒です。まっさん、あなたの情熱と努力は、ついに華咲いたのです。乾杯！

まっさん、あなたはスコットランドでもうひとつ大きな仕事をやってのけましたね。それはリタさんとの国際結婚です。若い時のまっさんの写真を見るに、あなたはお洒落でイケメンです。リタ嬢が極東からやってきたまっさんに惚れたのも理解できます。周囲の反対を押し切り、万難を排してリタさんを日本に連れ帰ったことは、あの聖なるノートと同様、胸のすくような快挙でした。まっさん、あなたは素敵な快男児です。いま余市蒸留所に隣接して、まっさんとリタさんが仲よく幸せに暮らした家が記念館として残っています。玄関のデザインは、リタさんの実家にそっくりだそうですね。たった一度しか故郷に帰らなかったリタさんへの気づかいだったのでしょうか。

リタさんは不幸にして64歳の若さで亡くなられました。その後のまっさんの写真を見ると、髭を生やし別人のようなお顔になってしまいました。人生の不条理に怒っているように見えるのは、わたしの気のせいでしょうか。享年85。

007

南極に散ったスコット大佐は、負けてもなお気高き英雄である。

ロバート・スコット

1868年、イギリス生まれ。イギリス海軍の軍人であるとともに、南極点を目指した探検家でもあった。1912年1月に南極点に到着するも、帰路にて遭難。家族や友人、英国宛てに手紙を残し、同年3月、43歳で死去。

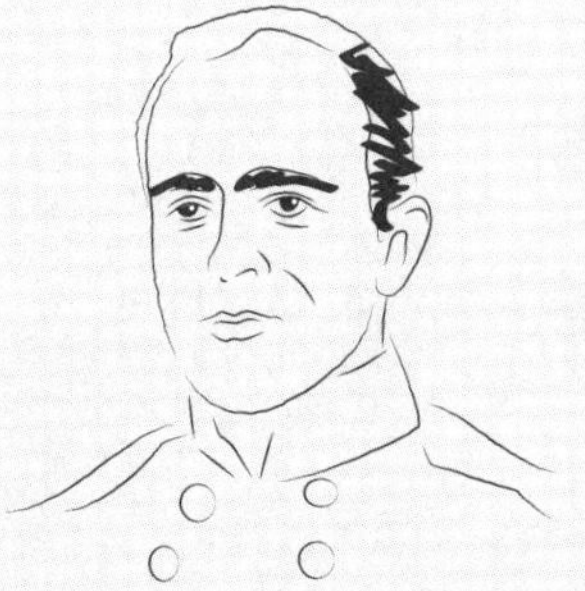

毎年冬が近づいてくると、ロバート・スコット大佐、あなたのことを思い出します。そして、わたしはシュテファン・ツヴァイクの短編ノンフィクション『人類の星の時間』（みすず書房）を書棚から取るのです。このなかにある一篇「南極探検の闘い」は、大佐、あなたのことを描いた物語です。

20世紀初頭、ノルウェー人の探検家アムンゼンとイギリス人のあなたの2艘の船が、極寒の南極に向けて出発しました。そう、前人未踏の南極点到達への挑戦です。それは21世紀における火星探査くらい、未知の世界への挑戦だったことでしょう。

スコット大佐、あなたはライバルのアムンゼンのキャンプが自分のキャンプより10㎞も南極点に近い位置にあることを知った驚きを日記に書いていますね。きっと落胆と愕然《がくぜん》、焦燥《しょうそう》をあなたは感じたことでしょう。けれど、あなたはくじけなかった。日記に「わが国の名誉のために奮起しよう」と、冷静に綴《つづ》っています。

出発時は30人いた部隊も、処女地の南極点を目の前にした時には、大佐を入れてたった5人に減っていた。そして1912年1月、息も絶え絶えで、やっと南極点に到着した大佐たちの目に入ったものは、なんとアムンゼンのキャンプの跡だった。大望を抱いてやってきた処女地は、すでにアムンゼンに犯されていたのです。酷寒《こっかん》のなかにはためくノルウェーの国旗。それでも、あなたはノルウェーの国旗の隣にユニオンジャックを立てました。

そして残酷にもアムンゼンは、あなた宛てに置き手紙を残していた。「わたしに万が一のことがあったら、ノルウェーのハーコン王に、この手紙を届けてくれ」と。あなたは絶望のなかでその苛酷な任務を引き受けた。あなたこそ男です。輝けるグッドルーザーです。

どうしてあなたがアムンゼンに敗北したのか。わたしがありとあらゆる資料を読み込んだ末に到達した結論は、あなたたちが宗教上、犬の肉が食えなかったからです。アムンゼンたちは犬ぞりの犬たちを食べながらしたたかに南極を目指した。この動物性タンパク質の欠如が、敗北を招いたのではないでしょうか。

マイナス40度以下の寒風が吹きすさぶなか、あなたはテントのなかで忍び寄る死を前にして、まず妻に手紙をしたためました。

「息子のことをよろしく頼む。生ぬるい人間にならぬように育てて欲しい」

そして「わたしの妻に」と書いたところをわざわざ消して「わたしの寡婦に」と書き直しましたね。出発直前、あなたの若い妻は男の子を産んでいました。しかも、強い意志を持っていたあなたは、この南極探検のために自分の財産をなげうって、しかも借金までして資金をつくったのです。

あなたは最良の友にも感動の手紙を書きました。いつ意識を失ってもおかしくないあなたは、短い言葉を選んで書いたのです。

「わたしが自分の一生に、あなたほど感心し愛した人はいない。しかしあなたの友情がわたしにとってどれほど大きい意味を持っていたかを、わたしは一度もあなたに知らせることができなかった。それというのもあなたはわたしに与える多くのものを持ったのに、わたしはあなたに与えるものを何ひとつ持たなかったからである」

大佐、あなたの遺体は、部隊の消息不明から約10カ月後の11月に発見されました。隊員たちの亡骸《なきがら》のなかで、同行した科学者のウィルソンを抱擁しながら亡くなっていたのです。遺言は、その傍らに残されていました。

わたしはいま、西麻布で「サロン・ド・シマジ」という小さなバーをやっています。店には、酒のほかに『人類の星の時間』も並べています。お客には、必ずあなたを描いた一篇「南極探検の闘い」から読むように勧めます。「この男は敗北したが、人類史上に名を残した英雄である」という、言葉とともに。

〇〇八

アレクサンドロス大王は、その気性の荒さゆえに世界を征し若くして客死した。

アレクサンドロス3世

紀元前356年、アレクサンドロス3世としてマケドニアに生まれる。20歳の若さでマケドニア王を継承。ギリシャ、小アジア、エジプト、ペルシャなどを次々と制覇し、一大帝国を築いた。紀元前323年、32歳で死去。

以前私がバーマンを務めていた伊勢丹メンズ館の「サロン・ド・シマジ」の常連客にアンティークコインの収集家がいました。紀伊國屋本舗株式会社の会長を務める鈴《すず》木《き》禮次《れいじ》さんです。ある週末、鈴木さんがわたしに言いました。

「シマジ先生は、アレクサンドロス大王が好きなんですね」

「はい、英雄は色を好むから好きなんです。特にアレクサンドロス大王は男色も好みました。親友であり恋人であったヘファイスティオンが戦場で病死したとき、大王は半狂乱状態になったんですよ」

「これはわたしのコレクションで、約2300年前のアンティークコインです。いま問題が起きているシリアで発掘されたものです。アレクサンドロス大王の横顔をかたどった、この銀のコインを先生に永久貸与いたしましょう」

「アレクサンドロス大王は、兵士の給料を支払うため、それぞれの国を征服するたびに貨幣を発行していたんです。本当によろしいんですか？」

「どうぞ、どうぞ」

「わたしはこれを、ネックレスにして身につけましょう。ありがとうございます」

そんなわけで、アレクサンドロス大王、あなたは、いつもわたしと一緒です。わたしの首には2300年以上前の、あなたの輝ける歴史が重くぶら下がっています。

大王、あなたは、エジプトからインドの西側に至るまでの大帝国を築き上げました。あなたがもしインドを征服していたら、あなたが教えを乞うた大哲学者アリストテレスが「地球の地の果ては大海が懸河《けんが》となって滝のように落ちている」という予言を実地に確かめるべく、東へ東へと遠征を続け、もしかすると日本にやってきたのではないですか。当時の日本はまだ国家として形成されていない、弥生時代のはじめ頃。大陸の影響を受けて稲作がボチボチ開始された頃です。もし大王が大軍を引き連れて日本に上陸していたら、果たして日本の将来はどうなっていたことでしょう。

いまの日本は、すっかりアメリカに征服されたようなもので、このザマです。わたしは時々、日本があなたに征服されていたら、どうなっていただろうかと思うのです。いまの若者たちは茶髪にしたり、鼻を高くする整形手術を受けたりして、欧米人に近づこうと焦っています。大王、あなたが日本を制覇していたら、整形手術をするまでもなかったことでしょう。言葉も文化も一気に発達して、いわゆるヘレニズム文化が日本に定着して立派な華を咲かせていたかもしれません。

あなたは読書家で、特にホメロスの『イーリアス』を、短剣と一緒に枕の下に置いて寝ていました。また、あなたは10代で博学の人、アリストテレスから倫理学、政治学、医学、植物学を学んでいた。我が国の弥生時代の祖先は、目を丸くしてあなたから新しい知識を教わったことでしょうね。

しかし大王、あなたの最悪の欠点は酒乱だったことです。あなたは戦場で10歳年下のクレイトス隊長を泥酔した上で刺殺した。また、酔った勢いで軽率にも遊女、タイスの挑発に乗せられ、ペルセポリス王宮に自ら火を放って炎上させたのです。

気性が荒かったあなたは、インドから故郷マケドニアへの帰路の途中のバビロンで、32歳の若さで客死しました。蜂に刺され、高熱にうなされた末に息を引き取ったとされていますが、死因は毒殺だったという見方もあります。インドのポロス王軍を征伐したアレクサンドロス軍のなかで「ガンジス川を渡るぞ！」と意気軒高に叫んだのは大王だけでした。8年も続いた遠征で3万5千のマケドニア兵は疲弊しきっていたのです。ガンジス川の対岸には、6千の戦象《せんぞう》を擁した騎兵8万、歩兵20万のマガダ国が対峙していました。さすがのあなたも「全軍を反転し、我がマケドニアに引き返そう」と、ついに退却を決断した。兵士たちはほっとしたことでしょう。しかし、大王の野望に捲土重来《けんどちょうらい》の恐れを抱いた兵士たちが、あなたを毒殺したのかもしれませんね。

009

ジョージ4世の華やかなる浪費こそが、英国に美の遺産をもたらした。

ジョージ4世

1762年、イギリス生まれ。1820年に英国・ハノーバー朝4代目の国王に即位。巨額を投じてロンドン市街の改造を行った。浪費を繰り返し、スキャンダルも多く、「快楽王」と揶揄されたこともある。1830年、67歳で死去。

浪費からは時に輝ける文化が誕生しますが、倹約や貯蓄から一体何が生まれるのでしょうか。英国王室に稀代なる浪費王、ジョージ4世。あなたが出現されなかったら、いまや世界中から多くの観光客を呼び寄せる荘厳なロンドンの街に、美の遺産は存在しなかったと断言してもいいでしょう。

故エリザベス女王2世が住んでいたあのバッキンガム宮殿も、19世紀前半にあなたが大改造したからこそ、いまも燦然《さんぜん》と輝いているのです。観光客が必ず訪れる大英博物館、大英図書館、国立美術館は、まさにあなたの美意識の結晶といってもいいかもしれません。もちろんその莫大な費用は税金で賄われたのですが。

1830年、あなたが逝去された翌日の『タイムズ』紙には、浪費王ジョージ4世がやっと死んでくれた、といわんばかりに酷評されていたことをご存じですか。新聞ジャーナリズムなんてそんな浅薄な見解しか持ち合わせていないということは、現代のわたしたちは知っていますよ。『タイムズ』紙には、あなたのような天才的目利きはいなかったのでしょう。

父王ジョージ3世が病の床に着くと、ジョージ4世、あなたは念願の摂政（リージェント）皇太子として国王の執務を代行しました。厳格な父王の教育のお蔭で、あなたはギリシャ語、ラテン語をはじめ、ドイツ語、フランス語、イタリア語まで完璧に話したそうですね。しかも浪費家の多くがそうであるように、酒色も盛んだったとか。

もし、いまプリンス・リージェント（ジョージ4世）が生きていて、モンブランに万年筆を注文したならば、多分こういう絢爛豪華《けんらんごうか》な万年筆をつくらせただろう、という名品を、モンブランが売り出したことがあります。それは、「プリンス・リージェント」と名付けられました。実際に店頭で手に取ってみましたが、あまりにも高価なので、浪費グセのあるわたしも逡巡したくらいです。重厚なネイビーの146ボディに、金張り加工を施したスターリングシルバーで編み目をつくっています。この優雅な一本は、類い稀な審美眼の持ち主であるあなたでも、きっとご満悦だったでしょう。

あなたもご存じでしょうが、欲しいものは念じていると向こうからやってくるものです。実はいま、わたしの手元に、そのプリンス・リージェントがあります。これは、わたしの書友である資生堂名誉会長の福原義春《よしはる》さんから〝永久貸与〟されたものです。

インクはパイロットの色彩雫《いろしずく》シリーズの「朝顔」を入れています。プリンス・リージェントの典雅な紺色と朝顔がよく合います。福原さんは、わたしを〝文豪〟と手紙に書いてきますが、わたし自身はまだまだ〝子ども文豪〟だと思っています。その伝でいくと、ジョージ4世、あなたは大英帝国の偉大なる浪費王でしたが、わたしはまだ町の〝子ども浪費王〟でしかありません。でも浪費の愉しさは十分知っているつもりです。

わたしが子ども浪費王として、ロンドンを訪れるたびに体をよじって買い物をしてしまうストリートは、あなたがおつくりになったロンドンのリージェント・ストリートです。そこには、ペンハリガン、トゥルフィット&ヒル、チャーチ、バブアーなどの老舗がいまも並んでいます。その一方で、ユニクロやH&Mなどのファストファッションの店も増えているようですが……。ともあれ、知人がロンドンに赴く際には、わたしは『ジョージ四世の夢のあと』(君塚直隆著、中央公論新社)を読んでから旅立つことを勧めています。この一冊には、あなたの本当の魅力が描かれているからです。

このところ日本では、自民党政権が長く続き、ますます国民は政治に関心を持たなくなっています。故安倍晋三首相が提唱した「アベノミクス」政策が、この国にどんな素敵な文化をもたらしてくれたかは、あえて述べるまでもないでしょうが、とにかくわたしは、命ある限り美しいものに惜しみなく金を使うつもりです。子ども浪費王によるシマジミクスが、この国の文化を少しでも豊かにできることを信じて。

〇一〇

チェ・ゲバラは退屈と安寧を捨て、20世紀最大の革命児となった。

チェ・ゲバラ

1928年、アルゼンチン生まれ。大学卒業後に南米大陸を放浪。グアテマラ革命に参加したのち、カストロとともにキューバ革命を指導。キューバ国立銀行総裁などを務めたが、再び革命の戦場へ。1967年、39歳で死去。

チェ・ゲバラ。あなたはアメリカの歓楽の地であったキューバを、祖国に取り戻そうと革命に参加しました。ところが革命達成から55年が経った2014年、キューバとアメリカの国交が再開されるかもしれないという事態になりました。この状況について、どうお考えか、ぜひ聞いてみたいところです。

わたしは国交正常化には断固反対です。ふざけた理由かもしれませんが、極上のハバナシガーが、アメリカに輸入されてしまうからです。ハバナシガーは、アメリカでは禁制品として扱われ、輸入が禁じられていました。もちろん特権階級は吸っていたようですが、自由化されることになれば、由々しきことに一般のシガー好きも容易に愉しめるようになってしまいます。あのケネディ大統領もキューバからの全面禁輸を発令する前に、大量にアップマンのシガーを買い込んだと言われています。

そんなわけで、いまわたしはハバナシガーを、毎日5本は嗜《たしな》むようにしています。アメリカとキューバが国交を正常化すれば、大量のハバナシガーがアメリカ市場に流れ、日本にはほとんど入ってこなくなるかもしれません。また、クオリティも落ちるでしょう。

シガー好きのあなたはパルタガスをこよなく愛していたそうですね。そのことは多くのキューバ人が知っています。なぜなら街中には、シガーをくわえたあなたの肖像写真があふれていたからです。ちなみに、あなたの盟友カストロは、銅像を建てたがる社会主義者の為政者たちとは反対に、ハバナの街にはいっさい自分の銅像を建てず、また写真を家に飾らせることもありませんでした。

革命後、カストロはアルゼンチン人であるあなたにキューバ市民権を与え、国立銀行総裁、工業大臣などの要職に就かせてキューバにとどまるように説得しました。でも、あなたは再び革命の戦いへと進んでいった。アフリカのコンゴ民主共和国のゲリラ戦に参加した後、ボリビア解放のためのゲリラ活動に身を投じたのです。キューバにとどまっていれば、カリブの砂浜に横たわりながら、カストロとともにシガーをくわえて優雅に過ごせたのに。

あなたがゲリラの指導者になり、ジャングルのなかで闘う映画を観たことがあります。はじめは戦場でもシガーを吸っていましたが、困窮するとパルタガスのパイプ・タバコを詰めて吸ったそうですね。わたしは涙が止まりませんでした。わたしもパルタガスのパイプ・タバコを吸ったことがありますが、あんなマズイものはありません。極上のシガーの味を知った者にとって、あれほどひもじいことはないでしょう。

あなたは無残にもジャングルでボリビア政府軍に包囲されて捕らえられました。最後は銃殺されたそうですが、巷間《こうかん》では、裏でボリビア政府軍を操っていたCIAの仕業だといわれています。アメリカはあなたの人気や評判、そして革命に対する飽くなき情熱を怖がっていたのでしょう。

たった39年の短い生涯でしたが、あなたは多くの人たちに感動と共感を与えてくれました。間違いなく20世紀最大の革命児です。アルゼンチンの裕福な家に生まれ、医学博士の称号も得ていた。しかし、南米の格差社会に矛盾を抱いたあなたは、医学の力だけでは貧困にあえいでいる人々を救いきれないと確信したのです。そして、退屈と安寧を捨てて、茨の道を敢えて突き進んで行った。そんな強い使命感をもった男らしさが、民の心を奮い起こしたのです。人生には、何度も目の前に分かれ道が現れます。右に曲がると楽な道があり、左に曲がると難攻不落な道がある。そこで右に行ってはいけない、と自分を戒めることができるのが本当の革命家であり、強い男なのです。あなたは見事に困難な道を選び続けた。不世出で、永遠の英雄です。

シガーを吸うと、たびたびあなたのことを思います。シガーに火を点けることは、あなたへの弔いなのかもしれません。

〇11

伝説のエンターテイナー
シナトラの母親は、
世界一の親バカだった。

フランク・シナトラ

1915年、アメリカ生まれ。数々のミリオンセラーを残し、俳優としてはアカデミー賞助演男優賞も受賞した20世紀のアメリカを代表する歌手・俳優。多くの名女優と浮名を流したことでも知られる。1998年、82歳で死去。

ミスター・フランク・シナトラ。あなたの美声に酔いしれたのは、わたしがまだ中学生の頃でした。わたしは浪曲師の広沢虎造《ひろさわとらぞう》に凝っていて、よく一関のレコード店に通っていたのです。その店のなかに、あなたの名曲のひとつ『ストレンジャーズ・イン・ザ・ナイト』が流れていました。哀愁に満ちていた美しい声に惚れた少年のわたしは、ドーナツ盤を購入して擦り切れるほど聴いたものです。人は皆、見知らぬ人として知り合い、縁あって親しくなるものなのですね。

あなたはシンガーのみならず、俳優としても活躍しました。主演の映画『黄金の腕』『地上《ここ》より永遠《とわ》に』は、いま観ても傑作だと思います。イタリア系アメリカ人のあなたが同系のマフィアの親分の力を借りて主役を勝ち取ったという話は有名です。その話が『ゴッド・ファァーザー』のなかで、ジョニー・フォンテーンという歌手兼俳優で再現されていますが、あなたはご存じでしたか？

あなたは生まれつきの親分肌で、黒人歌手サミー・デイビス・ジュニアや、いつも眠そうな顔をして歌うディーン・マーティンを子分に従えて、石原軍団よろしくシナトラ一家を構えていました。親分としても魅力があったのでしょう。

わたしが尊敬するのは、一度愛した女はきちんと最後まで面倒を見たことです。エヴァ・ガードナーというフルボディの人気女優を見初めて、相思相愛になり結婚しましたが、いつものように若いほかの女と恋に落ちて離婚しましたね。まあ、ここまでだったら凡庸なハリウッド俳優がよくやることですが、あなたは一度愛したエヴァ・ガードナーを広大なシナトラランドに住まわせて、生涯面倒を見たそうではないですか。しかもエヴァが難病にかかったとき、当時のお金で100万ドルを援助したのは、親分フランク・シナトラらしい剛毅《ごうき》なエピソードです。これは財力があっても、なかなかできないことです。これぞ男と女の愛情崩れの友情というものではないでしょうか。その後、エヴァはハリウッド映画から遠ざかり、国外の映画で活躍するようになりましたが、スペインで肺炎を患い客死しました。

若い頃、あなたの伝記を読んで面白かったのは、あなたが英国女王エリザベス2世に招聘《しょうへい》され、バッキンガム宮殿で女王陛下の前で歌ったときのエピソードです。女王陛下の拍手に感極まったあなたは、アメリカのお母さんにバッキンガム宮殿から国際電話を入れたそうですね。

「ママ、いまぼくはエリザベス女王の前で歌ったんだよ」と、あなたが興奮して話すと、母上は平然とこう答えたそうではないですか。

「あなたの歌をたったお一人でお聴きになるなんて、エリザベス女王は幸せなお方ですね」

どこの母親も自分の息子を一番と思うものですが、あなたの母上は、ある意味、世界一の親バカと言えるでしょう。

名曲『フライ・ミー・トゥ・ザ・ムーン』を聴くたびに思い出すのは、NASAのアポロ計画です。宇宙飛行士は地球上と違い、いつも明るい世界を遊泳しているので定期的に睡眠を取ることが必要なのです。そのお目覚めのミュージックが、この『フライ・ミー・トゥ・ザ・ムーン』だったそうですね。このお洒落心こそアメリカンジョークの真髄です。

わたしがバーマンとして立つ西麻布の「サロン・ド・シマジ」では、定番のBGMとして流しています。この素敵なNASAの話を『フライ・ミー・トゥ・ザ・ムーン』が流れてくるたびに、お客さまに話すのです。いまバーでは、モーツァルトも流れています。これは20世紀前半にSP盤に録音したものを、CDに焼き直した『モーツァルト・伝説の録音』(飛鳥新社)です。あなたの美声のように、名曲はやっぱり時代を超えるものです。フランク、あなたは、モーツァルトはお好きですか?

012 独裁者ヒトラーは、狂気的なストイックさゆえに深い愛にたどり着けなかった。

アドルフ・ヒトラー

1889年、オーストリア生まれ。第一次世界大戦後、国家社会主義ドイツ労働者党指導者として人種主義を主張し、ユダヤ人を迫害。第二次世界大戦を引き起こしたが、連合軍に反撃を受け、1945年、56歳で自殺。

人類史上最悪の怪物、アドルフ・ヒトラー。あなたが菜食主義者であり、しかもタバコも酒も嗜《たしな》まず、なおかつ女遊びの愉しさに手を染めなかったことは、わたしには不思議でなりません。あなたはなんでもできる最大の権力を手にしながら、ハインリヒ・ホフマン（ナチス党専属写真家）の写真館の受付けをしていた平凡な若いエヴァ・ブラウンと知り合い、愛人関係になって一穴主義を通したことが、さらに摩訶不思議なのです。あなたくらいの権力があれば、女なんてよりどりみどりだったことでしょう。それがエヴァにしか目が向かなかった。まさしく〝人生は恐ろしい冗談〟のひとつです。

「わたしにはドイツという花嫁がいる。だからわたしは結婚できないのだ」と豪語していたのが祟《たた》って、エヴァが自殺を図ったことがありましたね。さらにいえば、フランスを我がものにしてロマネ・コンティを毎晩浴びるように飲めたのに、一滴も飲まなかったのもわたしには考えられません。

健康に悪いということでタバコを吸わなかったことは、あなたの最大の不幸です。ワインを飲み葉巻を燻《くゆ》らせる、あのまったりとした感覚を知らなかったことは、あなたの56歳と10日の人生において大損失だったとわたしは確信を持って言いたいのです。

あの悦楽を知っていたら、人を深く理解し、もっと好きになっていたでしょう。ユダヤ人を唾棄《だき》すべき人種だと忌み嫌い、大量殺戮《さつりく》を行うこともなかったかもしれません。あなたは、あまりにもストイック過ぎたのです。ユダヤ人は、数では世界一ノーベル賞を獲得している人種であり、優れた音楽家も輩出しています。幸か不幸か原子爆弾を考案したのもユダヤ人の脳みそなのです。あなたは、その事実を許せなかったのかもしれませんね。

不可解なことは、ハイデルベルク大学で哲学の博士号を獲得したヨーゼフ・ゲッベルスのような優秀な男が、あなたの熱狂的な〝絶叫演説〟に魅せられ、忠実な部下になったことです。ゲッベルスはレトリックの天才でもありました。あなたの乱暴なナチ突撃隊の部下たちが、ユダヤ人街の高級商店街のショーウィンドウや住居のガラスを粉々にした時、彼は「水晶の夜」と表現して世間を煙《けむ》に巻いたのです。

ところで、人を陶酔させる怪物は、不思議と辺境の地から生まれるものです。オーストリア生まれのあなたがドイツの国の総統にまでなったことは、ナポレオンがイタリア系でコルシカ島生まれながらフランス皇帝になり、またグルジア（現ジョージア）人だったスターリンがソ連共産党の書記長になったのとよく似ています。

1945年、ベルリンの総統官邸にスターリンの赤軍が迫り、弾丸が飛び交うなかで、あなたは長年の愛人、エヴァ・ブラウンと地下壕で結婚式を挙げましたね。側近のゲッベルスとボルマンが証人となりました。エヴァは晴れて「エヴァ・ヒトラー」となりましたが、それはまさに死の結婚式でした。花嫁のエヴァは、純白のウェディングドレスから間もなく黒の死装束に着替えなければなりませんでした。この世で一番可哀相な花嫁でしたが、長年の愛が成就した幸せな時を迎えたのでしょう。

ヒトラー、あなたはピストルを咥《くわ》えて脳を打ち抜き、エヴァは青酸カリを飲んで死にました。死を目の前にしてエヴァは食欲がないと最後の晩餐を断りましたが、ベジタリアンのあなたは料理人に食事をつくらせ食べたそうですね。あなたは性欲より食欲の人だったのです。

ゲッベルスはヒトラーを裏切る側近のなかでただ一人、あなたと新婦エヴァの遺体をガソリンで焼いた後に追うように自決するのです。しかもかわいい6人の子どもと妻を道連れに。ゲッベルス夫妻はナチス親衛隊の当番兵に頼んで後頭部に弾丸を撃ち込んでもらい、幼い子どもたちは庭で遊んでいるところを毒殺された。そして地下壕の生存者たちは一斉に集団脱走してナチス・ドイツは滅亡したのです。

013
怪物ピョートル大帝は、その法外な好奇心と行動力で近代ロシアの父となった。

ピョートル1世

1672年、ロシア生まれ。1682〜1725年にロシア皇帝として在位。西欧の技術や文化を積極的に取り入れ、富国強兵に努めた。船大工の仕事を習得するなど幅広い技術的知識も持ち、椅子や食器などを自作することもあった。

ピョートル大帝（1世）。あなたの存在なくして近代ロシアはなかったことでしょう。だから大帝は〝近代ロシアの父〟とか〝玉座の革命家〟と呼ばれているのです。東方の眠れる巨人といわれたロシアを近代国家へ変貌させたのはピョートル大帝、あなたの法外な好奇心と行動力です。

あなたは首都をモスクワからサンクトペテルブルグに移して、何百という貴族の家族と政府高官、行政官たちを強制的に移動させた。不満と非難ごうごうのなか、船大工の証書が自慢の大男のあなたは、そこに造船所を建設し、自ら斧を振るったそうですね。モスクワのクレムリンにいた頃、街に火事が発生すると、大帝は自ら先頭を切って斧をブンブン振り回しながら、現場に駆けつけたというではないですか。戦争中でも一介の戦士のように戦った。まさにあなたは行動の人でした。

大帝はめっぽう酒が強く、側近たちが酔いつぶれているのに悠々と朝までウォッカを飲み続けたという豪快ぶりは、国民も伝え聞くところでした。多くの美女たちと愛の遍歴を重ねるなか、あなたはどうして洗濯女だったエカテリーナと再婚して、しかも皇妃にまでしたのですか。彼女は第一級のウォッカ飲みで、食卓では大ジョッキを呷《あお》っていたそうではないですか。ファッション感覚はなく、刺繍だらけのダサい服を着て、周りの人たちの鼻がひん曲がるほど香水を振りかけていたと聞いています。しかし、彼女は献身的で、ほかの女と浮気しても見て見ぬふりをするくらい鷹揚《おうよう》でした。あなたについて戦地にも行ったそうですね。

科学好きな大帝はペルシャに攻め込んで勝利したとき、砂漠に自然に湧き出て燃えている石油に大変興味を持ったそうではありませんか。あなたが52歳という若さで死なずに長生きしていたら、大帝の超人的な知性と情熱で石油を利用し、ヨーロッパに追いつき追い越せという夢は、もしかすると叶えられていたかもしれません。

医学好きな大帝は死体の解剖が好きでした。また歯の痛みを訴える側近がいると、麻酔もせずに抜くのも趣味でした。いつも抜いた側近の歯を袋に入れて、ジャラジャラ音を立てながら宮廷を歩いていたというのは本当ですか？

でも大帝は孤独でした。跡取りの子どもに恵まれなかった。あなたの父上、アレクセイ・ミハイロヴィッチ皇帝が高齢で病気がちだったので、元気にたくましく生まれてきたあなたは皇帝の実の子ではないと噂されていた。あなた自身も疑っていましたが、大帝は皇帝の実の子だと思います。皇帝は美しいあなたの母、ナターリアを心から愛していたのです。母上も心から皇帝を愛し、相思相愛の関係からあなたは生まれてきたのです。真実の愛があれば、老いた男の精子でも愛する卵子に、もの凄い勢いで突進してぶつかる。そのインパクトであなたのような豪快な男子がこの世に誕生したのです。

全盛期のあなたのテーブルマナーは、象牙のナイフやフォークがあるにもかかわらず、食べ物にソースをぶっかけ手づかみで頬張り、ばくばく食べたと言われています。その反面、貴族の子弟を毎年何百人もヨーロッパに行かせ教養とマナーを身につけさせたのはあなたの偉大さです。これが、どんなにロシアの近代化に役立ったことか。

ピョートル大帝、あなたのご臨終は凄まじかった。まだ52歳では死にたくなかったのでしょう。若いときに感染した性病と尿管結石が重なって尿が出なくなり、七転八倒の苦しみに攻められた。大帝ピョートルは、亡くなる3年前に〝自分はツァーリとして後継者指名の権利を持つ〟と宣言していた。だが、あなたの口からついに誰の名前も出てこない。なぶり殺した実の息子の10歳になる唯一の嫡男、少年ピョートルなのか、皇妃エカテリーナなのか。結局あなたは誰とも告げずこの世を去ったのです。

そういえば、同じウォッカ好きの文豪・開高健が言っていました。「歴史上の人物で、わたしが一番会いたいのは大帝ピョートルやな」と。

014

マリー・アントワネットは、断頭台での誇り高き振る舞いにより悲劇の王妃として愛され続ける。

マリー・アントワネット

1755年、オーストリア生まれ。14歳で、フランス王太子と結婚。政治にも積極的に関わる一方、奢侈な生活でも知られた。フランス革命が起こり、1793年、37歳の時にギロチンによる斬首刑に処された。

マリー・アントワネット王妃。歴史のなかであなたほど悲運に見舞われた女性をわたしはほかに知りません。オーストリアとフランスの政略結婚のために、あなたはたった14歳で、いずれフランス王位継承者となるルイ16世（当時15歳の王太子）に嫁ぎました。フランスとドイツの国境を流れるライン河の小さな中州に建てられた聖殿で、花嫁姿になったそうではないですか。その数日前に、まだ学生だった後の天才詩人ゲーテが、たまたまその聖殿を見学したのです。そこに飾られていたゴブラン織の壁掛の絵を見るや、不吉な前兆を感じて叫んだそうです。

「この絵は呪われた結婚を描いたものだ。ギリシャ神話の不吉な物語を題材にしているではないか！　関係者はわかっていなかったのか」

ゲーテはギリシャ神話も諳《そら》んじていたのです。そう、確かにあなたの結婚は不吉の兆しに満ちあふれていました。オーストリアの偉大なる皇后マリア・テレジアの末っ子に生まれたあなたは、王妃になるための然るべき教育も修了しないまま、14歳で輿《こし》入れしました。厳しいフランスの要望に従い、あなたはライン河の中州に建てられた木造の聖殿のなかでオーストリアの服も下着も靴もすべて脱がされて、フランス製のものに着せ替えさせられたそうではないですか。

またいよいよ結婚式がコンピエーニュの森で執り行われ、まだまだ元気だったルイ15世と、後にルイ16世になるあなたの新郎とともに、あなたは絢爛豪華な儀装馬車に乗り込み、2人の真ん中に座らされたのです。ルイ15世は艶福家で知られた王でした。群衆の目には、まるでルイ15世がうら若いあなたを娶《めと》ったように映ったそうですよ。なぜなら肝心の婿殿は元気がなく冴えなかったからです。婿殿はその記念すべき日の日記に、たった一言「王太妃と対面」と書いただけだったそうですね。

そして、正式な結婚式はヴェルサイユのルイ14世礼拝堂で行われました。パリから大勢の群衆がヴェルサイユの庭園に流れ込んできましたが、その日は豪雨で、雷も鳴っていたそうですね。ずぶ濡れになった群衆は寒さに耐えかねてパリに逃げ戻ってしまったようです。普通なら大量の花火が上げられるところですが、稲妻が何度も不気味に光ったそうではないですか。不吉なのは、結婚証書に署名する時、どうしたわけかあなたの書いた名前の上に、インクがボタボタと落ち、大きなシミがついてしまったことです。

浪費家のあなたは、フランスが生んだ天才時計師アブラアン＝ルイ・ブレゲに、制作にかかる期間も費用も無制限で最高の時計をつくるように命じました。№１６０

「マリー・アントワネット」と呼ばれる複雑機構の懐中時計は後に完成しますが、あなたは、その完成を見ることなく断頭台の露と消えてしまいました。

1791年、あなたはスウェーデン人の恋人フェルセン伯爵の手を借り、幽閉されていたテュイルリー宮殿から、国王を含む一家で故郷オーストリアへ逃亡を図ったことは優雅な行動とは思われません。結局、国境付近のヴァレンヌで捕まり、パリへ連れ戻されてしまいました。

そして1793年に、あなたは夫の後を追うように断頭台へと向かいました。その凛としたお姿は同じオーストリア人の伝記作家、シュテファン・ツヴァイクが、ことのほか称賛しています。処刑当日の朝、あなたはブイヨンを2、3匙《さじ》飲んで軽い白の朝着を着ました。広大な革命広場には、かつてあなたの結婚式を見るためにヴェルサイユ宮殿にやってきた群衆の10倍はいたでしょう。ギロチンが待つ広場まで乗って行った馬車は、結婚式に乗ったあの豪華な馬車ではなく、粗末な荷馬車だった。でもあなたは、そこから誇り高く群衆を見下して終始遠くを見ていました。その時のあなたの高貴な姿は、オーストリアの皇后であった母マリア・テレジアその人だったとツヴァイクは書いています。

015 当代きっての美男子カザノヴァは、全ての女性を平等に愛し性の悪魔となった。

ジャコモ・カザノヴァ

1725年、ヴェネツィア生まれ。哲学、法学、数学など多くの学問を修め、外交官、スパイ、政治家、作家など多方面で活躍。生涯に多数の女性とベッドをともにした、プレイボーイでもあった。1798年、73歳で死去。

ジャコモ・カザノヴァ。あなたはヴェネツィア出身の策術家・作家ですが、あなたが有名になったのは、なんといっても稀に見るプレイボーイだったからでしょう。しかも、あなたは貴婦人から娼婦まで、すべての女性を平等に愛したから偉大なのです。モーツァルトの歌劇『ドン・ジョヴァンニ』のモデルになったあなたのライバル、スペイン人のドン・ファンは、上流階級の女としかベッドインしませんでした。しかも、彼は上品ぶった女の仮面を剝ぐように冷徹に寝たのです。

あなたの浩瀚《こうかん》な自伝『カザノヴァ回想録』（全6巻　河出書房新社）のなかに、わたしが一番好きな体験談があります。ある舞踏会で知り合った貴婦人と寝た翌日に、再び舞踏会でやんごとない若い女と踊っていると、昨日寝た貴婦人が側にそっと寄ってきて、その若い女にこう囁《ささや》くのです。

「あなた、この殿方はベッドでいいお仕事をなさるお方よ」

その若い女とは貴婦人の娘だったのですよね。

そう、あなたほどスケベな男はいなかった。しかも老若にかかわらず、あなたは女体を大事に愛した性の悪魔でした。娼婦とたくさん寝た結果、あなたは梅毒になってしまった。73歳まで生きましたが、世界的なイケメンも晩年は落剝《らくはく》して、痛風とリウマチと梅毒に悩まされたようですね。でも強運なあなたは大金持ちのヴァルトシュタイン伯爵に拾われて、プラハ郊外のドゥクス城内の図書館で司書としてわずかな年俸をもらい、囲われの身になりました。ホームレスにならなくてよかったですね。

あなたにとって人生最大の敵は退屈です。だから晩年、若い時に、女たちと遊んだ豊富な体験談を、来る日も来る日も書き続けたのでしょう。しかも天才カザノヴァは、イタリア人のくせにフランス語で膨大な自伝を書くという偉業を成し遂げた。

ヨーロッパを駆け巡ったあなたの自伝は、ある種の旅行記でもあります。後世の我々に当時の風俗や服装をこと細かに教えてくれます。その頃、最も早く目的地に行ける交通手段は、御者にチップを渡して郵便馬車の後ろの郵便物のなかに潜り込むことだなんて、ほかのどんな作家も書き残していません。

ヴェネツィア生まれのあなたの父親は舞台俳優であり、母親は歌姫だったそうですね。だからあなたは、芝居をするのも、オペラの一節を歌うのも朝飯前だったことでしょう。両親の優れたDNAの影響をもろに受けたあなたは、当代きっての美男子で偉丈夫でした。幼少の頃に神学校に進み、16歳の時にはすでに教会で説教をたれていたというんですから、よほど弁舌は爽やかだったのでしょう。それがヨーロッパ随一の貴族を装った大ペテン師になる兆候だったのかもしれません。

その後、あなたはイタリア・パドヴァ大学に学び、哲学、法学、数学、化学、歴史学、文学、そして占星学までも学んだ。しかも6カ国語を操るコスモポリタンとして、ヨーロッパ中の皇帝や国王のもとに出入りした。ある時はロシアの皇后のもとで暦法の改正者を気取り、皇后に博学の天才と思わせ、ある時はラトビアの鉱山を専門家になりすまして視察した。いたるところで、驚異的な天才ぶりを発揮したのです。しかも、そんな時でも女を口説いて寝ない夜はなかった。さらには、あなたに身を任せた何千人という女性のうち、一人としてあなたを恨んでいる女性がいないのが凄い。

だが、性の悪魔的天才も寄る年波には勝てず、あなたは40歳を過ぎて勃起不全になってしまいました。バイアグラがある現代なら、まだまだ活躍できたのでしょうが。

しかし、だからこそあなたは隠居して膨大なる自伝『カザノヴァ回想録』に没頭することができたのです。この傑作のなかで、あなたは告白しています。これは珠玉の名言です。

「わたしは死ぬほど女たちを愛した。だが、わたしが常に愛したのは、女たちより自由である」

016

泣く子も黙る最高司令官マッカーサー元帥も、息子がヒッピーになるのは止められない

ダグラス・マッカーサー

1880年、アメリカ生まれ。アメリカ軍史上最年少で陸軍参謀総長に就任。GHQ最高司令官として日本降伏文書調印式に出席し、その後は、日本国憲法の草案作成を指揮するなど戦後日本に影響を与えた。1964年、84歳で死去。

ダグラス・マッカーサー元帥。まだわたしが4歳だった頃の話ですが、颯爽《さっそう》と日本に降り立ったあなたのお姿が、当時、親父が読んでいた新聞にデカデカと載っていたことを覚えています。あれはレイバンのサングラスですか。軍用機から降りてきたその時に咥《くわ》えていたのは、コーンパイプですね。後年、わたしはパイプマニアになり、あのコーンパイプが「ミズーリ・メシャム」と呼ばれていることを知りました。コーンパイプはトウモロコシの茎を圧縮してつくったチープなものですが、色がメシャム（海泡石《かいほうせき》）に似て白いことから、どこかの洒落者がそう名付けたのでしょう。

あなたと天皇陛下がお2人で並んだ大きな写真も衝撃の1枚でした。あなたはラフなワイシャツ姿で陛下はモーニングの正装。これにはすべての日本人が驚愕したのです。しかも陛下のお頭が、あなたの肩までしかありませんでした。いかにもあなたは天皇陛下より偉いんだというかのように。事実あの頃はそうだったのでしょうが。

日本国憲法を起草されたのも元帥、あなたです。お蔭さまであなたの国が占領して以来約80年間、日本は一人も戦死させていないのです。ところが、平和ボケをしている場合ではなくなりました。いま日本の隣国にはヤクザまがいの国があります。政府は集団的自衛権とやらで対抗するつもりのようですが、元帥は今後の日本の行方についてどう思われますか？　ぜひ訊いてみたいものです。わたしの尊敬するチャーチルはヒトラーに英国本土を爆撃された時、こう演説しています。

「血を流して戦った国は再起できるが、戦わずして敗れた国は亡《ほろ》んでしまう」

元帥、あなたにぜひお訊きしたいことがあります。死後にわかに有名になった日本人がいます。長身イケメンの白洲次郎です。あるクリスマスの日に白洲が天皇陛下からのプレゼントを元帥の執務室に届けたことがありましたよね。あなたが絨毯を指さして「その辺に置いといてくれ」と言ったそうではないですか。すでに大きなテーブルの上にはプレゼントが山積みになっていたのでしょう。すると白洲は、あなたに向かって啖呵《たんか》を切ったそうですね。

「これは、いやしくもかつて我が国の統治者であった天皇陛下からの贈り物です。その辺に置けとは何事ですか！」と。

後年、徳本栄一郎《とくもとえいいちろう》というジャーナリストがバージニア州ノーフォークにある「マッカーサー・アーカイブ」を訪ねて調べたところによれば、マッカーサー元帥のゲストブックには白洲次郎の〝じ〟の字も記載されていないということでした。あれは単なる白洲次郎らしい一流の大ボラだったのでしょうか。

元帥、わたしはあなたについて外交評論家の加瀬《かせ》英明《ひであき》さんから聞いた、大好きなエピソードがあります。加瀬さんがコロンビア大学に留学していた頃、加瀬さんは自民党の外務大臣まで務めた園田《そのだ》直《すなお》の通訳として、元帥が晩年住まわれていたNYのウォルドーフ・アストリア・ホテルの部屋を訪ねました。園田と加瀬さんがタバコを吸おうとしたら、元帥、あなたは菊の御紋が入った天杯を灰皿にしてテーブルの上に置いていたそうですね。加瀬さんは仕方がなく、その杯に灰と吸い殻を落としたそうですが、特攻隊崩れの園田直はタバコの灰を自分の手のなかに落として、タバコの最後の燃え殻を手の平で消したのです。その時、肉が焼けた臭いが部屋に立ち込めたことを覚えていらっしゃいますか。また、その日、園田が着て行った背広の裏地には、大きな日の丸が描かれていたのをご存じでしたか。その頃の日本には、まだまだ大きな金玉を持った筋金入りの日本男児がいたのです。世代は代わり、そのような日本男児は、ほぼ絶滅してしまいましたが。

　世代交代といえば、元帥のご子息はお元気でしょうか？　たしかアーサーと言いましたか。わたしが「週刊プレイボーイ」編集部の新人だった頃、「マッカーサーの息子がヒッピーになっていた!?」という特集を担当したことを、いま思い出しました。

017

天才的歌姫マリア・カラスは、平凡な家庭に憧れた。

マリア・カラス

1923年、アメリカ生まれ。ギリシャ系アメリカ人のソプラノ歌手。20世紀最高のソプラノ歌手とも言われた。しかしながら、スキャンダル、体調不良などの理由で絶頂期は約10年と短かった。1977年、53歳で死去。

並外れた歌唱力を持った天才的歌姫。マリア・カラス、あなたをそう呼ばせてください。あなたのことはマリア・カラス研究家で知られる永竹由幸《ながたけよしゆき》さんに詳しくお聞きしております。わたしは永竹さんの案内で、あなたがはじめてイタリアで歌ったヴェローナのアレーナ野外劇場に行きました。永竹さんは、こう話してくれたのです。

「マリーア・カラス（イタリア語が達者だった永竹さんは、〝マリーア〟と呼んでいた）が23歳の時、夏の音楽祭で難しいオペラ『ラ・ジョコンダ』の主役を歌った時のことです。最終リハーサルの日、マリーアは本番と同じように衣装を纏《まと》い、度の強いメガネを外していよいよ舞台に上がったんです。マリーアは天才ですから、コンダクターのマエストロ・セラフィンの指揮棒が見えなくても、テンポに合わせることができました。しかし、『あっ！』というマリーアの悲鳴とともにドスンという、像が転がるような音がした。近視のマリーアには舞台の段差が見えなかったんです。１００kgはあった巨体のマリーアは、転んで足首を捻挫し、救急車で運ばれましたが、彼女はけなげに答えたのです。『なんとか立てそうですから、あさっての本番は歌います』と。代役がいなかったのです。すでに2万数千人分のチケットを売り切っていました」

その頃あなたは、メネギーニという地元の金持ちの52歳独身男と、年の差など目もくれず恋に落ちてしまいましたね。それは、あなたがニューヨーク生まれで、父親をその地に残し、母と一緒にギリシャに帰ったことが要因だと、わたしは察しています。父性愛の欠乏がそうさせたのではないでしょうか。

はじめふたりは愛人みたいな関係でしたが、あなたは結婚を熱望した。54歳になったメネギーニと24歳のあなたは結婚式に一人も呼ばず、ヴェローナのフィリッピーニ修道院の小さな礼拝堂で2人だけの結婚式を挙げたのです。その時、提出したあなたの出生証明書は、ニューヨークのギリシャ正教大聖堂から送られてきたものでした。あなたがメネギーニと結婚する3年前、後年あなたの愛人となるギリシャの実業家、オナシスが46歳で17歳のギリシャの海運業の大立て者の娘ティナと結婚式を挙げていたのも、同じニューヨークのギリシャ正教大聖堂だったのです。これは運命の巡り合わせでしょうか。

不幸にしてマリアとメネギーニの間には子どもができなかった。あなたの名声が上がりはじめると、年取った夫はヒモになり、あくどいマネージャー業に徹したそうではないですか。

あなたは料理もうまかったそうですね。神はあなたに歌姫の才能を惜しみなく与えたにもかかわらず、あなたは子どものいる賑やかな普通の家庭に憧れていました。だから大金持ちのプレイボーイのオナシスと付き合いだしてすぐ妊娠した時も、堕胎などさらさら考えなかったのでしょう。しかし、あなたの産んだ子どもはまもなく死んでしまった。子どもの命日には必ずあなたは墓参りをしたそうですね。

あなたは同じギリシャ人のオナシスを心から愛していました。それは夫メネギーニと比べると、格違いのオーラがあったからでしょう。オナシスは財力にものをいわせ、愛人としてあなたの面倒を見ましたが、結婚をする気はまったくなかったのです。

オナシスがティナと離婚して選んだのは、なんと元アメリカ大統領ケネディの未亡人のジャクリーンでした。そのニュースを、あなたは独り住まいのパリのアパートで知る。どんなにショックだったか……。でも、オナシスはただ〝元アメリカ大統領の妻〟という箔が欲しかっただけなのです。また、ジャクリーンは、オナシスのあり余る財力が魅力だったのかもしれません。オナシスとジャクリーンの結婚契約書には、寝室を別々にすること、と書いてあったそうですよ。

ところでマリア・カラス、あなたは１００kgもあった肉体を絞るために、サナダ虫を２匹も飲んだというのは本当ですか？

018

田舎の天才学者・南方熊楠は、学校嫌いの勉強好きだった。

南方熊楠（みなかた・くまぐす）

1867年和歌山県生まれ。幼い頃は抜群の記憶力をもつ神童と呼ばれた。のちに博物学、植物学、菌類学、民俗学などを学び、多くの論文を残す。天才学者として知られたが、生涯を和歌山県で過ごした。1941年、74歳で死去。

軽佻浮薄《けいちょうふはく》の現代日本のなかで、南方熊楠、あなたの名前だけは忘れられてもらいたくありません。あなたが膨大な和漢書と洋書を読み込んで論考し、英文で投稿したオックスフォード大学出版局の『ノーツ・アンド・クエリーズ』誌の全論文が、２０１4年12月に集英社から『南方熊楠英文論考』として刊行されました。これは編集者・椛島良介《かばしまりょうすけ》のあなたに対する鍾愛《しょうあい》と情熱の賜物です。内容は実に面白い。「月を呑む」という論考によると、現代では日食も月食も科学的に証明されていますが、昔のインディオたちは「凄むような声と悲鳴をあげながら空に向かって矢を放ち、魔物を追い払おうとした」らしいですね。「ジャガーが太陽を食べた」と思い込んでいた、と。

熊楠、あなたは世界が誇る怪物的民俗学者であり菌類学者でした。毎回、論文の末尾に「日本、紀伊、田辺、南方熊楠」と書いているように、晩年は和歌山県の田辺市に蟄居《ちっきょ》して〝田舎学者〟を装い、独学で偉大なる研究に励んでおられた。

あなたが「学校嫌いの勉強好き」だったことに、わたしはとても魅力を感じます。独学の人であり、天才であり、まさに怪物でした。わたしも「学校嫌いの勉強好き」でしたが、気が付いたらしがないエッセイスト&バーマンになっていました。それでも人生の最高にして永続的な悦楽は勉強であると確信しています。

皮肉にもあなたは東京大学の予備門で夏目漱石と同級生だったそうですね。あなたは代数で落第すると、さっさと中退してアメリカに私費留学する途《みち》を選びました。しかしアメリカの勉強に飽きたらず、ロンドンの大英博物館の図書館にこもり、数カ国語で書かれた浩瀚な書籍のなかから、大切なところを52冊のノートに書き写したのです。それを「ロンドン抜書」と名付けて田辺で何度も読み返し活用されたのですね。

子どもの時から読解力と記憶力の神童として誉れ高かったあなたは、独学に明け暮れていた40歳で神官の28歳の娘を妻に娶《めと》った。そして、あなたは処女と童貞の初夜を迎えたと告白しています。よっぽど嬉しかったのでしょう。得意になって友人に「一交而《しこう》して孕《はらむ》」と手紙を出していますね。多分あなたは翌日赤飯を炊いて祝ったのではないですか。大英博物館の図書館で世界の性愛学の書物を読み漁ったあなたが、40歳まで童貞であったというのは驚愕です。

あなたの74歳の生涯における〝真夏日〟は、１９２９年、生物学を研究なされていた昭和天皇に、田辺の海の小さな島、神島《かみしま》付近に停泊した御《お》召艦長門《めしかんながと》上でご進講されたその日の出来事ではないでしょうか。昭和天皇がまだ28歳の時のことです。初夏だというのにあなたはロンドンから持ち帰った古いフロックコートを修繕して着ると、蝶ネクタイを結んで天皇陛下の前に鞠躬如《きっきゅうじょ》として立たれたそうですね。あなたは神島で採集した菌類を森永キャラメルの空き箱に入れて、昭和天皇に献上しました。

よほど天皇はあなたの熱のこもった講義をお気に召されたのでしょう。予定の時間が過ぎても天皇はニコニコと講義を聞かれたようですね。その翌年、神島のご臨幸《りんこう》一周年記念の標《しるべ》として記念碑が建てられました。それにあなたは格調高く詠《えい》じています。

一枝も　こころして吹け　沖つ風　わが天皇の　めでましし森ぞ

そして昭和天皇は1962年5月に再び紀州路を行幸したのです。すでにあなたはこの世にいなかったのですが、天皇はあなたを想い、白浜の宿の屋上から雨に煙る神島を遥かに眺めながら胸の内を詠《うた》われました。

雨にけふる神島を見て　紀伊の国の生みし南方熊楠を思ふ

まさしくこれは相聞歌《そうもんか》です。

019 サマセット・モームは、人間の苦悩や劣等感を作品に昇華させた。

サマセット・モーム

1874年、フランス・パリ生まれ。吃音、同性愛などのコンプレックスを抱えていたが、それらは『人間の絆』などの作品に活かされた。世界各国へ船旅を続けたことでも知られる。1965年、ニースにて91歳で死去。

サマセット・モーム。わたしは最近、映画『イミテーション・ゲーム』を観て感動し泣きました。この映画は、コンピューターの生みの親、天才数学者アラン・チューリングの話です。いまから70～80年前のイギリスでは、国家権力と宗教上の理由から、同性愛者は刑務所に入るか、ホルモン剤を毎日注射するかの選択を迫られました。実はチューリングも同性愛者で、彼は泣く泣くホルモン剤を打つことを選んだのです。しかし、精神に疾患をきたし、41歳の若さで自殺してしまいました。

この切なくも感動的な映画を観ながら、わたしは高校生の頃、一心不乱に読んでいたあなたの作品のことを考えていました。高校時代、ちょうどわたしが失恋した時に読んでいた『月と六ペンス』の主人公に、あなたは「女なんて馬鹿だよ」と言わせましたね。このセリフに、わたしはどんなに救われたことか。きっと若かったわたしは、女は馬鹿だから、わたしの想いを理解してくれないのだ、と解釈したのでしょう。

その後、あなたが同性愛者であったことを知り、別に気にすることもなく過ごしてきましたが、『イミテーション・ゲーム』を観て、あなたがどれだけ生きづらかったかを想像してみたのです。

モーム、あなたは同性愛者であることをカムフラージュするために、普通の結婚をして一人の娘をもうけたのですね。それは三島由紀夫と似ているような気もします。その後、あなたは離婚して同性愛者の秘書を連れて世界中を旅し、傑作短編小説『雨』などを書きました。

そして、イギリスの秘密情報部ＭＩ５のスパイの仕事にも従事し、『アシェンデン』も書きました。これも同性愛者であることを隠すための演出だったのかもしれません。あなたは不器用なチューリングとは異なり、生涯うまく隠し通した。晩年はリヴィエラの豪邸で過ごしたようですが、レオナルド・ダ・ヴィンチがそうであったように、そこにかわいい少年を住まわせていたのかもしれませんね。

あなたの両親は、パリのイギリス大使館の顧問弁護士でした。だから少年の頃のあなたは、英語よりフランス語のほうが得意だったそうですね。あなたの英文が読みやすいといわれるのは、フランス帰りの〝外国人〟だったからでしょう。

不幸にして両親が揃って亡くなり、少年の頃はイギリスの叔父にあたる牧師の家に預けられた。言ってみれば、あなたは天涯孤独の人だったのです。『雨』の作品のなかで牧師をこっぴどく蔑んでいるのは、もしかすると一緒に暮らしていた叔父をモデルにしたのではないですか。

また、わたしはあなたに親近感を抱きました。それは、あなたが子どもの頃からドモリだったことです。わたしの母親の言によれば、わたしのドモリは東京から岩手に疎開してからだそうです。あなたもフランスからイギリスに移ってきた後にドモリになったのではないですか。自叙伝的な小説『人間の絆』の主人公フィリップには、ドモリではなく、足を不自由にしてコンプレックスを与えています。

わたしはドモリのコンプレックスをバネに81歳のいまも生きていますが、コンプレックスを武器にした瞬間、コンプレックスから抜け出ていることを知りました。

ところで、わたしはあなたが「女なんて馬鹿だよ」と断言した女が、死ぬほど好きです。男と女は別の動物だということは百も承知ですが、この歳になっても女好きは衰えません。この世に若くて賢いイケメンの男と、若くて馬鹿でブスの女の2人しかいなかったら、たとえあなたに軽蔑されようと、わたしは迷わず女を選ぶでしょう。

しかし、わたしはある意味、あなたと同じホモソーシャルな男なのです。でも、それは精神的な意味で。男同士の熱い友情に、いままでどれほど感動してきたことか。これぞ正真正銘のプラトニック・ラブといえるのではないでしょうか。

020 天才編集者・宮武外骨は、反骨精神と極上のユーモアを武器に腐敗した権力と戦った。

宮武外骨（みやたけ・がいこつ）

1867年、香川県生まれ。反権力を貫くジャーナリストとして活動。同時に編集者として、「滑稽新聞」をはじめ、数々の雑誌・新聞を手がける。過激な内容により、1号で廃刊になった作品も多い。1955年、88歳で死去。

宮武外骨先生。感謝を込めていま告白しますが、わたしが「週刊プレイボーイ」の編集長になった時、どれほどあなたが手がけた「滑稽新聞」からアイデアを拝借したことでしょう。明治、大正、昭和を股に掛け、編集者として活躍したあなたは、天才であり怪物でした。そして、あの森鷗外《もりおうがい》も褒める名文家でもありました。

「滑稽新聞」は、反骨精神と極上のユーモアを武器に、腐敗した権力と戦った雑誌です。何よりもわたしが刺激されたのは、表紙の惹句《じやつく》です。「滑稽新聞」のタイトルの上に記された〝癇癪《かんしやく》と色気〟は名文句でありました。そして右横には、〝天下独特の癇癪を経として色気を緯とす。過激にして愛嬌あり〟。左横には〝威武《いぶ》に屈せず、富貴に淫せず、ユスリもやらず、ハッタリもせず〟とありました。

そうです。外骨先生、わたしは〝過激にして愛嬌〟を「週刊プレイボーイ」の編集方針にしようと決めたのです。

外骨先生、わたしは先生の驥尾《きび》に付して、ある奇想天外なグラビアページを着想したことがありました。その頃、人気アイドルだったキョンキョンこと小泉今日子をヌードにしたかったのですが、辣腕《らつわん》グラビア編集者をもってしても実現できなかった。

しかし、編集者の武器のひとつは、あなたのような執念なのです。たまたまキョンキョンキョンの編集担当者のマツオが結婚式を挙げることになったのです。上席に彼女が所属するプロダクションの周防郁雄《すほういくお》社長が座っていました。そして、いよいよ祝いのスピーチがわたしにまわってきたのです。

「新郎新婦、本日はおめでとうございます。ここに周防社長がいらっしゃいます。めでたいこの席をお借りしまして、また新郎マツオの気持ちを代弁して、お願い申し上げます。小泉今日子さんの輝けるヌードをマツオにください。といっても、それは不可能でしょうから、せめて彼女のレントゲン写真をください。我が『週刊プレイボーイ』は、彼女を骨まで愛しているのです」

しばらくして小泉今日子のレントゲン写真が周防社長からマツオに渡され、堂々「小泉今日子ヌード以上！」というタイトルで巻頭グラビアを飾りました。この号は100万部を刷って完売したのです。周防社長の「胸部のレントゲン写真を撮ってこい！」との指令に、キョンキョンは「面白いわ！」と思ってくれたのでしょう。若い読者は、きっと豊かな想像力でキョンキョンのモノクロの骨にカラーで肉付けして、お水取りに励んだに違いありません。

また、逆張りとオチョクリは外骨先生の十八番でしたね。「週刊プレイボーイ」も、それを得意技にしていました。編集部に田中トモジという異才がいまして、「週刊文春」で「疑惑の銃弾」というシリーズが始まると、トモジはその尻馬に乗ってすぐ、「あの三浦和義さんに学ぶ『魅惑の男根』〝必殺！　すけコマし・テクニック〟」と謳ってシリーズ特集を打ったのです。しかもトモジは「週刊文春」と同じ、両手で松葉杖を突いた哀愁ある三浦和義の写真を使いました。そして大きな男根を真っ黒くかたどったなかに、白抜き文字でリードを書いたのです。読んであげてください。

「弁舌さわやか、長身でレイバン似合う色男。お金がっぷりベンツあり、叔母さん有名人。女房美人かけた保険金一億五千万。なんだかよくわからんけど、元愛人行方不明。『週刊文春』は疑惑の銃弾。『週刊大衆』は衝撃の乱交。もてぬ男はゴマメの歯ぎしりだけど、ウラヤマシー。こうなったらスケコマシの手口盗んでやるけんね。〝手当たり次第当たる〟を、幸い当てられたら不幸ね。口説いてモノにして、用が済んだら使い捨て。アリゾナ砂漠に埋めちまえ。おっとこれは口がスべった、冗談冗談。とにかくスゴイよ、三浦サン。おいらも生きよう、性獣人生っ！」

外骨先生、あなたなくして「週刊プレイボーイ」は、100万部を突破できなかったでしょう。ホントにお世話になりました。

021 嵐寛寿郎のコンプレックスが、〝鞍馬天狗〟を人気作に押し上げた。

嵐寛寿郎（あらし・かんじゅろう）

1902年、京都府生まれ。戦前に活躍した時代劇スターで、『鞍馬天狗』『鳴門秘帖』などに主演。私生活では4回離婚し、そのたびに全財産と家屋敷を前妻に譲り渡したという逸話が残る。1980年、77歳で死去。

アラカンこと、嵐寛寿郎さん。わたしは小学生の頃、鞍馬天狗《くらまてんぐ》を演じたあなたの虜になりました。下手ながらもノートにあなたの覆面の顔の絵を描いて遊んだものです。ある日、近所の友達と習字塾に通うふりをして、わたしだけが一関まで足を延ばし、映画『鞍馬天狗』を観に行きました。それも真っ昼間からです。わたしのなかのあの熱狂は、中学、高校と続きました。生まれてはじめて、本当にカッコいいと感じた男がアラカンさんだったのです。

縁あって34歳で「PLAYBOY日本版」の副編集長に抜擢されたとき、わたしは真っ先に、京都でお元気でいらっしゃるアラカンさんに会いに行きました。「PLAYBOYインタビュー」という企画を武器に、じかあたりしようと試みたのです。7月上旬の暑い京都のホテルで待っていると、あなたは絽《ろ》の着物で颯爽と現れましたね。

油断してパンツ一丁で涼んでいたところにアラカンさんは訪れました。わたしは慌てててズボンを穿《は》いて「嵐先生、はじめまして。子どもの頃から先生の大ファンであるシマジと申します」と挨拶すると、「先生はいらん、アラカンでよろし」と答えました。

あなたはホンマモンのプレイボーイでした。わたしとの長いインタビューのなかで、気取ることなく語ってくださったのです。

「女は惚れてこそ、秘部の味が出ますなあ」

若かったわたしは、まだ「愛こそ最高の媚薬である」という真実は知らず、ただうなずいていただけでした。「若いとき、なんべん駆け落ちしたかわからへん」と語る、77歳のあなたの切ない顔が忘れられません。

京都のビバリーヒルズと呼ばれた豪邸が建ち並ぶ南禅寺の、ひときわ目立つ大豪邸にアラカンさんは一時住んでいました。ところが新しい女ができると、その大豪邸を惜しみなく古い女にくれてやり、また裸一貫で、やり直した。鞍馬天狗のおじさんは、内縁関係は数に入れず、なんと4回も正式に結婚したのです。

「わしは詰まるところは浮気もんやね。若いときは同時に2人のおなごを愛せましたな。それくらいの甲斐性はありました」

「いまの若い奥さんは?」とシマジ。「あれは先斗町の芸者です。はじめて女に貢がれた。いまは2人で長屋住まいや」

「童貞はいつ喪失なされたんですか」と、調子に乗って再びシマジ。すると、衝撃の答えを返してくれたのです。

「何歳の頃だったかよく覚えてないいんやけど、芸者に押さえつけられて上から乗っかられた。若いから立つわね。それが毒を持っていた。数日すると腫れ上がりウミが出た。いまだったらペニシリンがあれば一発で治ったんやけど、時代は戦前。医者に診せたら、いきなり切ってタマを抜かれたんや。無茶苦茶やな。それからわしは種なしスイカになったんですわ」

そんなあなたですが、本当のコンプレックスは実はタマではなく顎《あご》にあったのです。

「大佛次郎の原作の鞍馬天狗は覆面を被ってへんよ。あれはわしの創作なんや。自分は顎が長いから隠したかったんや。覆面の上を尖らせて両脇をピンと張ってな。イメージは……そや、富士山やな」

しかし、人気絶頂だった鞍馬天狗は、昭和31年の『疾風！　鞍馬天狗』を最後に、原作者の強い意向ということで差し止めを食らってしまった。

「天狗が人を斬りすぎる。原作に忠実でない。たしかそういうことでイチャモンがついたんと違うかな。原作どおりやったら面白いことあらへん。こっちは活動写真や」

アラカンさん、実は、あのときの「ＰＬＡＹＢＯＹインタビュー」は、タイミングが合わないとボツになったんです。ところが、この年の10月にあなたは77歳で生涯を閉じられた。それで、追悼インタビューとして、その抜粋が掲載されたのです。

022

最強の外交官タレーランは、巧みな話術と下半身外交でフランスの国土を守り抜いた。

タレーラン・ペリゴール

1754年、フランス生まれ。ナポレオン皇帝の側近として活躍した政治家・外交官。ウィーン会議ではブルボン家代表となり、以後も首相、外相、大使としてフランスの政治に貢献した。1838年、84歳で死去。

18世紀に生きたフランスの敏腕外交官タレーラン。もし現代にあなたが生きていたら、女や賄賂問題で週刊誌を賑わせていたことでしょう。いま世の中は、魅力ある男の人格を下半身で裁こうとしています。これこそがあなたのような怪物が現代に生まれない要因だとわたしは確信しています。

あなたは若きナポレオンを見出して皇帝にまでしました。当時のインタビュー記事で「ナポレオンの目が碧く、まるで地中海のように輝いていたから、わたしは彼を皇帝に祭り上げたんだ」と書かれていたのを読んだことがあります。

政治においても女性関係においても、あなたはいつも好んで2番手の地位に甘んじました。あなたは歴とした パリの名門貴族の出身です。当時の貴族の家では一家団らんなどは身分の低い家の慣わしでした。だから里親に預けられて、乳母に育てられたのです。ところが、その乳母は乱暴な女で、赤ん坊のあなたを誤ってタンスの上から落としてしまった。諸説ありますが、それが原因で、生涯足を引きずることになったと言われていますね。

だが、神はあなたを見捨てなかった。あなたは時代を読むセンスに長けていたのです。20代のあなたは貴族の婦人たちが主催する文化的サロンに足繁く通い、モンテスキューやヴォルテールの啓蒙思想にかぶれた。まさに、大きな財政破綻が原因で、ルイ王朝のブルボン家の屋台骨が揺るぎかけていた、その時期です。

戦乱の世でしたが、あなたは品がよく、暴力による革命が肌に合わなかったのではないですか。ギロチンが大嫌いで、一時イギリスに身を潜めていましたが、イギリスから危険分子として追放されると、さっさとアメリカに亡命した。そこで2年くらい暮らし、フランスの政治情勢が落ち着くのを待ってパリに戻ってくるのです。何せその時代のパリは、ギロチン台に送られた才能のある政治家が、わずか1週間の間に千数百人いたという暗黒の時代でしたから。

そして、領土拡大を推し進める戦争好きのナポレオン皇帝と、それに否定的なあなたたち2人は次第に合わなくなったのかもしれません。ナポレオンを皇帝から引きずり下ろそうと企みましたが、その謀略がバレて、一時あなたは閑職に追いやられる。でも寝業師でマキアベリストのあなたは生き残った。映画『会議は踊る』のように、ウィーン会議で敗戦国の外務大臣であったあなたは、ひるむことなく19歳年下のオーストリアの外務大臣メッテルニヒを向こうに回したのです。その結果、ナポレオン皇帝が征服した領土は失ったものの、フランス固有の領土は1センチたりとも失わなかかったのです。

それはあなたが仕掛けた〝下半身外交〟が実ったのでしょう。あなたは、美人の姪っ子を宴やダンスパーティのホステスとして連れて行ったそうですね。連合国の外交官たちがあなたの仕掛けた貴族の娘たちの色香に狂ったのは当然です。タレーラン、あなたは男の本質を見事に見抜いていた。あなたこそ外交の天才です。「外交官とは祖国のために嘘をついてくる正直者」を地でいった人類最強の外交官だったとわたしは確信しています。もちろん、タレーラン自身もモテにモテたようですね。こう言っちゃ失礼ですが、決してイケメンとは言えず、しかも足にハンディを負っていた。しかし、外交官の武器である巧みな話術と優れた頭脳で、女たちを夢中にさせたのです。わたしもドモリというハンディを背負っていますが、ジョークの引き出しの数には自信があります。男の魅力は、最後はやっぱり頭脳とユーモアセンスなのです。

それにしても、当時の人の平均寿命が30歳後半といわれていたなかで、84歳まで生きたというのは何を食べていたのでしょう。美食家で知られたあなたですが、気取らずに「わしは人を喰っていたのじゃ」と、即座にお答えになるでしょうね。タレーラン、本当の秘訣をわたしの夢に出てこっそり教えてください。

023

二代目広沢虎造は、浪曲にオペラの芸術性を吹き込んだ。

広沢虎造（ひろさわ・とらぞう）

1899年、東京都生まれ。戦前から戦後にかけて活躍した浪曲師。「虎造節」とも呼ばれる独特の啖呵の切れ味でファンを魅了した。『清水次郎長伝』が有名だが、森の石松を題材にした浪曲も人気が高い。1964年、65歳で死去。

わたしが小学4年生のときのことです。たまたまNHKラジオから流れてきた浪曲を聴いて、わたしはシビれました。二代目広沢虎造師匠、あなたの美声と名調子にです。わたしはあなたの大ファンになり、こづかいを貯めては『清水次郎長伝』レコード全巻を一枚ずつ買い集めたものです。

虎造師匠は、昭和の戦前戦後を通じて大スターでした。ところが驚いたことに、この連載の担当編集者に、「広沢虎造を書きたいんだけど」と言ったところ「誰ッスか、それ？」と怪訝《けげん》な顔をされました。わたしは驚愕し、そして落胆し、大事に持っている虎造師匠のCDを貸して彼に聴いてもらいました。聴かせたのは、もちろん『石松金比羅代参』と『石松三十石船道中』です。やっぱり虎造師匠、あなたは時代を超える天才でした。師匠の偉大さを知らなかった若い担当が、「これは日本のオペラですね！」と唸り、こうしてあなたへのオマージュを書けることになったのです。

わたしは子どもの頃、読書に飽きると虎造師匠の浪曲をよく聴いたものです。わたしが飼っていた愛猫チャコも、あなたの名調子に不思議な反応をしながらも、わたしと一緒に聴いていました。

虎造師匠、あなたの浪曲の魅力は、歯切れがいい啖呵《たんか》、唸りとともに歌われる七五調の格調高き文章。笑いがあり、そして必ず泣かせるところです。いまでもあの名調子をわたしは唸ることができますよ。

〜秋葉路や　花橘も茶の香り　流れも清き太田川　若鮎躍るころとなり　松の緑の色も冴え　遠州森町よい茶の出どこ　娘やりたやお茶摘みに　ここは名代の火伏せの神　秋葉神社の参道に　産声上げし快男児　昭和の御世まで名を残す　遠州森の石松を　不弁ながらもつとめます〜

実は、中学校卒業の謝恩会で４５０人の全校生を前にして、わたしは音痴にもかかわらず、この『石松金比羅代参』を30分も唸り続けてしまったのです。すでに同級生をはじめ、世の中に浪曲を熱心に聴く人はほとんどいない時代でした。もちろん音痴が最大の理由かもしれませんが、時代錯誤感もあって、「シマジ、もうやめろー！帰れー！」などの大顰蹙《ひんしゅく》を買ってしまいました。

虎造師匠と同じくらい、わたしは鞍馬天狗で一世を風靡した俳優の嵐寛寿郎さんも大好きでした。奇しくもわたしの好きなお２人が、無類の女好きだったのはなぜでしょうか。虎造師匠、あなたは千葉で本妻と暮らし、妾を東京と大阪に置いていたそうではありませんか。内と外の子を合わせて計13人もいたそうですね。しかも週刊誌に家族写真を撮らせたときでも、本妻宅ではなく三軒茶屋の妾宅で、堂々と家族の主になって収まっていたそうですね。その理由がふるっていました。

「記者やカメラマンの方に、わざわざ遠くの千葉までお越し願うのは大変だから」でした。あなたにとって本妻も妾も、13人の子どもたちも平等に愛すべき存在だったのでしょう。そういう師匠がわたしは大好きです。大スターで、稼ぎは日本で指折り。長者番付にも入っていたのですから、妾の3、4人をもつ財力は十分あったでしょう。

そんなあなたでも、友情には厚かったし、みんなに愛されました。あの調子のいい啖呵は講釈師・神田ろ山から教わり、笑いの技は落語家の司馬龍生《しばりゅうしょう》から習った。しかも、売れない2人を必ず前座に据えて地方巡業に繰り出したそうですね。男の友情を大切にしていたからこそ、女たちは虎造師匠を放っておかなかったのでしょう。

そんな虎造師匠でしたが、脳溢血に襲われてしまいました。呂律が回らず得意の啖呵が切れなくなり、泣く泣く一世一代の引退興行を浅草国際劇場でやりましたね。22歳のわたしはまだ学生でしたが、実はその場にいたのです。満席の会場は70代のファンでいっぱいでした。彼らの「虎造！　虎造！」という涙ながらの声援は、いまでもわたしの耳に残っています。

024

四国の大将・坪内寿夫は、仕事も遊びも豪快だった。

坪内寿夫

（つぼうち・ひさお）

1914年、愛媛県生まれ。シベリア抑留から帰国後、映画館経営で成功。その後も海洋・造船業を中心とした来島グループをつくり上げる。福田赳夫《ふくだたけお》首相の推薦で、佐世保重工業の再建も行った。1999年、85歳で死去。

これまでわたしが出会ってきたなかで、最高に気前がいい太っ腹な男は、四国の大将こと坪内寿夫さん、あなたをおいてほかにいません。

あなたは、倒産寸前の企業を再生させた天才的経営センスをもった実業家でした。そして、何もかもが豪快でした。わたしの人生の師匠、柴田錬三郎先生のためだけに、〝たった一人のゴルフ場〟奥道後ゴルフ倶楽部をつくりましたね。そして、柴田先生が亡くなられてからは、わたしによく航空券を4枚送ってくださいました。わたしは甘えて、いろいろなゴルフ仲間とプレイさせていただいたものです。そのなかには天下の青木功プロをはじめ、不世出のアマチュアの球聖・中部銀次郎さんも含まれています。青木プロは、1983年のハワイアン・オープンで優勝する前年、シーズンオフの長期合宿を奥道後ゴルフ倶楽部で行っていたのです。その恩を忘れず、青木プロはいまでもあなたの墓参りを欠かさないそうですよ。わたしも何度か、美しい瀬戸内海を見下ろすあなたのお墓に参りました。

また、あなたは敬愛してやまない今東光大僧正に、気前よくベンツを運転手付きで差し上げましたね。大僧正はあのベンツを亡くなるまで大事に乗られていましたよ。

坪内さん、わたしはあなたにはじめて会った日のことをいまでも忘れられません。

「週刊プレイボーイ」の新人編集者になり、運よくシバレン先生の「プレイボーイ人生相談」の担当者になった翌年、シバレン先生のお伴で坪内さんが経営するホテル奥道後に行きました。20畳はある大きな和室で、これまた大きなテーブルを前にシバレン先生と待っていると、濃紺のスーツを窮屈そうに着た巨漢が現れたのです。それが坪内寿夫でした。100kgはゆうに超える巨漢で、鼻と耳が異常に大きく、そして目は小さくて優しかった。

「これは、わたしの担当をしている集英社のシマジです」と柴田先生が丁寧に坪内さんに紹介してくれました。

「はじめまして」と、わたしが頭を下げるか下げないかのうちに、巨体のあなたは、のそっと立ち上がり、大きなテーブルをグルッと廻ってわたしのほうに近づいてきたのです。ライオンに見据えられた羊状態でじっとしていると、あなたはわたしの前に座り直し、深々と頭を下げて「坪内です」と言い、「来島どっく社長　坪内寿夫」の名刺を差し出されたのです。「ど、ど、どうもすみません」と気圧されたわたしは慌ててドモりながら、ペイペイの名刺を差し出すのが精一杯でした。あなたから、挨拶は先手必勝であることを学んだのです。

坪内さん、あなたは終戦後シベリアに3年半も抑留されたそうですね。そのときの体験談には、まさにあなたのその後の将来が見えていました。

ひもじさと極寒で死んでいく仲間が大勢いたなかで、あなたは決死の覚悟で子豚を一頭盗み、仲間のためにストーブで焼いて食わせてあげたそうですね。抑留地にある肉の解体工場で働いたとき、ほかの連中はソーセージとかカンヅメを盗んで拷問にかけられたりしたのに、あなたは堂々と子豚を背負い、その上から上着を着て身体検査をパスしたのです。「想像を絶するくらいデカイことだとバレないんですよ。アッハハハ！」とあなたは笑っていました。

人を喜ばせる天才だったあなたは、映画館を経営すると、日本で初の2本立て興行をやって大儲けしました。その大金で造船所の「來島船渠《くるしませんきょ》（現・新来島どっく）」を買ったのです。受刑者を雇い入れ、「塀のない刑務所」として当時、話題になりました。

坪内さん、すべての成功と逸話はあなたの心意気と気前のよさによるものなのです。でも、時代は変わったようです。数年前のこと、伊勢丹のバーに、坪内さんと同じ愛媛県出身の若い客が来ました。驚いたことに、その若者はあなたのことを知らなかったのです。あなたの凄まじいオーラでさえも、時代の波は洗ってしまうのですね。

025 孤独にして孤高の天才、数学者チューリングを想う。

アラン・チューリング

1912年、イギリス生まれ。第二次世界大戦中にドイツの暗号エニグマを解読し、連合軍を勝利へ導いた。その功績は「チューリング賞」を通して、いまも讃えられている。1954年、41歳の若さで死去。

アラン・チューリング。あなたは歴史に必要とされた天才です。イギリスに生まれて、幼い頃からその才能の片鱗を見せていたあなたは、16歳にしてアルベルト・アインシュタインの書いた論文を読み、文中には明記されていなかった、アインシュタインのニュートン力学に対する疑問でさえも理解していたそうですね。

あなたは若くしてケンブリッジ大学のキングズ・カレッジの特別研究員になり、アメリカのプリンストン高等研究所で博士号を取って、そこでジョン・フォン・ノイマンと知り合いました。あなたとノイマン、つまり現在のコンピューターの父といえる2人が親交を結んでいなければ、わたしは、この文章をいまだに万年筆で書き、印刷会社で活字として拾われていたかもしれません。それどころか、わたしがいま連載しているほとんどのメディアが存在しなかったでしょう。スティーブ・ジョブズやビル・ゲイツよりも、あなたはもっと讃えられるべき存在なのです。

アメリカでの研究でさまざまな先進的な論文を発表し、やがて帰国したあなたはケンブリッジで教鞭《きょうべん》を執るかたわら、暗号理論の研究や電子計算機の試作にも没頭していましたね。また非常な健脚で長距離を走ることが得意だったあなたは、ロンドン郊外から大学に戻って重要な会議に参加しなければならないときなどは、約64キロも走ったというではありませんか。以前、私のお店が新宿にあったとき、荻窪から新宿まで（約10㎞程度）走ってくる常連客がいましたが、あなたの健脚にはかないません。

第2次世界大戦が勃発したとき、あなたはロンドン近くのブレッチリーパークにある政府暗号学校で、コンピューターの原型たるマシンを開発し、解読不可能といわれたナチスの暗号機「エニグマ」を打ち破りました。ほかの研究員は理解を示さず、アスペルガー症候群の兆候があったあなたを変人と嘲笑したのです。そんななか、あなたはその明晰な頭脳で、毎日刻々と変わるエニグマの膨大な暗号コードの組み合わせを予想できるのは自分のマシンだけだと確信し、敵の通信に含まれた挨拶文や定期報告書の語彙から、見事に暗号を解き明かしたのです。

しかし、英雄と呼ばれてよかったはずのあなたを待っていたのは悲劇でした。解読された情報が第一級の秘密とされたので、あなたの偉大なる功績は長く秘匿となりました。あなたのお蔭で連合軍は勝利し、大戦の終結が早まったというのに、それを誇ることは許されなかったのです。

冷戦下、大学に戻ったあなたは、同性愛者であることを明らかにされ、当時の法廷で有罪判決が言い渡されました。入獄を免れるため、あなたはホルモン治療で性的指向を矯正されることになりました。そして、41歳の若さで自ら命を絶ったのです。

あなたがそこまでして研究に情熱を注げたのは、きっと中学生時代の初恋の相手であったクリストファー・モルコム少年の存在があったからでしょう。数学について語り合う親友を超えて、あなたは彼を愛していた。しかし、彼は若くしてこの世を去ってしまったのです。きっと夭折《ようせつ》した賢い少年の分まで新たな発見を求め、そして、その叶わぬ恋を、ほかの男性に求め続けたのでしょう。そんなあなたに何の罪がありましょうか。

現在では、あなたの名を冠した「チューリング賞」が設けられています。これは、計算機分野に功績のあった人物に贈られる、いわゆるコンピューター界のノーベル賞です。チューリング賞の存在は同時に、「今日の異端は明日の正統」であることも証明しているのではないでしょうか。

幼くして恋人を失ったあなたは神を信じなかったようですが、天才は神から与えられた才能ゆえに孤独になるのだと、凡才のわたしは思います。なんだか、いまこうして向き合っているパソコンのなかにも、あなたが残した人知れぬ暗号が隠れているような気がしてなりません。

026

喜劇王チャップリンの原点は、悲惨な幼少期にある。

チャールズ・チャップリン

1889年、イギリス生まれ。喜劇王と呼ばれたコメディアン。映画監督、脚本家、作曲家としても活躍。『黄金狂時代』で記録的ヒットを飛ばし、『サーカス』では第1回アカデミー賞で特別賞を受賞。1977年、88歳で死去。

人類最高の喜劇王チャールズ・チャップリン。売文の徒になって、いつもわたしが思うことがあります。それは、読者を泣かせることはできても、笑わせることはなかなか難しいということです。しかし、あなたの作品は、笑わせておいて、そして最後に泣かせるのです。その昔、安藤鶴夫という文芸評論家が、そういう現象を「おかかなしい」と言っていました。おかしくて悲しいという高度な感情の起伏を、同時に表現できたあなたは、まさしく天才です。

どうもわたしが敬愛する方々は、2人だけを除いて、みんな艶福家であるようです。その2人というのは、イギリスの元首相ウィンストン・チャーチルと再建王・坪内寿夫です。彼らは生涯一穴主義をまっとうした奇特な男です。

一方、きらびやかな銀幕の世界のご多分に漏れず、あなたは華やかな女性遍歴と、4度の結婚歴をお持ちですね。驚くべきことに最後の結婚は、あなたが53歳のときのこと。当時18歳だった期待の新人女優にして、ノーベル文学賞作家のユージン・オニールの娘、ウーナが相手でした。激しく惹かれ合い恋に落ちたふたりには、年の差なんて何の障害でもなかったのでしょう。あなたは主演女優とのスキャンダルが招いた裁判で忙しいときも、若くてかわいい新妻に自分の旧作を見せては、彼女の素直な批評を悠々と聞いて愉しんだそうですね。モテ男のあなたでしたが、そのウーナとは、88歳の生涯を閉じるまで、スイスでともに暮らし、子どもを8人もつくったのです。

喜劇王のあなたは、「人生は恐ろしい冗談」を、まさに地でいったような生涯です。この世を去り、墓に遺体が埋められた後も、あなたの遺体が盗まれて大事件になりました。その事実に基づいた映画『チャップリンからの贈りもの』を最近観ましたが、実に傑作でした。あなたへのオマージュが全編にあふれていて、わたしは涙を禁じ得ませんでした。

わたしは20代で、あなたがスイスのレマン湖畔に身を寄せた頃に執筆した、浩瀚な自伝『チャップリン自伝』(中野好夫訳 新潮社)を読みました。あなたはロンドンの下町で舞台役者の両親の間に生まれたものの、彼らはすぐに離婚してしまい、母親のもとで育てられました。きっと母親が舞台で演じながら語る聖書の物語や偉人の話が、幼いチャップリンを演技の道へと引き込んだのでしょう。

あなたの役者としてのデビューは、5歳のときでした。母親が声を潰してしまい、歌えなくなってしまったのです。代役として登場しましたが、大人の歌をいつも舞台の袖で聴いていたあなたは、子どもながらに歌うことができました。歌の途中でおひねりが投げ込まれると、歌をやめて拾い集め、座長に渡しました。それが母親の手に渡るのをしっかり目撃してから、また歌い出す。そのかわいい仕草に、観客は再び笑い出したそうですね。何度もアンコールに応じる少年チャップリンは、ここで世間智を身体で覚えたのでしょう。まさに天性のショーマン気質が花開いた、輝ける瞬間だったのかもしれません。

その後、母親の声は完全に潰れてしまいました。一家は困窮状況に陥り、あなたとあなたの兄は貧民院を転々としたり、時には父と後妻の家に預けられたりしながら、お金が貯まるとまた母親と過ごすという悲惨な生活を余儀なくされた。そうして何度目かに母親と暮らせるようになったある日、あなたは近所の食肉処理場から逃げ出した元気のいい羊を目撃した。羊は暴れながら逃げまわり、大人たちは右往左往しながら羊を追いかけ回す。最初は腹を抱えながら、そのドタバタ騒ぎを見ていたあなたでしたが、結局、羊が捕まって食肉処理場に連れ戻される様子を見ると、母親に「あの羊は殺されるんだね」と、泣きながら呟いたそうですね。

そのとき笑いと涙は表裏一体であることを、あなたは理解していたのです。そこに、偉大なる喜劇王たる原点があるのではないでしょうか。

027

バルザックは膨大な借金を残し、そして名作を残した。

オノレ・ド・バルザック

1799年、フランス生まれ。サマセット・モームをして天才と言わしめた小説家。金使いも荒く、女性遍歴の多さも有名。代表作に『ゴリオ爺さん』『谷間の百合』などがある。1850年、51歳で死去。

文豪オノレ・ド・バルザック。わたしはあなたから多くを学びました。あなたは自分を天才と信じて、膨大な文学的傑作群『人間喜劇』を残しましたが、同時に膨大なる借金も残しましたね。あなたから教わった人生の知恵のひとつは、本当の金持ちではなくても、一見「金持ちそうに見える」ことが、いかに大事かということです。

文豪はどんなに貧しくても、見てくれの品格は守ったことに、わたしは拍手を送りたい。高級な仕立屋に行って、前払いはもちろん、支払い期限に間に合ったことすらないのに、あなたは悠々と何着もつくらせていたのです。お洒落な服に身を包み、上機嫌でサロンに通い、ユーゴーやデュマと交流を持っていましたね。あなたの名前はオノレ・ド・バルザックですが、貴族である証拠の「ド」は、あなたが勝手に創作したペンネームというではありませんか。それでいいんです。貴族よりも「貴族そうに見える」ことが、あなたの美学ですから。

あなたの武器だった創作の連想飛躍の才能は、現実の世界でも発揮されました。小説を書くより、印刷業と出版業のほうが儲かると勘違いして、惜しみなく融資を施し、見切り発車と虚栄心で次々と大赤字を出してしまいました。そして、とうとう倒産の憂き目に遭ったのです。しかし、その膨大な借金を、以前からあなたのことを愛していた30歳も年上の、2人の貴族の未亡人が快く引き受けてくれました。女にモテそうに見えることも、人生には重要なのです。そのうち本当にモテるようになるのです。

でも、あなたはペテン師ではありません。作家として働き者でした。夜に一度、仮眠を取って、バルザックスタイルの濃いコーヒーをガブ飲みした後、深夜から早朝まで創作に励んだそうですね。多作家のあなたは、小説のなかで約2千人の登場人物を誕生させたというではありませんか。

告白すれば、わたしは20歳の頃、引きこもり状態に陥り、約1年間、人間不信から人間嫌いになって、誰にも会わずに独り部屋にこもり、安酒を呷《あお》って読書ばかりの日々を過ごしたことがありました。長い心身症から、わたしを救ってくれたのは、あなたが書いた『ゴリオ爺さん』の一冊でした。ちょうど一関から笈《おい》を負って東京に来たわたしと、主人公の学生であるウージェーヌ・ド・ラスティニャックが、アングレームの田舎からパリに出てきた境遇が似ていたので共感が持てたのでしょう。医学生のビアンションにもペテン師ヴォートランの魔性にも惹かれましたが、ラスティニャックに、わたしはほとんど乗り移っていきました。

作品の終盤、ゴリオ爺さんの葬儀を出し終えたラスティニャックが、丘の上の墓場から夕なずむパリの街を眼下に睨んで、「さあ、今度はおれとおまえとの一対一の勝負だ！」と、壮大に叫ぶシーンがあります。そのセリフに、わたしは突然、鬱から脱したのです。わたしも、東京と勝負すべきだと。バルザック文豪、ありがとうございました。

あなたは生来の浪費癖が祟って、死の5カ月前、自分自身の借金が10万フランもありながら、長年、恋愛を続けていたポーランド貴族の未亡人、ハンスカ伯爵夫人と結婚しましたね。結局あなたの女性遍歴は、年上でお金持ちの貴族の未亡人でした。

無理な仕事と暴飲暴食が祟って、結婚したはいいが、あなたはベッドから立ち上がることも叶いませんでした。すでに重病人だったのです。肥えていた体軀は痩せこけ、サーモンピンクのツヤツヤの肌は青白く変貌し、混濁する意識のなかで、文豪バルザックは、自分の小説の登場人物であった名医ビアンションのことに想いを馳せていたのです。臨終の床で「ビアンションを呼んでくれ」と、うわ言を言ったそうですね。51歳の無念の死は悔やまれてなりません。あなたが残した膨大な借金は、再び未亡人となったハンスカ伯爵夫人が支払いを終えました。それよりも、あなたは膨大な傑作群を、わたしたちに残したのです。

028 タイタニックのスミス船長は高潔な死によって品格と強さを示した。

エドワード・スミス

1850年、イギリス生まれ。大型船の船長として、船舶会社より絶大な信頼を得る。62歳の時に、豪華客船タイタニック号の船長に就任。沈没の際に船とともに命を落としたが、どのような最期を迎えたかには諸説ある。

豪華客船タイタニック号は、イギリスのサウサンプトン港からニューヨーク港までの処女航海でしたが、出発からわずか4日目に遭難しました。乗っていたのは、船客と乗務員合わせて2207名。そのうち運よく救助されたのは704名ですが、なぜかわたしは、彼ら生存者には興味をそそられません。3等船室に乗っていた一人の日本人男性が、救命胴衣を着けて冷たい海に飛び込み、運よく救命ボートに引き上げられて一命を取り留めた話にも興味がありません。わたしは、むしろ悲劇のタイタニック号と運命をともにした、1503名の犠牲者たちの人間ドラマに心を打たれるのです。

1912年4月14日の23時40分、不気味に光る氷山がタイタニック号の右舷をすり抜けて行ったとき、鋭利なナイフで切られたような亀裂が船底に走りました。そして、2時20分にタイタニック号が沈没するまで、2時間40分の壮絶な人間ドラマが繰り広げられたのです――。

エドワード・J・スミス船長、聞こえていますか？　この遭難事故によって、多くの逸話が生まれましたが、あなたこそ後世に名を残すべき高潔な男でしょう。氷山が船を切り裂いたそのとき、ほとんどの船客は、寝間着姿でベッドのなかにいたそうですね。鈍い衝撃を感じた船客もいたようですし、丸い舷窓から、氷山がかすめて行くのを見た者もいたそうです。

人間の数より少ない救命ボートが下ろされるたびに大混乱が起こりました。そのとき、あなたは穏やかな声で、毅然と言いましたね。「まずは婦女子から乗せたまえ」と。しかし下品な男たちが、我も我もとボートに乗り込もうとした。乗務員がピストルで制したほどですが、それでもスカーフを頭から被り、女装してボートに紛れ込んだ不埒な男が3人もいたそうですね。わたしは、ピストルで撃ち殺すべきだったと思います。夫をおいて自分だけ救命ボートに乗ることを拒み、夫とともに死を選んだ婦人もいたというのに。

たまたま同船していたタイタニック号の建造者、トーマス・アンドリューズも沈痛な面持ちで喫煙室に閉じこもり、タイタニック号とともに死を選んだ1人です。スミス船長、あなたも当然タイタニック号と死をともにすべき男でした。スミス船長が最後に無線室を訪れたのは、タイタニック号が沈む15分前のことです。そこで、まだSOSの信号を打電している無線士たちに、こう言ったそうですね。

「諸君は十分に任務を果たした。もうなす術はない。さあ、ここを立ち退いて自分の身を守りたまえ。いまここで、君たちを解雇する」

そして、あなたは彼らに、「こういう場合、そうするものだ」と告げました。

それからあなたは船長室に入り、ピストルで自殺を図ったとされているようですが、どうもそれは違うようでした。なぜなら、「みんな元気を出すんだぞ！」という威厳ある声を、暗闇の海のなかで聞いたという証言者がいたからです。その白髭の男は、オールを差し出しても決して救命ボートに乗ろうとしなかった。そして、くるりと背中を向けて闇の海に消えて行ったそうです。その男こそ、スミス船長、あなただったのではないですか？　拳銃で頭を打ち抜くよりも、オールを差し出されたにもかかわらず、冷たく暗い海のなかへ自ら沈むほうが、きっと強い精神力を必要とするはずです。

わたしがその場にいたら、死を選んでいただろうかと考えます。いや、そうしなければ、と自分を律していたでしょう。どんなプレイボーイでも、そういうときには美学を大切にすることが、ダンディズムというものなのです。

生きる道を選ぶより、自ら死を選ぶ人間のほうがどんなに美しいことか。それは、皮肉にも生存者の証言によって明らかにされました。人間の品格と強さは、絶望的な瞬間に直面したときにこそ問われるものなのです。死の荘厳さとは、いわゆる人の品格の表れなのでしょう。

029

大槻文彦の『言海』こそ、日本人の知性の証である。

大槻文彦（おおつき・ふみひこ）

1847年、江戸生まれ。文学博士。文部省に入省後、日本初の近代的な国語辞典『言海』を執筆した国語学者。『言海』の巻頭には「語法指南」も掲載されており、日本語の文法書としても人気を誇った。1928年、80歳で死去。

日本初の近代国語辞典『言海』を書いた大槻文彦先生。先生の宗家が岩手県一関市であったことを知ったのは、わたしがまだ小学1年生の頃でした。なぜなら、74年前の終戦を、一関で迎えたからです。

わたしは、その少し前に東京の奥沢から一関の山目に疎開していました。父は血圧が高いことが理由で兵隊に召集されなかったので、両親と妹と祖母で疎開したのです。わたしの祖父母が若いときから医者と歯医者をやっていて儲けたからでしょうか、老後のために中野に借家を建てました。そこに、たまたま一関の方が住まわれていて、その方の紹介だったと父から聞いております。

父は東京で政治家の秘書をしていたのですが、一関の水と米がうまいと気に入り、一関市の中里中学校の数学と英語の教師になったのです。その中学校の絵の先生に、大槻先生という方がいました。その先生は、大槻文彦先生の子孫かと存じます。父と大槻先生はすぐに親しくなり、少年だったわたしは、父に連れられて何度か大槻先生のご自宅にお邪魔したことがありました。その邸宅こそ、晩年の大槻文彦先生が過ごされた家だったと聞かされています。先生のお名前は、そのときはじめて知りました。

34歳のとき、わたしは文豪・開高健と知り合いかわいがっていただきました。開高先生が海外に行くときは、必ず大槻文彦先生の和綴じの『言海』を持参されました。

「シマジ君、君は一関出身やろ。大槻文彦の『言海』は読んでるかね」

そう訊かれたとき、実は、まだ表紙も見ていませんでした。さっそく翌日に神保町の古本屋に行って、『私版 日本辞書 言海』（大修館書店）を買い求めました。当時、新品全4巻で30万円はしました。

それからわたしは、枕元にいつも『言海』を置いて寝ていました。大槻文彦先生が16年間かけてつくりあげた国語辞典を、何年もかけて読了しました。先生は江戸末期生まれですね。明治は江戸生まれの人たちが築き上げ、大正は明治生まれの人たちが牽引し、昭和は大正生まれの人たちが主になってつくり、そして平成は昭和生まれの作品だとわたしは思うのです。大槻文彦先生を含めて江戸時代に生まれた貴《き》顕《けん》碩学《せきがく》の人たちがいたからこそ、日本は先進国との不平等条約に悩まされつつも、植民地にならずに済んだのではないでしょうか。特に先生が作成なされた『言海』があったから、外国は日本を近代国家として認めたのだと思います。英国に『オックスフォード英語大辞典』あり、アメリカに『ウェブスター辞典』あり、そして日本に『言海』ありと、その頃の日本人は胸を張ったことでしょう。

『言海』は、明治8年に初の日本辞書として編集を命じられ、完成したのは明治24年でした。その年に、『言海』発刊祝賀会が催されていますね。出席者は伊藤博文をはじめ、勝海舟、榎本武揚《えのもとたけあき》と、そうそうたる面々でした。

『言海』の面白さは、大槻先生の文章力にあると思います。たとえば「いぬ」（犬）のページを開くと、こう書かれています。

「家に畜《たくわ》ふ獣の名、人の善く知る所なり、最も人に馴れ易く、怜悧《れいり》にして愛情あり、走ること速く、狩に用い、夜を守らするなど、用少からず」

しかしながら、「ねこ」（猫）のページは少し行数が多いようです。

「〈前文省略〉人家に畜ふ小き獣、人の知る所なり、温柔にして馴れ易く、又能《よ》く鼠を捕ふれば畜ふ、然《しか》れども、窃盗の性あり、形、虎に似て、二尺に足らず、性、睡《ねむ》りを好み、寒を畏《おそれ》る、毛色、白、黒、黄、駁《ぶち》等種種なり、其の睛《ひとみ》、朝は円く、次第に縮みて、正午は針の如く、午後復《ま》た次第にひろがりて、晩は再び玉の如し、〈後略〉」

どこか犬より愛情込めて描写しているように思えます。文彦先生はネコ派だったのですか？　実はわたしもネコ派なんです。こんなふうに、言葉の海のなかで先生を想うことは、いくつになっても飽きないものです。

030
写真家・秋山庄太郎は、美しいものを貪欲に追い求め物言わぬ花にたどり着いた。

秋山庄太郎（あきやま・しょうたろう）

1920年、東京都生まれ。終戦後に写真家を目指す。1950年代は、週刊誌を中心とした女優の写真で活躍。その後は、薔薇などの花の写真をメインに手がけた。紫綬褒章や勲四等旭日小綬章も受章。2003年、82歳で死去。

秋山庄太郎先生。まだ現役の編集者の頃、晩年の先生が撮られた『薔薇よ!』(集英社)の写真集を編集させていただいたシマジです。憶えていらっしゃいますか。いまの若い世代には、あなたが誰なのかを知る人は、ほとんどいないでしょう。でも、いまのオヤジ世代、いやシニア世代には、あなたは輝ける写真家でした。当時、多くの週刊誌の表紙は、秋山先生が撮影した女優のカラー写真で飾られていたのです。先生は、週刊誌グラビアの第一人者ともいえるかもしれません。どれだけの男たちが、あなたの写真に見とれたことか。

でも、45歳を超えると、被写体を女から薔薇に変えたのです。どんな心境だったのでしょうか。きっと女が面倒になったのでしょう。物言わぬ花のほうが、カメラに向かっていつまででも微笑んでくれますからね。

わたしは25歳で「週刊プレイボーイ」の編集者になりました。幸運にも時代小説の泰斗《たいと》、柴田錬三郎先生の担当になり、そして、シバレン先生の紹介で、はじめて秋山先生にお目にかかったのです。場所は、東京よみうりゴルフ倶楽部だったか、軽井沢ゴルフ倶楽部だったか忘れてしまいましたが、ともあれ、どこかのゴルフ場だったと記憶しています。その頃から先生は、ゴルフ場に咲いている野生の花々を、カメラで収めながらラウンドしていましたね。ゴルフというより、むしろ花を撮りに行っていたもので、たまに戻ってきてはボールを打つ、というゴルフでした。秋山先生は、仕事でもプライベートでも、いつも美しいものに貪欲だったのです。シバレン先生も、タバコを吸いながら、球の前に戻ってくるのを、じっと待っていたものです。

ゴルフをした後、シバレン先生と秋山先生は先生の麻布のマンションに行って、よくトランプゲームに興じていました。そういえば、シバレン先生にお聞きした面白い話があります。

ある夜、明け方までカード遊びに耽《ふけ》り、疲れたシバレン先生が「アキショウ、洗面所で顔を洗わせてくれ」と立ち上がり、顔を洗って、そこにかかっていた大きなタオルで顔を拭いた。でも、そのタオルをよく見たら、なんとそれは秋山先生の大きなパンツだったそうじゃないですか。秋山先生は生涯独身を貫き通していましたから、下着の洗濯はご自分でなさっていたのでしょう。洗面所から出てきたシバレン先生が「アキショウ、洗面所に紛らわしいものを干すんじゃない」と怒ったそうですね。シバレン先生がよく見たらその脇に小さなタオルがかかっていたそうですが、大きいほうを使いたくなるのは人情というものでしょうか。

そのシバレン先生が61歳の若さで瞑目《めいもく》されたお通夜の日のことです。わたしがその頃から親しくしていた立木義浩さんに頼んで、亡くなられる3カ月前に撮影されたシバレン先生のご遺影を、全紙サイズに焼いてもらい、早朝からご遺体の前に飾っていたのでした。そこへ秋山先生が、10年前に撮ったまだ若々しいシバレン先生の四ツ切サイズの写真を、小脇に抱えて昼頃いらっしゃいました。すでに仏前には、後輩が撮った大きな写真が飾られていたのですが、それに対して文句も言わず、そのまま奥の居間に入って行き、何も言わず壁に飾ったのです。その立ち居振る舞いに、タッチャンとわたしは頭が下がりました。秋山先生は身体も心も大きな方でした。

一度、シバレン先生が軽井沢ゴルフ倶楽部でホールインワンしたとき、シバレン先生に「アキショウ、ほかの仲間には言わないから、ご祝儀と思って俺に10万払え」と言われ、10万円を支払ったという話は本当ですか。

その頃のシバレン先生は、ゴルフも小説もノリに乗っていました。「週刊新潮」で眠狂四郎を連載開始すると10万部は増えました。時代を牽引していた、お2人の存在が実に懐かしい。いま出版界は冬の時代に突入してしまいました。秋山先生が飾ったような女優の写真を表紙にしている週刊誌も、もうありません。

031

天才モーツァルトの曲には、〝かなしみ〟が疾走する。

ヴォルフガング・アマデウス・モーツァルト

1756年、オーストリア生まれ。3歳頃からチェンバロを弾き、5歳頃には作曲を行っていた天才作曲家。代表作に『フィガロの結婚』『ドン・ジョバンニ』『トルコ行進曲』などがある。1791年、35歳の若さで死去。

ヴォルフガング・アマデウス・モーツァルト。あなたは作曲家として「天才中の天才」かもしれません。かつて評論家の小林秀雄は、『モオツァルト・無常という事』のなかで、こう書いています。

「モオツァルトのかなしさは疾走する。涙は追いつけない。涙の裡に玩弄《がんろう》するには美しすぎる。空の青や海の匂いのように、万葉の歌人が、その使用法を知っていた〝かなし（愛し）〟という言葉のようにかなしい」

モーツァルト、天才のあなたに告白するのも恥ずかしい話ですが、わたしも小学4年生のとき、ピアノをはじめました。それは、わたしの父親が中学校教師をしていた関係で、同じ学校の音楽の教師に、よせばいいのに「息子をよろしく」と頼んだのです。「ピアノなんて才能がないから無理だよ」と、わたしは強く父に訴えたのですが、どこの親も親バカなのでしょう。

「もしかしたら、お前が気付いていない才能が眠っているかもしれない」と、バカな期待をして、わたしは泣く泣く、バイエルを前にピアノを叩くはめになったのです。

モーツァルト先生、その頃、わたしは浪曲師・広沢虎造の大ファンで、虎造節を真似て、すでに一人で唸っていたのです。小遣いを貯めては虎造のＬＰを買ってきて、何度も聴き入ったものです。音楽の時間が嫌で仕方なかったのは、わたしが生まれつきの音痴だったからでしょう。

わたしが、この世には神さまがいる、と思ったのはその頃です。両親が留守にしていたある日の午後、わたしは父が大切にしていた刀を、何とはなしに取り出してきて抜いたのです。子どもには重すぎて、うまく抜けなかったのでしょう。右の人差し指の約1㎝四方の肉片が、皮が付いたまま畳の上に落ちたかと思うと、真っ赤な血が突然噴き出してきたのです。わたしは慌てて肉片を拾い、左手で元あるところにくっ付けて、急いで少し離れた個人病院まで走って行きました。お医者さんが包帯で厳重に縛ってくれ、なんとか肉片は、わたしの指の一部として戻ってきました。

幸い、怪我のお蔭でピアノの練習はできなくなりました。完治するのに、3カ月はかかったと記憶しています。その後、わたしは切った指の先がシビれると過剰に訴えて、その後もピアノの練習から解放された次第です。才能のない者がピアノを習うことは、時に苦痛でしかありません。わたしに才能があるとすれば、ささやかな文章力だけでしょうか。あらゆる芸術のなかで、音楽が最も抽象的なものであるかもしれません。だから作曲を自在にやってのけたあなたは、やはり天才なのです。

いまわたしはピアノをやめた罪滅ぼしに、毎日あなたの作品を聴いています。そのCDは、20世紀の前半にSPで録音されたものを、新たにCDに焼き直したものです。わたしの親友の飛鳥新社前社長の故土井尚道が、社運をかけて売り出した全3巻『モーツァルト・伝説の録音』は逸品です。第1巻は名ヴァイオリニストと弦楽四重奏団、第2巻は名ピアニストたち、第3巻は名指揮者と器楽奏者・歌手から構成されています。第1巻ではヴァイオリニストが2回軽い咳をしているのを聴くことができました。それは当時の録音が、一本勝負だったことの証しでしょう。この第1巻でヴァイオリンを演奏しているエドヴィン・フィッシャーという奏者は、驚くべきことに2巻目のピアノの部にも登場している才人です。

毎夜、シングルモルトを飲みながら、あなたの作品に耳を傾けます。奏者たちの息づかいは、あなたの息づかいに思えてきます。SPの針が奏でるジリジリという雑音も、なんだか心地よくなってきます。往々にして文明は文化を破壊するものですが、このCDを聴くときだけは、文明が文化を継承することもある、と思います。

わたしに音楽の才能は皆無ですが、小林秀雄が表現した、あなたの作品のなかに存在する〝かなし〟は、不思議と理解できるのです。

032

英国とソ連を股にかけた、キム・フィルビーという男。

キム・フィルビー

1912年、インド生まれ。「タイムズ」紙のジャーナリストを経て、イギリス秘密情報部（MI6）に入局。同時にソ連のスパイとしても暗躍し、二重スパイであることが発覚するとソ連に逃亡した。1988年、76歳のときにモスクワで死去。

ハロルド・エイドリアン・ラッセル・フィルビー、通称キム・フィルビー。あなたは英国の最強スパイ集団ＭＩ６秘密情報部の一員でした。しかも将来を嘱望され、冷戦下にＭＩ６のワシントン支局長を務めるほど有能だったのです。そのあなたが長年にわたり、実はソ連側のスパイだったと報道されたとき、世界は震撼したものです。

あなたのことをふと思い出したのは、２０１５年12月に公開された映画００７《ダブルオーセブン》シリーズの『００７スペクター』を見たからです。６代目ジェームズ・ボンドを演じるダニエル・クレイグは圧巻でした。初代のショーン・コネリーに勝るとも劣らない好演技は、セクシーでチャーミングでした。スパイ衛星や盗聴技術がどんなに発達してもスパイは人間力だと思い知らされたのです。

奇しくもあなたとジェームズ・ボンドは、同じケンブリッジで学んでいます。子どもの頃から女好きだったボンドは、女性問題でイートン校を中退し、その後、裏口から別のパブリックスクールに入り直し、ケンブリッジに学んだのです。あなたの通ったパブリックスクールは、ウエストミンスターでしたね。総じてＭＩ６の連中は、オックスフォードかケンブリッジ出身です。キム、あなたもそうですが、育ちのいい貴族の子弟であることが、ＭＩ６に採用される条件のようですね。それは〝サー〟以上の称号をもつ家柄であれば、女王陛下と国家を裏切らない、と思われているからかもしれません。英国では、女王陛下と大英帝国に忠誠を尽くすことが前提であるからなのでしょう。ところが、あなたは見事に裏切りましたね。女王陛下も国家も、そして無二の親友も家族もすべて裏切って、最後はモスクワに逃亡したのです。

『キム・フィルビー』(中央公論新社)によれば、あなたと同じMI6の仲間である歴史学の教授が、あなたのことをこう評しています。

「長所において非凡であり、知的で洗練されていて、裏表がないようにさえ思えた」

あなたはジェームズ・ボンドなみの洒落者で、いつもツイードのジャケットに、スエードの靴を履いていたそうですね。そして、生まれついてのイケメンでした。給料は、当時の金額で年俸600ポンドをもらい、情報機関の規則に従い、税金は1ペニーも払わなかったそうですね。

わたしがあなたに興味をもったのは、あなたがどうやら少し吃音だったという点です。英国の上流階級は、わざとドモる傾向がありますが、あなたは、わたしと同じ、そもそものドモリでした。それから、スパイになる以前は「タイムズ」紙のジャーナリストであったことにも、わたしは親近感を覚えています。

あなたが学生だった当時のケンブリッジは、まさにマルクス主義の温床でした。そんななか、あなたは共産主義の大義に生涯を捧げると誓っていたのです。しかも、その誓いが終生変わらなかったのが凄い。若いときにインプットされた思想ほど、強固なものはないですね。しかし、モスクワに逃亡し、鉄のカーテンのなかで共産主義者とともに生活をはじめましたが、モスクワが好きになれず、幾ばくかの失望を隠せなかったようです。だから、1週間遅れの「タイムズ」紙を購読し、必ず毎晩7時のBBCの国際放送を聞き、そして、ロシアンティーが好きになれないことから、イギリスからブラックティーをわざわざ取り寄せて飲んでいたというではないですか。結局、あなたはモスクワに逃亡しても、英国紳士そのものだったのです。また、あなたはバイセクシャルだったという噂もありますが、一流のスパイというのはそこまでしないと極秘情報が取れないものなのですか。もし、ジェームズ・ボンドがそうだったら世界中が驚くことでしょうね。

ちなみに日本国内では、外国のスパイが暗躍していますが、日本人のスパイはいないでしょう。なぜなら、現代の日本には国に忠誠を誓う貴族が存在しない。だから、国に命を捧げるスパイは生まれないのです。

033

たった5億円の賄賂なんて、田中角栄は憶えていない。

田中角栄
（たなか・かくえい）

1918年、新潟県生まれ。郵政大臣、大蔵大臣などを歴任後、第64代内閣総理大臣に。日中国交正常化や第一次オイルショックに対応し、成果を上げた。1976年にロッキード事件で逮捕。1993年、75歳で死去。

田中角栄元首相、思い起こせば、わたしもあなたの謦咳《けいがい》に接したことがあります。あなたが自民党幹事長だった頃だと思います。まだ27～28歳だったわたしは、〝目白御殿〟と呼ばれたあなたの邸宅の、真下にあるマンションに住んでいました。だから、インタビューが実現した際、「早朝7時に来てくれ」と秘書の早坂茂三さんに言われたときも、まったく痛痒《つうよう》を感じませんでした。覚えていらっしゃいますか？ インタビュアーのわたしが、ドモリであることを瞬時に悟り、「君もドモリなんだね。わたしも子どもの頃はひどかった。風呂に入って浪曲を唸っているうちに治ったがね」と言ってくれたことを。ドモリ同士は、会った瞬間にわかるものです。

わたしは、あなたに何をお訊きしたのか憶えていません。でも、あなたの優しい目は忘れられません。それから早朝というのに、出前のウナギをご馳走になったことも。あなたは相手が誰であろうと、腹を空かせて帰すようなことはしなかったのです。

それから、あなたはあっという間に総理の座を射止めましたね。そして驚いたことに深夜遅くに帰宅したら、田中角栄の名前で新潟の日本酒が2本届いていました。たぶん、1㎞四方の町内会のお宅に、「よろしく」という意味で贈ったのでしょう。

ところが、まもなくロッキード事件の暗雲がやってきたのです。わたしは、政治家・田中角栄の実力と人間性を、たった5億円で裁くとは何事だと思っていました。

毎日、オールドパーを麦茶のごとく飲んでいたあなたが脳梗塞で倒れ、物言わぬ人になったとき、秘書の早坂茂三さんが、お嬢さんにクビにされてしまいました。閉門《へいもん》蟄居《ちっきょ》の身を託っていた早坂さんのマンションを、わたしは訪ねたのです。

「早坂さん、いまでも田中角栄先生を尊敬していらっしゃいますか」

「あたり前です。田中御大《おんたい》あってのわたしです」

「それなら『週プレ』で、〝オヤジとわたし〟というエッセイを書いてください」

「喜んで書きましょう」

当時わたしは「週刊プレイボーイ」編集長だったのです。あなたが倒れる前、わたしは〝週プレ〟の誌面で何度も弁護していました。あるときは、小室直樹先生と谷沢永一先生の対談で「田中角栄は無罪だ！」と、堂々と論陣を張りました。その頃すべてのマスコミは、「角栄バッシング」一色でした。それまで、あなたの病状の情報を得ようと早坂さんにベッタリだったマスコミの連中も、早坂さんがクビになると、手の平を返したように、会いに来るジャーナリストは誰もいなかったのです。

早坂さんから、若い頃の武勇伝を数々聞きましたが、わたしが大好きなエピソードは、まだ政治家になる前の、神楽坂で土建業をやっていたときの話です。仕事を回してくれる元締めの親方を料亭で接待し、いよいよ親方に女をあてがう時間だなと思ったあなたは、

「親方、すでにご用意はできております。いつでもおやすみください」と言いました。

しかし、親方が「角栄、おれはもう女は飽きた」と、軽いアクビをしながら言うと、すかさずあなたはニッコリ笑って返しました。

「それじゃ親方、わたしと寝ましょう」

それには親方は腰を抜かして笑い、ますます仕事をあなたに回したそうじゃないですか。あなたは人の心をつかむ天才だったのです。

でも、あなたが大物だったとつくづく思うのは、早坂さんから聞いたこんな話です。ロッキード事件で逮捕されるというとき、早坂さんは、あなたに問い詰めました。

「オヤジさん、ロッキードから本当に5億円もらったんですか⁉」

あなたはこう答えました。

「早坂、お前にだけは本当のことを言おう。もらったかどうかを、実は忘れてしまったんだよ……」

034
作家ツヴァイクが描いたのは、人間の悲劇と喜劇である。

シュテファン・ツヴァイク

1881年、オーストリア生まれ。『メリー・スチュアート』や『マリー・アントワネット』『マゼラン』など、多くの歴史小説を書き残した作家。戦争を嫌い、亡命先のブラジルで自ら命を絶った。1942年、60歳で死去。

不世出の伝記作家、シュテファン・ツヴァイク。みすず書房から出版されている『ツヴァイク全集』を、わたしは若い頃からどれほど淫して読んだことか。この全集は、ツヴァイクの荘厳にして浩瀚《こうかん》な世界に入るための入門書だとわたしは思うのです。

特に全集の一冊『人類の星の時間』のなかの短編「南極探検の闘い」は、傑作中の傑作です。人類の歴史は何千万年以上も続いているにもかかわらず、南極地点に最初に到達した人類とその次の差は、わずか数日だったという、まさに人類の歴史における一瞬を鮮やかに切り取った作品です。しかも、最初に到達したノルウェーの英雄アムンゼンよりも、敗北者のスコット大佐にフォーカスを当てたのは、あなたのセンスと筆力と言えます。凍死を覚悟したスコット大佐は「凍えて利かなくなりつつある指で『わたしの妻に』と遺書を書き、その字を線で消し、その代わりに『わたしの寡婦に』という恐るべき言葉を書いた」とあなたは綴っていますね。

あなたは崇高な平和主義者としても有名で、瀬戸内寂聴《せとうちじゃくちょう》さんと同じくらい戦争大嫌い人間でしたね。ロンドンに亡命中に書いた『昨日の世界』のなかで、第一次世界大戦前のヨーロッパ人たちが、どんなに平和で幸せな日々を過ごしていたかということを懐かしく綴っています。が、2つの世界大戦が、あなたの人生をズタズタにしてしまったのです。

あなたは裕福なユダヤ人の商人の息子としてオーストリアのウィーンに生まれました。しかし、ドイツのナチス総統ヒトラーの出現が、ユダヤ人であったあなたの運命に大きな打撃を与えたのでした。第二次世界大戦の初戦は、確かにナチスの勢いのほうが、チャーチル率いるイギリスよりも優勢でした。パリ陥落は、パリが好きだったあなたを衝撃のどん底に突き落としたことでしょう。ついにあなたは、2人目の妻シャルロッテを連れてブラジルに亡命しました。貴族や政府高官たちの高級避暑地として知られるペトロポリスにたどり着いたのです。

長い亡命の旅のあとで、あなたと新妻はとても疲れていたそうですね。しかも、あんなに透徹した頭脳の持ち主だったあなたは、アドルフ・ヒトラーを過大評価し、この戦争の勝者になると思っていたのです。「近い将来ヒトラーが勝利し、自分はナチスに捕らえられ殺される運命にある」と、信じ込んでいたというではありませんか。あなたの愛する国オーストリアがナチスのドイツに併合されるという祖国を失った感傷が、あなたを極度のノイローゼにしていったのでしょう。

1942年2月22日、60歳になっていたあなたは、愛する内気な妻シャルロッテを道連れに、窓や扉を目張りしてガス管の栓を開いた。その上、妻と一緒に毒を呷《あお》った。あなたらしく完璧な死に方をしたかったのでしょう。

ペトロポリスには、たった3カ月くらいの滞在でした。あと半年も生きていてくれたら、たとえブラジルにいても、あなたの耳にナチス軍の負け戦の情報が入りはじめたはずです。

わたしはあなたの筆で、人類最悪の悪魔アドルフ・ヒトラーの人生を書いてもらいたかったのです。どうして同じオーストリアに生まれ、一人はドイツに行って総統となって悪魔となったのか。そして、もう一人は、ユダヤ人が故に祖国を追われ、ブラジルの果てまで逃げた末に、自死する運命に至ったのか。

あなたより少し若いヒトラーは、その後あなたと同じように自殺するのです。しかも、死の前日に、地下の防空壕のなかで腹心ゲッベルス夫妻の立ち会いのもと、若いエヴァ・ブラウンと結婚式まで挙げ、そして同じように新妻を道連れに命を絶った。

人生は恐ろしい冗談の連続ですが、あなたがもし「毒蛇は急がない」というタイのことわざを知っていたなら、あんなに急いで死ぬことはなかったのではないでしょうか。あなたの才能が惜しまれてなりません。

035 ウイスキー評論家マイケルに、奇妙な「モルト」で献杯。

マイケル・ジャクソン

1942年、イギリス生まれ。世界的なビール評論家であり、シングルモルトブームを仕掛けたウイスキー評論家でもある。著書の『モルトウィスキー・コンパニオン』は、モルト愛好家のバイブル的1冊。2007年、65歳で死去。

マイケル・ジャクソン、と呼びかけると、天国でキング・オブ・ポップのマイケルが、「何だい?」と振り返るかもしれないですね。ごめんなさい、わたしがいまお話ししたいのは、名著『モルトウィスキー・コンパニオン』(小学館)を書いて、世の中にシングルモルトブームをつくった稀代のウイスキー評論家、マイケル・ジャクソン先生のほうです。

マイケル。あなたは数あるシングルモルトのなかでも、特にマッカランをこよなく愛しましたね。初版であなたは「マッカランは、モルトウイスキーのロールス・ロイスだ」と賞賛し、さらに改訂版ではこう評しています。

「拳闘家のように褐色でたくましいマッカランは、スペイサイドで一番有名な重量級ボクサーであり、いつも新しいことにチャレンジする精神を持っている。そのチャレンジの一環として、マッカランは、多年にわたって1800年代以来の自社ボトルを収集し、オークションで購入までしてきた」

マッカランは、大切に熟成していた在庫のモルトウイスキーをバッティングさせ、限りなく200年前の香りと味に近づけたレプリカを発売しました。そして、マイケル、あなたは大絶賛し、そのボトルに95点を付けていました。わたしもあなたの評価を信じて、1861年のレプリカを手に入れました。あなたが「フィニッシュは、リッチでフルーティ。レーズン。温かい」と表現しているように、わたしの舌を裏切りませんでした。感動のあまり、3本も買って飲んでしまったのですよ。

マッカランは、わたしが敬愛していた開高健先生が愛飲していたので、よく飲ませていただきました。特にイタリアのボトラーズ、ジョヴィネッティから発売された「マッカラン10年」のうまさに、2人で唸り倒れたものです。ところが天下のマッカランも、中国での消費量が増え、原酒が払底《ふってい》したためなのか、ノンエイジ・ボトルに方針を変えてしまったようです。あなたの継承者であるドミニク・ロスクロウとギャヴィン・スミスが書いた『モルトウィスキー・コンパニオン』の7版でも、マッカランについてコメントしていますが、だいぶ評価は変わっているようです。あなたは、マッカランについて26ページも割いていたのに、新版ではたったの4ページしかありませんでした。書きようがなかったのでしょうか。

そうだ、マイケル、驚きのニュースをお伝えしましょう。あなたがこの世を去り、まだ封を切っていない何千本というボトルが、あなたの自宅に残されていました。それを「ウイスキー・マガジン」の編集長のロブ・アランソンが監修し、「ザ・マイケル・

ジャクソン・スペシャル・ブレンド」と謳って、1000本限定で売り出したのです。

わたしは、あなたへの哀悼の意を込めて迷わず買いました。でも、それはまさにごちゃ混ぜのブレンド・ウイスキーでした。スコットランドのシングルモルトはもとより、ジャパニーズウイスキーやバーボンまで混ざっているという世界でも稀なブレンド・ウイスキーです。何か後味に香木の香りがするのは「山崎」のミズナラが入っているのかと思ったり、スモーキーさはアイラモルトかなと感じたり……。確かに飲みやすいのですが、なんとも言えないボンヤリとした味わいでした。でも、まあ、いいんじゃないでしょうか。わたしを含めて、あなたの熱狂的なファンたちが、追悼の意を込めて、あなたが残したウイスキーを代わりに飲めたのですから。ファンにとって、こんな嬉しい話はありません。マイケル、あなたが飲んでいたら、この奇妙なブレンド・ウイスキーに何点を付けたのでしょうか。

わたしがボトリングしている「サロン・ド・シマジ」の別注シングルモルトはご存じないでしょうね。ぜひ、ラベルも見てもらいたかった。たとえば「グレンファークラス 26年」は、Salon de SHINMAJI のロゴが、蒸留所のロゴより大きいんですよ。味や香りも、キング・オブ・ウイスキーのあなたに、点数を付けてもらいたかった。

036

つかこうへいは痛快辛辣なセリフを巧みに操る言葉のマジシャンだった。

つかこうへい

1948年、福岡県生まれ。劇作家・演出家。〝口立て〟と呼ばれる独特の演出などで、70年代に〝つかブーム〟を巻き起こす。また小説家としても活躍し、1982年に小説版『蒲田行進曲』で直木賞を受賞。2010年、62歳で死去。

つかこうへい、あなたと出会ったのは、あなたが26歳で、わたしが33歳の頃だったと思います。東京・六本木にある自由劇場で、つかこうへい演出の舞台を観賞し、あなたにじかあたりしたのです。その頃わたしは、「週刊プレイボーイ」の編集者でした。取材を申し込むと、練習風景まで見学させてくれましたね。

つかこうへいの舞台の練習現場で驚いたのは、台本がほとんどなかったことです。あなたの閃《ひらめ》きで次から次へと飛び出してくるセリフを、まだ学生だった役者たちが、オウム返しのようにリピートしていくのです。それは「口立《くちだ》て」という演出の仕方だと、あなたはわたしに教えてくれました。つかこうへいの舞台には、決まり切った台本などありません。生きた演出だから、公演初日から最終日まで、日を追うごとに役者が成長していくのです。

あなたは役者に怒声や罵声を浴びせながら、鬼のような怖い顔をして全身全霊で指導していました。役者のセリフを聞いて、あなたは烈火のごとく怒り叫んだものです。「宇野重吉みたいなセリフを言うんじゃねえ！　俺たちは、あんな古い芝居をしているんじゃねえんだ！」

つかこうへいは、まさに稀代の天才でした。言葉のマジシャンでした。どの芝居でも、毒のある辛辣《しんらつ》なセリフが、まるでマシンガンのような勢いで炸裂していました。ちょうど学生運動が下火になり、若者が行き場を失っていた時代のなか、あなたは彗星の如く現れ、若者たちを魅了し、時代の寵児となったのです。舞台には、ほとんど金がかかっておらず、役者が着ているものも舞台衣装といえるものではありませんでした。でも、若者があれほど熱狂したのは、あの痛快なセリフのおかげでしょう。いや、とにかく舞台で驚かせてやろう、という思いの強さからかもしれません。

誰よりも驚きのある雑誌をつくってやろうと意気込んでいたわたしとあなたは、気が合って、よく銀座で飲みました。酔っぱらうと、あなたはいつも、自分は韓国籍なんだと卑屈な物言いをしました。わたしは、そんなあなたがだんだん疎ましくなり、疎遠になっていったような気がします。

わたしも酔いにまかせて、「そんなことを気にするほうがおかしいよ。あの天皇陛下だって、先祖は百済《くだら》の国からやってきたと言っているじゃないか。俺はお前の才能に惚れているんだ。宇宙人であろうとなんであろうと関係ない!」と、何度も繰り返したことを憶えています。

最近、あなたの仲間だった長谷川康夫が書き下ろした、576ページにもわたる浩《こう》瀚《かん》な本『つかこうへい正伝 1968－1982』（新潮社）を読みました。帯には、あなたの毒舌を象徴するような「役者がウケてんじゃねぇ、オレがウケてんだ!!」の文字が躍っています。これを読んで、実ははじめてわかったことがあります。つかこうへい、あなたは、「おれは韓国籍だ」と告白することを、相手がどう反応するかを見る〝リトマス試験紙〟として使っていたのですね。疎遠になってしまったわたしは、あなたの〝リトマス試験紙〟で不合格になったかもしれません。どんな回答が正解だったのでしょうか。

でもあなたは、人を熱狂させる稀な男でした。だから、多くの若者を刺激し、傑作を残せたのでしょう。慶應義塾大学に4年間通った末に哲学科を中退し、その後、早稲田大学に乗り込んで、早稲田の学生と芝居をやっていたのです。演出家つかこうへいに魅了された何人もの早稲田の学生たちが、授業に出席せず芝居に明け暮れ、そしてあなたと同じように中退していったのです。

後年、わたしは41歳で「週刊プレイボーイ」の編集長になりましたが、あなたの罵声怒声とは反対に、部下を褒めに褒めて使いました。あなたと出会っていなければ、この〝褒め殺し戦法〟は思いつかなかったでしょう。つかこうへい、ありがとう。

037 東京ローズの戸栗郁子は、二つの祖国の狭間で苦しんだ戦争の犠牲者である。

戸栗郁子（とぐり・いくこ）

1916年、アメリカ生まれ。日米開戦直前に来日。戦時中は連合国側向けプロパガンダ放送のアナウンサー「東京ローズ」として活動した。アメリカに帰国後は、国家反逆罪で収監、約6年後に釈放された。2006年、90歳で死去。

わたしは「東京ローズ」という名前を聞くたび、この世で一番ツイていない一人の日系2世の女性のことを思い出します。戸栗郁子さん、あなたのことです。

郁子さん、あなたは父親にかわいがられ、完璧なアメリカ人女性として育てられたようですね。日系1世だったお父さんは山梨県の出身で、アメリカ国籍は取得できず、カナダ国籍だったそうではないですか。そんな苦労を娘にさせたくないという気持ちから、あなたにアメリカ国籍を与えるため、夫妻はカリフォルニア州であなたを生んだのです。それは奇しくも、1916年7月4日、アメリカ合衆国独立記念日でした。

あなたはアメリカ国家から祝福されるべき女性として生まれたはずなのに、反対にアメリカ国家からいじめられることになりました。戦後、〝東京ローズ〟であったことが国家反逆罪として問われ、裁かれたのです。サンフランシスコの裁判所で、1万ドルの罰金と、10年の実刑という厳しい判決を受けました。それは、民主主義国家の差別裁判でした。

東京ローズとは何だったのか。これは日本軍が戦時中に考え出した謀略短波放送で、太平洋で戦っていたGIたちにセクシーな声で語りかける女性ディスクジョッキーの存在です。戦争という、いつ死ぬかわからない不安と孤独の世界で、東京ローズは米軍の間で、一躍、声のアイドルになった。「奥さんや恋人は、あなたの帰りを待ちきれず、どこかの誰かさんと浮気をしているかも。はやく武器を捨てて故郷にお帰んなさい」と帰心を煽るように囁いたのです。これを定時にNHK東京放送局から流していました。

あなたのアメリカ英語は完璧で、戦場にいるGIの耳をくすぐりました。でも実際は、東京ローズの女性アナウンサーはあなただけではなく、13人もいたそうですね。それが、どうしてあなただけ逮捕され、アメリカ本土まで護送され裁かれたのか——。民主主義の国アメリカでは考えられないことだと思うのですが、事実この魔女狩り裁判は行われたのです。あなたは犠牲者でした。実際のあなたの地声は、ウグイスとは逆にカラスのようだったという証言もあります。

終戦を迎え、アメリカのマスコミも、東京ローズをスクープしようと、躍起になって東京に乗り込んできたようですね。あなたは迂闊《うかつ》にも「東京ローズはわたしです」と名乗り出て、しかもGIたちにサインまでしたというではないですか。たぶん、あなたはそんな悪いことをしたとは思わなかったのでしょう。むしろ、これで話題の人になるとでも思ったのでしょうか。

来日前、あなたはＵＣＬＡで動物学を専攻し、大学院に通っていました。どうしたわけか、あなたは日米開戦の約４カ月前の１９４１年7月25日、横浜港に降り立ったのです。理由は母親の妹の病気見舞いでした。しかも、戦時体制に入ることからワシントンの国務省が旅券を発行してくれなかったにもかかわらず、あなたは移民局にまで掛け合った。そして、身分証明書だけで日本に行き、日本のアメリカ大使館で旅券を発行してもらえばいいという移民局のアドバイスを鵜呑みにして出発したのです。戦時下の日本で、パスポートなしで暮らす恐怖を、あなたくらいの優秀な学生が、なぜ想像できなかったのでしょうか。

来日して東京ローズとして働いているうちに、ポルトガル人と恋に落ち結婚しましたね。それでも、あなたはアメリカ国籍を捨てずにいた。それが致命傷になって、のちにアメリカ国家反逆罪として裁かれることになったのです。それはＧＩのアイドル的東京ローズ旋風が、今度はアメリカ本土で息子を亡くした母親たちの恨みの旋風に変わったからです。誰かをスケープゴートにして血祭りに上げなければ収まらないと思ったアメリカ政府に目を付けられたのが戸栗郁子さん、あなただった。まさに人生は、恐ろしい冗談の連続なのです。

038 巨根と超能力でロシアを操った、怪僧ラスプーチンに脱帽。

グレゴリー・ラスプーチン

1869年、ロシア生まれ。帝政ロシア末期の祈禱《きとう》僧。病気を治癒する「神の人」と称され、皇帝一家の信頼を得る。ロシア政治も左右し、ロシア帝国崩壊の一因をつくったとも言われる。1916年、47歳の時に暗殺された。

怪僧ラスプーチン。あなたはむしろ〝魔聖〟と呼ばれたほうがいいかもしれません。あなたはシベリアの寒村にある農家の五男として生まれましたが、学校に通わなかったため読み書きができませんでした。それでもラスプーチン、あなたは耳学問でロシア正教の聖書を独自に理解したそうではありませんか。何といっても凄いのは、あなたの超能力です。異相をもってサンクトペテルブルグに現れたあなたは、医者に見放された多くの患者たちに不思議な超能力で治療を施し、命を救いました。信者たちを増やし、そして「神の人」とまで崇《あが》められたのです。わたしが想像するに、正規な学問をしなかったが故に、生まれついてもった神秘的能力が開花したのではないでしょうか。確かに超能力というものは存在すると、わたしも信じています。21世紀の科学と医学は、その神秘能力を極めようと躍起になっていますが、いまだ五里霧中なのです。

だんだんあなたの人気は庶民から貴族の世界に伝播して、ついに時のロシアの権力者、皇帝ニコライ2世とアレクサンドラ皇后に謁見することができました。そして、血友病だったアレクセイ皇太子を治療して元気にしたことが、皇帝皇后の心を鷲づかみにしたのです。特に第一次世界大戦が勃発して、皇帝ニコライ2世が前線に出ることが多くなり、内政を託されたアレクサンドラ皇后は、政治も人事も、何でもあなたに相談した上で動かしたというではありませんか。

ラスプーチン、あなたの熱狂的な信者は、男よりむしろ女のほうがはるかに多かった。皇后を筆頭に宮廷貴婦人たちは、身を投げ出すようにあなたに抱かれることを欲したそうですね。数限りない大勢の女性たちに歓喜の汗と嬉し涙を流させた、あなたの33㎝の見事な巨根は、アルコール漬けになって、現在サンクトペテルブルグ博物館に保存されています。そのことは、ご存じでしたか？

あなたは「おれは指と指の間で、ロシアをつかんでいる。おれが死んだら間違いなくロマノフ王朝は消えてなくなる」と、いつも言っていましたね。まさにその通りになりました。あなたが暗殺されて間もなく、皇帝の一家は王位から引きずり下ろされ、辱められた囚人となりました。そして、あなたの出身地シベリアに連行され、全員暗殺されたのです。それがロシア革命だったのです。しかもラスプーチン、あなたを暗殺したのがサンクトペテルブルグきっての貴公子で、皇帝と姻戚関係があったユスポフ公爵だったのは、驚天動地の驚きだったでしょう。あなたはユスポフ公を「かわいい友」と慕い、同性愛的愛情を注いでいたのではないですか。そして、あなたは彼に殺されるかもしれないと、霊能力者として十分予感していたのではないですか。

すでにロマノフ王朝は末期的状態に陥っていて、崩壊寸前にあることは百も承知だったことでしょう。これは一種の〝美しい自殺〟のようにわたしには思えて仕方ありません。でも、あなたはまさに超能力者でした。公爵は深夜、あなたを別邸に招待しました。そこで甘いものに目がないあなたに、青酸カリをたっぷり盛ったケーキを出した。あなたはそれを2つも平らげて、しかもケロリとしていたそうですね。公爵は怖くなり、拳銃をぶっ放した。2階に隠れていた共謀者のドミトリー大公も加わり、鉄製の重い燭台《しょくだい》であなたの頭蓋骨を殴りつけた。でもラスプーチン、あなたは平然として、むしろ彼らに刃向かっていったのです。再び銃弾を撃ち込み、床に倒れ込んだところに殴る蹴るの暴行を加え、さらに窓から外に投げた。そして絨毯で簀巻きにして凍りついたネヴァ川まで引きずっていき、厚い氷を割ってその下に沈めたのです。翌日の警察の検死の結果は溺死《できし》でした。肺のなかに水が入っていたのです。つまり、あなたは川に沈められるまで生きていたのです。わたしはラスプーチン、あなたの強《きょう》靭《じん》な生命力にただただ脱帽するのみです。悪党もここまでくれば見事です。

039

空の英雄リンドバーグは、強靱な膀胱の持ち主だった。

チャールズ・リンドバーグ

1902年、アメリカ生まれ。陸軍航空隊を経て、民間航空便のパイロットに。1927年、ニューヨーク—パリ間の大西洋単独無着陸飛行に成功。この機体は、スミソニアン国立航空宇宙博物館に現在も展示中。1974年、72歳で死去。

ライト兄弟が自作の複葉機で人類初の動力飛行に成功したのは、1903年のこと。その飛行距離はたったの260mだったのです。それから25年もしないうちに、チャールズ・リンドバーグ、あなたは25歳の若さでニューヨーク－パリ間、いわゆる大西洋単独無着陸横断飛行を、33時間29分30秒かけて成功したのです。夜の10時だというのに、パリのル・ブルジェ飛行場には100万人近い群衆が押し寄せたそうではないですか。その快挙で、それまで郵便飛行の無名パイロットに過ぎなかったあなたが、一夜にして世界的な英雄になったのです。あなたが長身で金髪のイケメンだったことも、人気に拍車をかけたのでしょう。それまで多くの勇敢なパイロットたちが大西洋横断飛行を試みましたが、ことごとく失敗に終わっていました。幸運の女神は、どうしてあなたの前髪を引っ張ってくれたのでしょう。

それは、1954年度ピューリッツァ賞を獲得した、あなたの“The Spirit of St.Louis”の自叙伝に詳しく記されています。邦訳は『翼よあれがパリの灯だ』（佐藤亮一訳、出版共同社、1955年）です。欧米には通用しなかったタイトルでしょうが、この超訳タイトルが日本人の心を見事につかんだのです。

わたしは33歳のとき、集英社の若菜常務の鞄持ちで、あなたとは反対にパリ－ニューヨーク間を、超音速飛行機コンコルドで横断しました。成層圏高く音速を超えて飛んでいるコンコルド機の窓から下を眺めると、たくさんのジャンボ機が飛んでいるのが見えました。でも、それらはまるで遅いスズメが飛んでいるように感じたものです。

リンドバーグ、驚かないでください。コンコルドは3時間とちょっとでパリのシャルル・ド・ゴール空港からニューヨークのジョン・F・ケネディ空港まで到着したのです。そうそう、それからあなたに続くアメリカ人は、ついに月までロケットで飛んで行き、月面を歩いたのですよ。

それにしてもリンドバーグ、あなたの勇敢なる冒険に勝るものはありません。あなたは33時間半の間も、一睡もしなかったのですから。しかも排尿も排便も我慢したそうではありませんか。

あなたの自叙伝を読むと、ニューヨークを出発する前夜、興奮して一睡もしていなかったそうですね。眠ったら墜落するという恐怖と闘いながら、あなたは約50時間も睡魔と闘ったのです。その間、不気味な蜃気楼を見たり、一瞬の悪夢にうなされたりしたそうですね。飛ぶ高さはまちまちで、海上を60ｍで飛んだかと思うと、３０００ｍの細かい氷のなかを飛ぶこともありました。読んでいてハラハラしましたよ。

あなたはパラシュートさえ載せなかったそうですね。その代わりに積めるだけのガソリンを燃料タンクに詰め込んだのです。操縦席の前方に設置したため座席から直接前方が見えず、潜望鏡のようなものを使ったそうですね。もちろん短波ラジオも積まず、食料は、少しのサンドイッチと少量の水だけでした。そんなあなたの決死の覚悟に、運命の女神は微笑んだのでしょう。

あなたはフラフラになりながら、夜10時過ぎにパリのル・ブルジェ飛行場に着陸しました。大群衆の歓声のなか、あなたは最初に何を言ったのですか。

「誰か英語を話せる人がいませんか？」と言ったとあなたは書いていますが、わたしがあなたに乗り移って考えてみるに、こう言ったのではありませんか。

「すみません。トイレはどこにありますか？」

もし、あなたが糞尿《ふんにょう》にまみれて愛機から出てきたら、群衆はあなたをみんなで抱きかかえたり、担いだりしなかったとわたしは確信しています。

リンドバーグ、あなたは強靭な膀胱《ぼうこう》を持っていた。だからこそ、あなたは20世紀の輝ける英雄になれたのでしょう。

040

カラヴァッジョの真髄は、残酷のなかに秘められた聖なる美しさにある。

ミケランジェロ・メリージ・ダ・カラヴァッジョ

1571年、イタリア生まれ。ルネサンス後期に登場した、バロック絵画の巨匠。写実的かつ、光と影を明確に分けるスタイルが特徴。彼の技法は、ラ・トゥールやレンブラントにも影響を与えた。1610年、38歳で死去。

カラヴァッジョ、いまあなたの絵画の数々が、我が国の国立西洋美術館に来ています（２０１６年３月）。わたしはあなたの熱狂的大ファンなので、オープンと同時に観に行きました。想像していた通り、あなたの巨大な傑作は一作も展示されておらず、小品が飾られていました。それでも、久しぶりの〝ご対面〟に胸が熱くなるくらい感動しました。近年、あなたの作品として新しく「真筆」として認められた『法悦のマグダラのマリア』も飾られていました。これが今回の目玉です。これはどう観ても、あなたの作品です。線にも色彩にも、カラヴァッジョらしい格調があります。魂が入っていない器用な模作者に、こんな鋭い線は描けないはずです。半開きの口元と左の瞼には、まるで生きているようなリアリティがあります。

カラヴァッジョ、あなたの本名はあのルネサンス時代の天才、ミケランジェロと同名でした。だから、敢えて絵にサインを入れなかったのでしょうか。それとも、オレの作品はサインがなくても観ればわかるだろ、という自信があったのでしょうか。「カラヴァッジョ」とは、そもそもあなたの出身地であるミラノ近くの村の名前でしたね。誰が付けたのか、あなたの描く絵は「カラヴァッジョ」と命名されるようになったのです。唯一サインが入っている巨大な絵画は、マルタ島の首都ヴァレッタのサン・ジョヴァンニ大聖堂に飾ってある巨大な大傑作『洗礼者聖ヨハネの斬首』だけです。流れる血で記された署名で、しかも「フラ・ミケランジェロ」とサインしている。「フラ」とは修道士の名前の前に付ける称号です。その頃、マルタ騎士団の一員として、あなたは騎士の1人に任命されました。きっと有頂天になっていたのでしょう。

その後、あなたは再び刃傷沙汰を起こし、マルタ島を脱走しています。その前に、あなたはどうしてローマからマルタ島くんだりまでやってきたか。それは、ローマで名声も高まり、教会や貴族から注文が殺到していた頃の出来事です。あなたは酒場でつまらない口論から喧嘩し、己を守ろうとして相手を殺害してしまったため、死刑の宣告を受けた。だから、マルタまで逃亡してきたのです。

カラヴァッジョ、あなたの絵は、描かれる主人公に強烈なハイライトが当たっているのが特徴のひとつです。描かれた膨大な作品群のなかでベスト3を挙げるならば、まず1位は、前記したマルタ島の『洗礼者聖ヨハネの斬首』です。残酷のなかに比類なき美しさが秘められています。2位はルーブル美術館に飾られている『聖母の死』。マリアの臨終を高僧たちが見守っていて、そのマリアは肉体が膨れ上がり醜い姿をしている。このマリアを描くために、あなたは敢えてローマのテベレ川から上がった娼婦の水死体をモチーフとして使ったそうではありませんか。それでもあなたの描くマリアは、聖なる美しさを宿していた。3位はローマのボルゲーゼ美術館に飾られてある『ダヴィデとゴリアテ』。ダヴィデが髪の毛をつかんで持ち上げているゴリアテの血の滴《したた》る雁首《がんくび》は、カラヴァッジョ、あなたの自画像ですね。はじめてローマに行ったとき、この絵を観た衝撃はいまでも忘れません。しかもこの作品が絶筆だったのです。

カラヴァッジョ、あなたの絵はローマの街中にある教会のなかに無造作に飾られています。一度、ローマ在住の作家・塩野七生さんの案内で、街中のチェラージ礼拝堂に飾られた『聖パウロの回心』を観たことがあります。

「シマジさん、こんな風にカラヴァッジョと一緒に暮らしているローマの人って素敵でしょう。買い物かごを下げてフラリと礼拝堂に入ったとしても、いつでもカラヴァッジョに会えるのよ」

38歳で非業の最期を遂げましたが、あなたが残した作品は永遠です。カラヴァッジョの後に続いた信奉者の画家たち「カラヴァジェスキ」たちの作品が会場に並んでいましたが、それは似て非なるものでした。また時間を見つけて、本物のあなたの絵を観に行くことを約束いたします。

041

大英帝国の威厳を保ったのは、異国の登山家ヒラリーだった。

エドモンド・ヒラリー

1919年、ニュージーランド生まれ。登山家。冒険家。1953年、人類初となるエベレスト山頂到達に成功。同年に英国の女王エリザベス2世より、大英帝国ナイトの勲位を授与された。2008年、88歳で死去。

1953年5月29日11時30分、エドモンド・ヒラリー、あなたは現地のチベット人シェルパ、テンジン・ノルゲイと2人で、人類ではじめてエベレスト山頂に到達しました。そのニュースを、当時小学6年生だったわたしはラジオで聴いたのです。

その後、わたしは一関第一高等学校を卒業して、大学受験に挑んだのですが、ことごとく失敗しました。そして、ちょうど浪人生活に入った頃、あなたが書いた『わがエヴェレスト』(筑摩書房)を、受験勉強そっちのけで読み耽《ふけ》ったものです。この自伝は、筑摩書房から刊行されていた『世界ノンフィクション全集』のなかの一作品でした。わたしは浪人中、そして大学生になっても、毎月、筑摩書房から発売されるこの『世界ノンフィクション全集』を読み続けて、その後、編集者になりました。そのなかでも、『わがエヴェレスト』は、そのへんの文学作品を凌駕《りょうが》していたと思います。

ヒラリー、あなたは養蜂一家の息子としてニュージーランドに生まれました。もちろん先祖は、イギリスからの移民だったのでしょう。自伝のなかであなたは、養蜂家の息子らしい一面を見せています。

「われわれが主として頼ったのは砂糖で、一人平均、一日に半キロ近くの砂糖をなめることになる。ハチ蜜のほうは、われわれは運び上げてこなかったので、予期しなかった珍味だった。これは前年の秋、スイス隊が残していったのを、コル（稜線上の窪んだ鞍部のこと）の上で二瓶だけ発見したもので、中身は、すばらしい状態のままだった」

養蜂家の家に生まれたあなたが味を保証しているんですから、確かにおいしかったのでしょう。きっとニュージーランドを懐かしんで、家族のことを思い出したのではないですか。

ヒラリー、あなたの光り輝ける偉業に対して、イギリスの女王エリザベス2世が〝サー〟の称号を与え、あなたはサー・エドモンド・ヒラリーになりました。イギリス人ではないのに、どうしてサーの称号をもらえたのか。それは、このエベレスト探検隊が英国山岳会と王立地理学会から組織され、あなたはその助っ人としてこの探検隊に参加したからです。最後まで頂上を目指せる元気があったのは、ヒラリー、あなただけだったそうですね。

でも、それは酸素ボンベを背負っての登頂でした。あなたは登頂に成功したとき、酸素ボンベなしで何度も挑戦し、ついに命を落としたイギリス人登山家マロリーのことを思い出していましたね。とはいえ、いずれ人類は酸素ボンベなしの無酸素エベレスト登頂をやるのではないか、とも予感していたはずです。

そうです、ヒラリー。あなたの初登頂から25年後の1978年、イタリア人のラインホルト・メスナーが、あなたの想像した通り、ついに人類初の無酸素登頂をやってのけたのです。エベレストの8000mを超えた地帯はデスゾーンと呼ばれています。微生物もほとんどなく、気圧も平地の3分の1で、人間が生存できるギリギリの環境だそうです。まさに死の地帯に自ら足を踏み入れるようなものなのです。無酸素というか、実際にはかなりの低酸素状態というべきでしょうか。そういう条件のなかに人間が長くいると、神経がネガティブになって怒りっぽくなったり、また泣き叫んだりと、感情が不安定になるといわれています。

どうして人類はそんな危険を冒してまでエベレストに登るのかと新聞記者に訊かれたとき、「そこに山があるから」と名ゼリフを吐いたのは、エベレストで行方不明になったマロリーでした。なぜイギリスは、威信をかけてエベレストに挑戦し続けたのか。それは、かつて南極地点初到達の戦いでノルウェーに敗北し、さらに北極探検でもアメリカに負けてしまったからに違いありません。エベレスト初登頂には、イギリスの面子《めんつ》がかかっていたのです。言うなればヒラリー、あなたこそ大英帝国を救い、面目躍如たらしめた英雄なのです。

042

コナン・ドイルが生んだ『シャーロック・ホームズ』に、現代人はいまも夢中。

アーサー・コナン・ドイル

1859年、スコットランド・エディンバラ生まれ。医師として診療所を開業するが、副業の小説執筆がヒットし、本格的に作家の道へ。推理小説における名作「シャーロック・ホームズ」を生み出した。1930年、71歳で死去。

まだロンドンに霧が立ちこめていた頃、そして辻馬車が現代のタクシーの役目を果たし、二頭立ての四輪馬車がハイヤーのように乗られていた頃、アーサー・コナン・ドイル、あなたは名探偵、シャーロック・ホームズを世に送り出したのです。

わたしは、中学生のときに延原謙名訳の『シャーロック・ホームズ全集』全6巻(新潮社)をむしゃぶりつくように耽読したことを、いま誇りに思っています。あなたの作品は、後年、何度も読み返しました。なかでも一番感銘を受けた短編は、「ボヘミアの醜聞」でした。ホームズをもってして「あの女」と言わしめた登場人物、アイリーン・アドラーのしたたかさに、少年シマジは感動したのです。

「ボヘミアの醜聞」は、その昔、アイリーン・アドラーがボヘミア皇太子の恋人だったことにはじまります。スカンジナビアの王女と婚約し、王となった皇太子はスキャンダルを恐れて、過去に撮ったふたりの仲睦まじい写真を取り戻してくれと、ホームズに依頼したのです。

百戦錬磨のホームズですが、ふたりで写った写真は、とうとう最後まで入手できませんでした。アイリーン・アドラーは、問題の写真とともに華麗に姿を消したのです。

後日、「悪用する意図はありません。ただ、いざというときの武器として持っておきたい」という手紙とともに、彼女が一人で写った写真が届きました。

ホームズは、彼女の写真をボヘミア王に渡しました。依頼は失敗に終わりましたが、王はホームズに大枚の礼を支払おうとしたのです。しかし、依頼を果たせなかったホームズは「何もいりません」と遠慮した。ただ、「アイリーン・アドラーの写真をください」と所望したのです。助手のワトソンと男色の関係とも言われた、まったく女っ気のないホームズですが、アイリーンのしたたかさに惚れたのでしょうか。事件としてはすっきりしませんが、解決劇を超越した何とも言えない余韻が伝わってくるのです。きっとボヘミア王もホームズも、アイリーンの手練手管に脱帽したのでしょう。女性蔑視の時代に、女性に敬意を払う形で描いたあなたにも脱帽です。

あなたが約130年前に書き下ろしたシャーロック・ホームズは、これまで多く舞台や映画で演じられました。21世紀になったいまも、ベネディクト・カンバーバッチという名優が、BBCで製作された「SHERLOCK《シャーロック》」というドラマで、ホームズ役を見事に演じているのです。しかも舞台は、現在のロンドンに置き換えられ、物語は流れていいます。当時のホームズは電報を打って緊急連絡を入れていましたが、現代のホームズはなんとiPadを使いこなしているのです。

もちろん「ボヘミアの醜聞」もテレビで放映されました。アイリーン・アドラーを妖艶な女優が演じていましたが、その演技は美しいエロティシズムを醸し出していました。あのアイリーンが、ホームズの前で、全裸で体当たりしたのですよ。これは白眉というしかありませんが、それはあなたの原作が秀逸だったからにほかなりません。

アーサー・コナン・ドイル、あなたはエディンバラ大学医学部に学ばれましたね。そのときの恩師ジョゼフ・ベル博士の人となりと洞察力を、名探偵ホームズのモデルにした、とシャーロキアンの研究書には書かれていますが、本当ですか。あなたが医学を勉強し、早くから物事を論理的に考えていたからこそ、あのシャーロック・ホームズ物語という傑作を書き下ろすことができたのでしょう。

しかし、あなたは最後に重大なミスを犯したようです。あなたは息子たちに『シャーロック・ホームズ』という偉大な版権を残しました。長男は第一次世界大戦に従軍し戦死しましたが、残る次男、三男はあなたの残した財産で放蕩《ほうとう》の限りを尽くし、その上あなたの版権相続を巡って裁判沙汰が絶えなかったそうです。子孫には美田を残さなかったほうが、息子たちのためだったのではないでしょうか。

043

ゴーギャンは、タヒチで原始的な官能美に目覚めた。

ポール・ゴーギャン

1848年、フランス生まれ。株式仲買人として成功を収めたが、画家に転身。後にタヒチへ渡る。名作といわれる作品は、タヒチ滞在中に描かれたものが多い。1903年、滞在先のマルキーズ諸島にて、54歳で死去。

いまでこそ転職は当たり前の時代ですが、ポール・ゴーギャン、あなたが生きていた19世紀は、自ら転職を望む者は、ほとんどいなかったのではないでしょうか。しかも、あなたはパリ証券取引所の有能な株式仲買人として成功を収めていたのです。なのに、突然、画家に転身したのですから、相当な変わり者と言わざるを得ません。

ゴーギャン、そのあなたの大転身をモチーフにして、英国の作家、サマセット・モームが『月と六ペンス』という名作を書き下ろしたことはご存じですか。その小説のなかで、あなたはチャールズ・ストリックランドという名の英国人として描かれています。安定した株式仲買人の生活と幸せな家庭を投げ捨てて、突然、パリへ絵を描くために家出するところからはじまるのです。『月と六ペンス』の月とは、ゴーギャン、あなたの芸術に対する崇高な飽くなき情熱を示すものであり、6ペンスとは、あなたがかなぐり捨てた世俗的なもの、すなわち俗物的な絆を意味しているのだと思います。

まだわたしが高校生だった頃、この名作に感銘を受け、あなたに異常なほど興味をもちました。後年、パリのオルセー美術館で『タヒチの女（浜辺にて）』を観たときの感動はいまでも忘れられません。それからボストン美術館で観た『我々はどこから来たのか、我々は何者なのか、我々はどこに行くのか』も圧巻でした。

あなたは、タヒチの裸の先住民たちを原始的な官能美をもって、逞《たくま》しく描いています。わたしの頭のなかでは、リアルなゴーギャンと、モームが創作したストリックランドがゴチャゴチャになっていて、もはや、どこまでが真実なのか、わかりません。でも、これは、ゴーギャンとモームのコラボ作品として、わたしはあえて記憶を明確にせず、愉しんでいるのです。

モームが描いたタヒチのストリックランドの最期はハンセン病でした。それでも彼は家のなかの壁一面に最後の大作を描き、亡くなるとき、一緒に住んでいたタヒチの若い女に「おれが死んだらこの家に火を放って燃やせ」と命じ、ストリックランドの最高傑作は灰となってしまうのです。まさに芸術至上主義が流行った頃の、狂人的天才ならではの暴挙だったのです。

一方、現実世界のゴーギャンはというと、タヒチ滞在の最後の数カ月、パリの画商と契約が成立し、毎月300フランの前渡金を受け取る身分となりました。そして、14歳の現地の女の子と同棲していて、優雅に暮らしていましたね。でも、より原始的官能の作品を描くための環境を求めて、あなたはマルキーズ諸島に移住したのです。すでにタヒチの女との間に子どもまでもうけていたのですが、彼女はあなたについて行くことを拒み、タヒチに残りました。

マルキーズ諸島では2階建ての家を建て、その家に「快楽の家」と名付けたそうではありませんか。あなたはタヒチでの奔放な生活が崇って梅毒になっていたという説もあります。そして、全身が衰弱したあなたは、1903年5月に急死したのです。まだ54歳の若さでした。

ゴーギャン、あなたの死の知らせがヨーロッパに届いたのは、その年の8月でした。あなたは、あなたらしく遺言も残さず逝ったのです。手紙や生原稿や絵画がタヒチのパペーテで競売にかけられて、総額はたったの4000フランだった。そのすべてをデンマークに住んでいたあなたの正妻、メット・ゴーギャンが受け取ったそうですよ。

考えてみると、ゴーギャン、あなたの画家人生はたった15年間くらいでした。でも一時、一緒に暮らしたゴッホと同じく、嵐のような人生を送りました。文明から逃れ、プリミティブな世界に向かったのです。本当は、もっと沢山の原始的官能の大作を描きたかったのではないでしょうか。

タヒチの満月に魅せられたゴーギャン、あなたは、まさに怪物だったのだとわたしは思うのです。

044

人類の武器は石と棍棒に戻る、アインシュタインはそう言った。

アルベルト・アインシュタイン

1879年、ドイツ生まれ。理論物理学者。特殊相対性理論、一般相対性理論で知られるが、光量子仮説の研究で1921年ノーベル物理学賞を受賞。後年は、核廃絶運動などの平和活動に協力した。1955年、アメリカで死去。

20世紀最大の物理学者といえば、ノーベル物理学賞を42歳の若さで受賞したアルベルト・アインシュタイン博士、あなたしかいないでしょう。あなたは現代物理学の父と呼ばれています。そして、もはや〝天才〟の代名詞にもなっています。16歳のとき、スイスのチューリッヒ連邦工科大学の受験に失敗しましたが、受験生のなかで数学と物理学の試験は最高点だったことが考慮され、翌年入学が許可されました。あなたは、晩年アメリカに移り住んでから、たった300個の語彙だけの英語力で、晩年を押し通したそうですが、生まれ持った極端に偏った能力は、死ぬまで同じだったのですね。ちなみに年をとっても1日10時間は睡眠しないと機嫌が悪かったそうですが、そんなロングスリーパーであることも、天才の頭脳をつくる秘訣なのでしょうか。

アインシュタイン博士、わたしは物理学とは縁遠い人間ですが、あなたの研究に関して、もしあなたが、質量とエネルギーの関係式「$E=mc^2$」を発見していなかったら、世界は変わっていたのではないかと思うのです。あなたの関係式をヒントのひとつとし、人類は核エネルギーを抽出して、原子爆弾までつくり出してしまいました。この人間の驕《おご》り高ぶった行為を、神への冒瀆《ぼうとく》と言わずして何と言いましょうか。博士の発見は、天才がゆえに犯してしまった罪かもしれません。

あなた自身、実際に日本に投下された原爆をつくったマンハッタン計画にはまったく関与しませんでした。1939年、物理学者レオ・シラードが書いたアメリカの原子爆弾の開発を進言するルーズベルト大統領宛ての手紙に、うっかり署名してしまったのです。あなたは後年、これを「人生最大の誤りだった」と後悔していましたね。だからこそ、戦後、同じノーベル物理学賞を受賞した湯川秀樹博士がアメリカに滞在している際に、わざわざ湯川博士のもとを訪れて、許しを乞うたのです。「原爆で何の罪もない日本人を傷つけてしまった。こんなわたしを許してください」と。

アインシュタイン博士、あなたは76歳で亡くなる前年の1954年に、まるで遺言のように、貴重な言葉を言い残しています。

「もし広島と長崎のことを予見していたら、わたしが1905年に発見した公式は破棄していただろう」

あるとき、新聞記者が博士に、こう質問したことがありました。

「もし、第三次世界大戦が勃発したら、どのような兵器が使われていると思いますか?」

それに対して、あなたは極めて暗示的なことを仰っています。

「第三次世界大戦についてはわかりません。でも、第四次世界大戦ならわかりますよ。

そのとき、人類は石と棍棒で戦っていることでしょう」

この予言は、もし人類が、愚かにも核戦争を勃発させたとしたら、現代人は間違いなく、一人残らず地球上から滅亡する。そして、また新人類が誕生するかもしれない、という意味なのでしょう。

遅ればせながら、アメリカのオバマ大統領（当時）が広島を訪れて、核兵器廃絶の演説をしました。でも現実は違います。お隣の北朝鮮では、あたかも〝貧者の一灯〟として、原子爆弾の製造に余念がありません。

また、いま日本では、核エネルギーの平和利用の名の下につくられた原子力発電所が、神の怒りに触れてしまったと思われる現状です。津波の被害に遭って、すでに12年が経ちましたが、福島原発は放射能に汚染されたままなのです。

あなたのような〝21世紀の天才〟が誕生しない限り、いまの現状を救うことはできないでしょう。たとえ秀才の学者たちが10人集まって相談しても、〝文殊《もんじゅ》の智慧〟は、決して出てきません。天才の仕事を封じることは、天才しかできないのです。わたしは、あなたのような天才物理学者が、この世に早く誕生することを、ただただ願うばかりです。

045
リヴィングストン博士は、暗黒大陸アフリカを旅して、奴隷貿易市場を閉鎖に導いた。

デイヴィッド・リヴィングストン

1813年、スコットランド生まれ。宣教師、医師として、アフリカ大陸へ。奴隷解放に尽力し、さらに独学の測量技術を持ってアフリカ大陸の地図を制作、イギリスへもたらした。1873年、中央アフリカにて死去。

まだアフリカ大陸が「暗黒大陸」と呼ばれていた19世紀中期、デイヴィッド・リヴィングストン博士は、探検家、宣教師、医師の肩書をもって、勇敢にも未開のアフリカ大陸に身を投じました。と熱くわたしが語っても、残念ながら、あなたのことを知る若者は、そう多くはありません。

あなたの功績は、アフリカの奴隷貿易市場の廃絶へ向けて、一歩を踏み出したことです。あなたがアフリカで目撃したものは、奴隷貿易市場の凄まじい実態でした。奴隷商人たちに命を狙われながらも、その実態をあなたは著書『南アフリカにおける宣教師の旅と探検』に書き記しました。それにより、イギリス人たちに衝撃的な奴隷貿易市場の現状を知らしめたのです。そして、イギリス国民から議会に要望書が提出され、ついにザンジバル諸島の奴隷市場は閉鎖に追い込まれました。

あなたはスコットランドの貧しい家庭に生まれ、少年の頃から働きながら夜学に通い、グラスゴー大学で医学と神学を学んで、そして探検家になったのです。まさに知力と体力、そして精神力を備えた男に成長しました。

アフリカでの活動といえば、あなたより62年後に生まれた、ドイツ人のシュヴァイツァー博士が有名でしょう。裕福な家庭に生まれ、後年、アフリカでキリスト教の伝道と医療活動に貢献し、ノーベル平和賞を受賞しました。彼は「密林の聖者」と呼ばれ、いまではあなた――リヴィングストン博士より有名ですが、それでもあなたの勇気と偉業に圧倒されます。この世に飛行機が登場してからすぐに、地球に未開の地はなくなりました。それ以前に、あなたはヨーロッパ人としてはじめてアフリカ大陸横断をやってのけたのです。独学で天体観測による測量技術を身につけ、アフリカ大陸の正確な地図を作成し、ヨーロッパに伝えました。

あなたは探検の途中、壮大な瀑布《ばくふ》の美しさに感動して、現地ではモシ・オ・トゥニャ滝と言われていたのをまったく無視し、当時のイギリスのヴィクトリア女王にちなんで、ヴィクトリア滝と命名しましたね。あなたの勇ましい全身像が、いまでもそのヴィクトリア滝の畔《ほとり》に建っています。

一時、あなたの死亡説や行方不明説が世界中を駆け巡り、騒然となったことがありました。「ニューヨーク・ヘラルド」紙の目ざとい社主ジェームズ・ゴードン・ベネット・ジュニアが、辣腕特派記者H・M・スタンリーに莫大な取材費を持たせ、あなたの捜索に行かせました。わたしは若いとき、スタンリーの『緑の魔界の探検者――リヴィングストン発見記』を読んでいたく感激したものです。たしかタンガニーカ湖の近くのウジジというところで、あなたとスタンリー記者は遭遇しましたね。見る影もなく、別人のように痩せこけて衰えたあなたの姿を目にしたスタンリーが発した最初の言葉は、まさに文学的でした。

“Dr. Livingstone, I presume?”（リヴィングストン博士でいらっしゃいますよね？）

太平洋のど真ん中で出会うのと同じくらい劇的な邂逅《かいこう》のエピソードは、ニューヨーク・ヘラルド紙の一面を飾り、爆発的に売れたそうです。またこのフレーズはイギリスにおいて、思いがけず人と対面したときの慣用句になり、流行語になりました。

スタンリーはあなたをイギリスに連れて帰ろうとしましたが、ナイルの水源をさらに探検したいと言ってあなたはアフリカに留まりましたね。もちろん愉しいピクニックだったからではありません。ライオンに襲われて左腕を噛まれてもアフリカ大陸に居残り、生涯、探検を続けたのです。その強い意志に、心より敬服します。

あなたは、60歳のときマラリアの複合症で、アフリカで息を引き取りました。まだ夢半ばだったでしょう。遺体は防腐処理を施され、あなたを慕う従者たちによりイギリスへ送られました。ちなみに、亡骸の確認の決め手になったのは、ライオンに噛まれた左腕の傷跡だったそうですよ。

046

正力松太郎は、
生来の強運に加えて
大衆の心をつかむ天才だった。

正力松太郎
（しょうりき・まつたろう）

1885年、富山県生まれ。実業家、政治家。東京帝国大学法学部を卒業後、内務省へ。警視庁警務部長を経て、日本テレビ初代社長、原子力委員会の初代委員長も務めた。プロ野球の父とも呼ばれる。1969年、84歳で死去。

昭和という時代は、数多《あまた》の怪物たちを生み出しました。でも、正力松太郎、あなたはトップクラスの怪物です。息も絶え絶えの読売新聞社の社長業を引き受け、社主を引退するときには、かつて、たった3万部だった発行部数を300万部まで拡大させ、「大正力」と呼ばれました。ほかにも、「プロ野球の父」「テレビ放送の父」「原子力発電の父」と呼ばれ、もはや誰の父親だかわからない大物ぶりです。

あなたの人生は、順風満帆に見えますが、実はそうでもありません。突然、大波に呑まれたかと思うほどの劇的な大事件に巻き込まれ、凡庸な人ならそこで終わっているところを、あなたは、その荒れ狂う波のなかから蘇るのです。捲土重来《けんどちょうらい》を期する数々の強運ぶりに、わたしは大きな拍手を送りたい。

あなたは、東京帝国大学法学部を卒業後、官界に入り警視庁に入庁。将来、警視総監を嘱望されていた警務部長の地位にいたそのとき、後に昭和天皇となる摂政宮の狙撃事件、いわゆる「虎ノ門事件」が勃発しました。あなたは、その責任を問われ懲戒免官されたのです。

ところが、その1年後、あなたは後藤新平から資金援助を受け、経営不振の読売新聞社の経営権を買収し、社長に就任したのです。畑違いの新聞界に身を投じても、大衆の心をつかむ天才でした。新聞の部数拡販のため、１９３４年、アメリカからベーブ・ルースやルー・ゲーリッグなどの大リーガーを日本に招聘《しょうへい》して、神宮球場で試合を行ったのです。その頃は、まだ東京六大学野球のほうが盛んでした。その状況にしてあなたは、職業野球日本リーグを結成させ、読売ジャイアンツのオーナーを務めたのです。あっという間に、すべての日本国民を興奮の渦に巻き込みました。

その当時の神宮球場は「神聖な球場」と呼ばれていました。右翼たちは、〝大リーグの選手らが球場を汚した〟と憤り、その一味が、読売新聞本社の玄関先で、あなたを襲撃しました。日本刀で左頸部を斬り付けられ、瀕死の重傷を負いましたが、一命を取り留めたのです。

思えば、あなたは5歳の頃、いまの富山県射水市に流れる庄川の河原で遊んでいたとき、突然襲ってきた日本海からの高波に呑まれて、一時、行方不明になりました。大人総出で捜索した結果、川から、すでに意識不明の冷たくなったあなたは引き揚げられたのです。母親が必死にあなたを抱きかかえ、近くの医者へ走ったそうですね。誰もが助からないと思ったのですが、なんと、あなたは奇跡的に蘇ったのです。

これは今東光大僧正に聞いた話ですが、幼少期に九死に一生を得た人間には、神がかった強運が身についているそうです。多分あなたの運の強さは、この悲劇的出来事があったからではないでしょうか。

そういうわたしも小学3年生のとき、海で溺れて死ぬところを助けられたことがあります。正力松太郎、あなたほどではないですが、わたしも、比較的強運なのではないか、と自負しているのです。自慢じゃありませんが、優が一つもなかったのに集英社に入社ができて、41歳にして「週刊プレイボーイ」の編集長に抜擢されました。あなたの千分の一ほどでもないですが、50万部ちょっとだった同誌を、2年後には部員の力を借りて100万部にしたのです。晩年は大腸癌の手術を受け、さらに心臓バイパスの大手術も受けましたが、いまもこうしてシングルモルトを毎日浴びるほど飲み、葉巻を日に5本は吸っています。「人生にも、二毛作あり」と調子のいいことを言いながら、エッセイスト&バーマンとして活動を続けることができています。

少し前に北海道で、小学2年生の少年が、1週間、山中で行方不明になった騒ぎがありました。自衛隊や警察を総動員して捜したら、ちゃっかり自衛隊演習場の小屋に潜んでいた事件です。わたしはあの強運に恵まれた少年の将来を見届けたいと思いますが、いかがでしょうか？

047

漱石を教導した栗野健次郎は、知られざる独学の大家である。

栗野健次郎（あわの・けんじろう）

1864年、岩手県生まれ。新潟中学校を卒業後に上京し、大学には進学せずに図書館にて独学。難関といわれた文検に22歳の若さで合格した。その後は読書と酒を愛し、生涯独身を貫いた。1936年、72歳で死去。

栗野健次郎教授。わたしはあなたの輝ける偉大さを、『観音になった男――知られざる偉人・粟野健次郎』（粟野健次郎顕彰会）を読むまで、正直、存じ上げませんでした。粟野先生は、東京の旧制一高で文豪・夏目漱石に英語を教えた名教授でした。漱石の小説『三四郎』のなかに、広田先生という教師が描かれていますが、これは粟野先生をモデルにしたといわれています。人が生涯読みそうもない書籍まで眼を通し、風刺と警句をふんだんに発し、しかも生涯独身であったところなどは、まさに粟野先生そのものです。しかし、そんな名教師でありながら、あなたは一冊の著作も残していないのです。

粟野教授は、江戸時代末期元治元年に、わたしの疎開先の岩手県・一関に生まれました。12歳のとき、官立新潟英語学校に入学され、その後、新潟中学に転籍された。16歳で優秀な成績で卒業した後、あなたは上京して図書館通いをし、22歳のときに最難関とされた、文部省中学師範学校英語科教員検定試験に見事合格したのです。

その面接で、試験官にシェークスピアは誰の本で勉強したのかと訊かれ、あなたは「わかりません。上野図書館と日比谷図書館にある本は全部読み、指定された本もすべて読んだので、誰の本で学んだか、特定するわけにはいきません」と答えたそうではありませんか。しかもそのとき、面接官に向かって、シェークスピア関係の原書名を片っ端から挙げたそうですね。そのなかには、試験官もまだ読んでいなかった本がたくさんありました。試験官の多くに「栗野健次郎は、まことに後生畏るべし」と言わしめたと伝えられています。

教授、あなたが生涯身につけた語学は英語だけではありませんでした。幼少の頃に学んだ漢学に始まり、ドイツ語、フランス語、イタリア語、ラテン語、ロシア語、さらにペルシャ語にまで及んだそうですね。ある学生が、栗野先生に「どんな風にして各国語を学んだのですか」と尋ねると、いとも簡単にこう答えたそうですね。

「やさしいことですよ。聖書は世界中の言葉に訳されていますからね」

その教授の言葉を裏付ける証言が残っています。旧制一高から仙台の二高に転任された後、あなたの膨大な蔵書のなかに世界各国の言葉で書かれた多くの聖書があったというではありませんか。まさにあなたは、語学と博学の天才だったのです。

二高に移られてからのエピソードも驚愕するものばかりです。その当時、二高にイギリスから来たオックスフォード大学出身のカレイという英語教師がいました。生徒から英語に関して難しい質問をされると「それは栗野さんに訊いてください」と言ったそうですね。また、同じ雇われ英語教師のデニング講師は、「粟野先生がそう言うのならそのほうが本当でしょう」と自説を撤回したといわれています。

同じ二高の斎藤秀三郎教授は多くの英語の本を書き残していますが、あなたは、ついに一冊の著書も残しませんでした。「書を残すことは恥を後世に残すこと」とか、「書くだけのヒマがあるなら、それで本を読む」ともおっしゃっていたそうですね。

また、生涯独身を貫き、食事にも旅行にも興味がありませんでした。大好きな酒と読書のみで暮らしたのです。当時の文部省の依頼で、ドイツ・ライプツィヒへ留学した際も、どこにも行かず、ずっと籠《こ》もっていたそうですね。そんな先生の美しい無欲さに脱帽です。わたしの師匠の今東光大僧正は、いつもこう言っておりました。

「いいか、シマジ、名物にうまいものなし、というように、有名人のほとんどは金メッキを施されてピカピカに光って見えるが、爪を立ててコリコリひっかいてみると、なかから銅が現れるんやで。俺はちがうぞ。爪を立ててひっかいてみい。どこまでも金無垢やで。アッハハハ」

粟野教授。あなたの才能、生き方を知ったいま、大僧正の言葉を思い出さずにはいられません。

048

小室直樹にとって、学問の楽しさは学位ではなく修得だった。

小室直樹（こむろ・なおき）

1932年、東京都生まれ。経済学者、法学者、評論家。著書『危機の構造』で日本研究賞を受賞。『ソビエト帝国の崩壊　瀕死のクマが世界であがく』がベストセラーになり、評論家として認知される。2010年、77歳で死去。

小室直樹先生。あなたのような碩学泰斗《せきがくたいと》の学者が、どうしてわたしのような勉強ができないダメな男をかわいがってくれたのか、ときどき不思議に思うことがあります。あなたは、経済学者であり、法学者であり、そしてまた評論家でもありました。そんな小室先生の謦咳《けいがい》に接したお蔭で、わたしはたくさんの大切なことを学びました。

わたしが大好きな先生のエピソードは、なんと言ってもノーベル物理学賞を受賞した湯川秀樹博士に焦がれて京都大学理学部数学科を受験し、見事ストレートで合格したときの話です。それは、会津のとある弁護士に用立ててもらった2000円の大金を夜行列車のなかですられてしまい、京都から会津若松まで徒歩で帰った、という豪快な体験談です。このエピソードをわたしに教えてくれたのは、小室先生の福島県立会津高等学校時代の親友で、当時、民主党の最長老だった渡部恒三《わたなべこうぞう》衆議院議員です。文豪・開高健が自分の母校、大阪府立天王寺高等学校で珍しく後輩の前で講演したとき、「人生で親友をつくれるのは高校時代です」と言っていますが、まさに小室先生と渡部議員はそういう関係だったのでしょう。

渡部議員の実家は素封家《そほうか》で、当時お手伝いさんが10人もいたそうですね。一方、小室先生は東京に生まれたのですが、同盟通信の記者だったお父上が亡くなられて、母上の実家の会津若松に5歳のときに移ってきました。その母上もまもなく亡くなられ、天涯孤独になった先生は親戚の叔母に面倒を見てもらうことになりますが、その生活は赤貧《せきひん》洗うが如《ごと》しの貧困状態だったようですね。会津若松での高等学校時代、小室先生と渡部議員は下宿して学校に通っていたそうですが、昼休みになると小室先生、あなたはすうっと教室から姿を消して、グラウンドの片隅で英語の原書を読んでいたそうですね。見かねた渡部議員は下宿のおかみさんに「金を払うから明日から弁当をふたつ頼む」と言って、小室先生はその恩恵に浴することになったのです。

それから小室先生の偉大さは、フルブライト留学生としてアメリカに渡り、名だたる有名教授に教えを乞うたにもかかわらず、ひとつの学位も取らなかったことでしょう。知識を自分のものにすると、さっさと次々に大教授たちを渡り歩いたのです。1963年、小室先生は東京大学大学院法学政治学研究科の丸山眞男《まるやままさお》教授に政治学を学びました。しかし、また教授連を渡り歩く癖が出て、ようやく40歳にして東大の法学博士の学位を取得したのです。

わたしが小室先生に教わった大事なことは、歴史の風雪に耐えて生き残った名著は、一度だけではなく何度も読み返すということでした。

「シマジ君、自分がいい本だと思ったら、その名著を最低10冊まとめ買いしなさい。そして100回は赤線を引いて読みなさい。すると著者が何を言いたいのかわかるし、またあるときは眼光紙背《がんこうしはい》に徹するといって、著者以上に物事がわかってくるものです」

わたしは先生に、「ではシュテファン・ツヴァイクの『人類の星の時間』は何回お読みになったんですか？」と訊いたところ、先生は軽いアクビをしながら答えました。

「そうだね。20回以上かな。もちろんドイツ語の原書も入れて」

あなたが晩婚で所帯を持たれるまでは、よく一緒に飲みましたね。わたしが「週刊プレイボーイ」の編集長だった頃、深夜編集部で原稿を読んでいると、小室先生から電話があり、「シマジ編集長、君に会いたくなった。いまから編集部に行ってよろしいか」と、よくおっしゃってくださいました。

ある晩のこと、酔った先生がわたしを待っていたとき、若い編集者が「先生はどうしてこの歳まで独身でいらっしゃるんですか」と尋ねました。先生はこう言ったことを覚えていますか。

「いいえ、女房も愛人もいますよ。この右手が愛する妻です。左手がかわいい愛人です」

こういうユーモリストの小室直樹先生がわたしは好きでした。

049 イングリッド・バーグマンは、慈悲深き母であると同時に、恋多き魔性の女でもあった。

イングリッド・バーグマン

1915年、スウェーデン生まれ。『別離』『カサブランカ』『秋のソナタ』など、多くの名作で演じた女優。プライベートでは、3度の結婚・離婚を繰り返した恋多き一面も。1982年、ロンドンにて67歳で死去。

20世紀の大女優といったら、イングリッド・バーグマン。間違いなくあなたのことでしょう。しかも晩年に患った癌で、67歳でこの世を去るその日まで、あなたは現役の女優として美しく演じていたというではないですか。わたしが素晴らしいと思うのは、自分の欲望に嘘をつくことなく、当時としては珍しく奔放な愛に挑戦し、見事に生き抜いた生涯だったからです。

イングリッド、あなたは1915年、絶世の美少女としてスウェーデンのストックホルムに生まれました。不幸にして3歳のときに最愛の美しいドイツ人の母親を亡くし、そして13歳でスタジオカメラマンだった父親も病気で失いました。早くして天涯孤独の身になったのです。

あなたは生涯を通じて、多くのプライベート写真を残しました。家族を映した映像もたくさん撮っています。また、10歳からスウェーデン語で日記もつけていて、いつも肌身離さず死ぬまで大切に持っていたことも有名です。

イングリッド、あなたは完璧な英語を話し、ドイツ語、イタリア語、フランス語の5カ国語を操った国際的大女優でした。最近、わたしは渋谷Bunkamuraル・シネマで公開された『イングリッド・バーグマン～愛に生きた女優』(2016年)のドキュメンタリー映画を観ました。そこで、孤独だったあなたが、人生のすべてを記録に残そうといつも思っていたことがよくわかりました。この映画の監督を務めたスティーグ・ビョークマンに、「素材がふんだんにあり、何を捨てるかが難しかった」と言わしめたくらいです。晩年に書いた自叙伝『マイ・ストーリー』（新潮社）で、報道写真家、ロバート・キャパとの短くも美しい恋を堂々と告白したのも不思議ではありません。

あなたは175㎝の長身の女優でしたが、そこはかとない上品さを漂わせました。演技派としてアカデミー賞を3度も獲得し、わたしも感動した映画『カサブランカ』では、ハンフリー・ボガートの恋人役を演じました。作品のなかで、ボガートがあなたに「君の瞳に乾杯」というセリフを吐きましたが、きっとそれは、ただの演技ではなかったのでしょう。

あなたの強さは、結婚して子どももいる身だったのに、堂々とハリウッドの映画界に勝負を賭けたことです。そして女優として大成功を収め、アメリカの〝理想の女性〟とまで祭り上げられました。その後、イタリア人監督ロベルト・ロッセリーニに熱烈なラブレターを送って、まもなく恋に落ち、不義の男の子を産んで大スキャンダルになったときは大変だったでしょうね。さらに2年後には、その監督との間に双子の女の子を出産。そのことが醜聞となって、16年間もアメリカに入国を許されず、上院委員会で議題に上ったくらいの大事件へと発展したのです。あなたの出演した映画が上映禁止になった、といえば事の大きさが伝わるでしょうが。

あなたは女性には珍しく、恋心を抱いた相手には、自分から身を投じました。美しい大女優からスケベ光線を発射されたら、どんな男でも即死だったことでしょう。

イングリッド、あなたは3回結婚して3回離婚していますが、ほかにも多くの男性と密かに恋していたのではないですか。あなたのなかには慈悲深い母がいるのと同時に、男を恋するもう1人の魔性の女が同居していたんでしょう。そんな究極の美魔女であるあなたに、わたしは魅力を感じます。

しかも最初の娘をはじめ、長男、双子の娘を含め、イングリッド、あなたは映画の撮影がないときは、こぼれるような愛情を降り注ぎ熱く抱きしめて一緒に暮らしていたそうですね。映画『イングリッド・バーグマン～愛に生きた女優』のなかで見せてくれた、子どもたちと抱き合って戯れているあなたの姿は、神々しいほど美しかった。

あなたは、何か特別な星の下に生まれたようですね。1915年8月29日に生まれ、1982年8月29日に亡くなりました。

050

後藤新平は、優れた人材を残して、この世を去った。

後藤新平（ごとう・しんぺい）

1857年、岩手県生まれ。台湾総督府民政長官、満鉄初代総裁などを経て、1920年に東京市第7代市長に。マッカーサー道路と呼ばれる虎ノ門～新橋間は、後藤新平が帝都復興計画において策定したもの。1929年、71歳にて死去。

1920年代に東京市長を務めた後藤新平。あなたはいま、小池百合子東京都知事が腕まくりして、都政の改革に挑もうとしていることをご存じでしょうか。しかも、これは昔から言われているような、いわゆる「女の腕まくり」(「大したことはない」の意)では終わらない男顔負けの迫力なのです。

あなたが東京市長を引き受けたのは大正9年(1920)でしたね。東京市議が満場一致であなたを市長に推したのでした。あなたの側近たちは、副総理格の内務大臣を務めたあなたが、はるかに格下となる東京市長に就任することに猛反対しましたが、あなたは「人生、一度は貧乏くじを引いてみるか」と、東京市長を引き受けたのです。

あなたは政治家として「大風呂敷」と揶揄されましたが、あなたの目は100年後の東京を見据えていたように思えてなりません。時代の流れは愚かにも、そんなあなたの偉大さを忘れ去ろうとしています。実際、あなたほど伝記になった人物はいないのですよ。いまの日本人は本を読まなくなってしまいました。スマホをいくらいじっていても、後藤新平の偉大なる業績はわかるはずもありません。

わたしはあなたの伝記が好きで、若い頃から読んでいました。そこに掲載されているあなたの顔が素敵です。男の顔は40歳までは両親の作品ですが、40歳からはその人の作品です。あなたのお顔は迫力、品格、色気に満ちあふれています。そして、あなたがこの世を去る前に言い残した言葉が大好きです。

「よく聞け、金を残して死ぬやつは下だ。仕事を残して死ぬやつは中だ。人を残して死ぬやつは上だ。覚えておけ」

これぞ、いまの世の中に一番足りない叡智だと思います。あなた自身、東京市長になったとき、3人の助役を選んでいます。すべて自分の影響下にあって、あなたが育ててきた人物でした。しかも、その助役に用意した年俸は、それまでの3人の合計2万4000円よりもはるかに高い、3万7000円でした。市長の年俸は2万円から2万5000円にアップ。しかし、自分の年俸は全額東京市に寄付し、所得税まで払ったというではないですか。当時の東京市民は「さすがはわれらの市長！」と拍手し、あなたの人気はますます高まったそうですね。

小池知事は就任以来、年俸を半額にしているそうです。彼女が後藤新平伝を読んでいたら、そんなことは言わずに、全額もらって半額を寄付すればいいことに気付いたでしょう。もちろん所得税は払って。

正力松太郎が警視総監を目前にして虎ノ門事件が起こったため、退職金ももらえず免官されたとき、あなたは傷心の正力を自宅に招いてこう言ったそうですね。

「あせってヘンな仕事に手を出すなよ。ここに1万円ある。君に進呈する。2、3年ゆっくり骨を休めろ」

そしてまもなく無聊《ぶりよう》を託《かこ》っていた正力に「10万円都合できれば赤字続きの読売新聞を任せる」という話が飛び込んできたのです。そして正力は再びあなたを自宅に訪ねています。そのときあなたの言った言葉は、正力が号泣したように、読むたびにわたしも感泣せざるを得ません。

「よし、わかった。少し待てば出してやる。しかし失敗したら、無理に返済することはないぞ。それからおれが出したことは内密にしておいてくれよ」

正力は命がけで働き読売新聞社を立て直し、借金はやがて全額返済しました。正力自身、10万円という大金は、きっとあなたがどこかの実業家に出させたと思っていたそうです。でも、あなたの死後、遺族からその出所を聞いて、また驚愕し号泣したそうですよ。

10万円は、あなたの麻布の自宅を担保にして金策したものだったそうではありませんか。あなたは、この世に正力松太郎という大人物を残して、この世を去ったのです。

051
ニュートンの才能は物理の世界だけでなく、犯罪捜査でも花開いた。

アイザック・ニュートン

1642年、イングランド生まれ。物理学者、数学者、自然哲学者。ニュートン力学の確立や、微分積分法の発展に努めた。このほか、王立造幣局の長官も務め、偽造通貨の摘発などに尽力。1727年、84歳で死去。

アイザック・ニュートン。あなたの偉業は、たくさんの伝記にもなっていて、世界中の子どもが知っています。そう、リンゴが木から落ちるのを眺めていて、万有引力を知るきっかけを得たのです。そのリンゴの木は、自宅の農園にあったそうですね。

あなたは、とても裕福な家庭に生まれました。父上はあなたが生まれる前に他界し、母親はまもなく牧師と再婚したため、あなたは祖母に預けられ、いわゆる典型的な〝おばあちゃん子〟だったのです。

母親が牧師との間に立て続けに3人の子どもをつくったことが原因で、あなたは母親をよく思っていなかったようです。母親も、息子が17世紀に近代科学の礎を築く大天才になる才能の持ち主だったことは、これっぽっちも理解していなかったことでしょう。そんなわけで再婚した牧師とも死に別れた母親は、あなたの実父が残した農園に戻ってきた後、あなたを農家の人間にしようと学校を退学させたのです。勉強好きなあなたにとって、それはどんなに悲しいことだったことでしょう。

ニュートン、あなたは農業を放棄して、母親の知人の薬剤師クラークの家に逃げ込み、そこで勉強したそうですね。一生独身を貫いたあなたですが、その家の養女のストーリーとは恋仲になって18歳のとき、婚約までしました。が、結婚には至らなかったようですね。

ついに、さすがの母親もあなたを農家にすることを諦めて、親戚の助言を重んじ、ケンブリッジ大学のトリニティ・カレッジに学ばせました。あなたは喜び勇んで、約100㎞はあるケンブリッジ大学までの道のりを徒歩で向かったそうですね。ケンブリッジ大学では農家出身でありながら、あなたの抜群に聡明な能力はすぐに認められ、入学はすんなり許可されたのです。

どうしてわたしが、あなたに強烈な興味を持ったかというと、2012年に刊行された『ニュートンと贋金《にせがね》づくり』（トマス・レヴェンソン著、寺西のぶ子訳、白揚社）を読んだからです。あなたは30年近くも、象牙の塔で大教授として大活躍したのち、まったく異なる職業に就きました。そこでも大活躍したという事実を、この本で知ったのです。実はわたしも67歳まで編集者人生を送ってきたあと、エッセイスト&バーマンになって新しい人生に挑戦したのです。なんだか、それに近いと厚かましくも思ったのです。もちろんスケール、業績、知名度はまったく比較になりませんが、〝人生二毛作〟を、既に成し遂げた大先輩がいたのかと尊敬の念を持って読んだものです。

ニュートン、あなたが就いたのは、王立造幣局の監事でした。それによって最も震え上がった男は、これまた天才的な贋金づくりの名人、ウイリアム・チャロナーでした。その当時、チャロナーが偽造した金額は、現在の貨幣価値に換算すると、なんと400万ポンド、日本円にして5億円近い額です。その天才詐欺師を逮捕して、かつてカサノヴァが少しの間投獄されていた有名なニューゲイト監獄にぶち込み、絞首刑を宣告し実行したのは、ニュートン、あなたでした。この事件を解決できたのは、科学的に証拠を積み上げ捜査していったからだと、この本の作者が書いています。悪党ウイリアム・チャロナーの伝記は、当時、あなたの著作よりも囃《はや》されたそうですね。チャロナーは極貧の家庭に生まれ、あなたと同じ時期にロンドンにのぼってきた男でした。チャロナーはすべてを独学で学んだようです。身分制度が厳しい17世紀の時代ですから、それは仕方ないことでしょうが、もしチャロナーが現代に生まれていたら、全額奨学金でケンブリッジ大学の一角の教授になっていたかもしれません。それくらいチャロナーは才気《さいき》煥発《かんぱつ》だったそうですね。

あなたは、当時としては長寿といえる84歳まで生きました。知っていますか。あなたにゆかりのあるリンゴの木は、接ぎ木を繰り返されて、いまでもケンブリッジ大学の校内に植えられているそうですよ。いつかその実を食べてみたいものです。

052

愛すべき人たらしの技術、それが野口英世の才能だ。

野口英世（のぐち・ひでよ）

1876年、福島県生まれ。日本の細菌学者。黄熱病や梅毒などの研究を行い、ノーベル生理学・医学賞などの候補にも名前が挙がった。1928年、アフリカ・ガーナでの研究中に、自身も黄熱病に罹患し、51歳で死去。

野口英世先生。あなたは、福島県の貧しい農民の家に生まれました。幼い頃に、いろりのなかに落ちて左手に大やけどを負ったため、「テンボウ」とからかわれて幼少期を過ごしたようですね。やけどの原因は、母親のシカが、いろりのそばにあなたを一人にしたまま目を離してしまったからです。シカは、そのことで、生涯自分を責めていたそうです。

あなたの父親は、ただの大酒飲みの風来坊だったようです。たぶん、あなたの偉大なる天才的遺伝子は、100％母親からいただいたものなのでしょう。後年、無学だったシカは勉強して助産婦の資格まで取りました。

野口英世の〝英世〟は、22歳のときに清作という名から改名したそうですが、その理由が振るっています。坪内逍遥《つぼうちしょうよう》の小説『当世書生気質《とうせいしょせいかたぎ》』の登場人物に野々口精作という医学生がいて、そいつは急病になったと嘘をついて田舎から送金させるなど、あらゆる手を使って借金をし、酒と女に懶惰《らいだ》遊蕩《ゆうとう》していました。「精作」と「清作」は、名ばかりではなく、その行いまでも酷似していたのです。それに驚き、改名を思いついたそうではありませんか。

そうなんです。野口英世先生、あなたはあらゆる伝記において美談とともに語られていますが、実はムチャクチャな男だったことをわたしは知っています。生まれついての借金魔で、また稀代の浪費家だったそうですね。

いよいよ夢が叶って、アメリカに留学しようとしたときのこと。婚約した女性の家から工面してもらった300円と、東京の父母と仰ぐ小林栄夫妻からいただいた200円を懐《ふところ》に、あなたは送別会と称して数十人の友達を集め豪遊し、その大金をその日のうちにほとんど使い果たしてしまったというではないですか。この見境つかない豪気さこそ〝ロマンティックな愚か者〟だと、わたしはあなたを崇めているのです。あなたをお世話した大人たちは、呆れながら、またやむを得ず金貸しから300円を借りてあなたをアメリカに送ったそうですね。その当時、300円以上持参しないと、アメリカに入国できなかったからです。

そんな借金大王のあなたが、すました顔をして、千円札のなかにちゃっかり収まっているのです。これはジョークというほかありません。あなたご自身がこの紙幣を見たら、「まさしく人生は恐ろしい冗談の連続だね」と苦笑するのではないでしょうか。

野口先生、あなたはまた天才的人たらしだったのです。お金を無心する手紙を生涯どれだけ書いたことか。しかも、あなたは大人になってもよく人前で泣いたそうですね。これも人たらしの技だったのではないでしょうか。

野口英世先生。あなたは医者の資格があるのに、どうして細菌学の研究者になったのか。負傷した左手を、患者に見せたくなかったのでしょうか。細菌学者としてアメリカに渡り、ロックフェラー医学研究所に雇われて数々の研究論文を発表して、外国で名声を得ました。ノーベル賞の候補者として、3度も名が挙がったそうですね。

ちなみに、アメリカへの渡航費と当分の生活費を出してくれた内藤家のお嬢さまとは結局結婚せず、工面してくれた300円も、お世話になった方に肩代わりさせて清算したそうですね。人たらしも、ここまでくるとアートの領域になってきた気がします。あなたは、同じ研究所で働くメリー嬢と結婚したのでした。

アメリカ留学で知り合った仲間に星製薬会社の創設者、星一《ほしはじめ》がいます。製薬事業に成功した星はあなたに友情を感じ、親身になって帰国費用の相談に乗ってくれました。事実、その費用をあなたに送金したことも、息子で作家の星新一《ほししんいち》は告白しています。お蔭で日本への凱旋が叶い、最後となる母親のシカとの対面も可能になったのです。

その後、アフリカで黄熱病を研究している途中で、あなたは51歳で客死しました。たしか最期の言葉は、「わたしにはわからない」でした。

053

怪僧が教えてくれた、一休和尚の破天荒な人生。

一休宗純（いっきゅう・そうじゅん）

1394年、京都府生まれ。6歳で安国寺《あんこくじ》に入門、その後、京都・大徳寺《だいとくじ》の高僧、華叟宗曇《かそうそうどん》に弟子入りし、一休の名を与えられる。仏の道に生きながらも、肉や酒を好むなど、破天荒な生き方を貫いた。1481年、87歳で死去。

一休宗純。あなたの人気は、いったい何百年続くのでしょう。いまでも〝一休さん〟と親しまれ、童話になったり、小説になったり、漫画になったりしているお坊さんは、きっとほかにはいないでしょう。

あなたは子どもの頃から、端整で高貴なお顔をしていたそうですね。母上は、時の帝であった後小松天皇の寵愛を受け、身ごもりました。市井に下ってあなたを産んだことから、後小松天皇の御落胤《ごらくいん》（私生児）だという噂もあります。

あなたは6歳のとき、京都の安国寺に入門し、瞬く間に学問の世界で頭角を現しました。13歳にして発表した漢詩『長門春草』は、洛中で大評判になったのです。その後、格式にとらわれず禅を追い求めた西金寺の謙翁宗為《けんおうそうい》に入門しました。清貧を善とした師匠の下でひたむきに禅の修行に明け暮れていたとき、事件は起こりました。入門して5年が経ったときのこと、最愛の謙翁禅師が突然入寂したのです。しかしあまりにも貧乏で、ロクに葬儀も執り行えなかったあなたは、仏道では人を救えないのではないかと絶望したそうですね。そして、湖に身を投じて自殺を図ったのです。幸いにも、あなたの母上が付けていた見張りの従者のお蔭で、一命は取り留めました。

ところで、一休という名は、京都・大徳寺《だいとくじ》の高僧、華叟宗曇《かそうそうどん》から与えられたそうですね。あなたが詠《よ》んだ詩に、こんな作品があります。

「有漏路《うろじ》より無漏路《むろじ》へ帰る一休み、雨降らば降れ、風吹かば吹け」

この詩に師匠が感心し「一休」の名を与えたのです。その後「一休宗純」と呼ばれるようになったわけです。

一休さん、わたしは20代後半で昭和の〝怪僧〟今東光大僧正に巡り会い、かわいがられました。大僧正が80歳で入寂される10カ月前、「遊戯三昧」という仏教の言葉を揮毫していただいたのです。これは遊びのなかにこそ人生の真実があるという意味だと大僧正から教わりました。一休さん、あなたこそ、まさに87歳でこの世を去るときまで、遊戯三昧だったのではないでしょうか。

水上勉という作家があなたのことを書いた小説『一休』で谷崎潤一郎賞を受賞し、評判になりました。しかし、今東光大僧正は、わたしにこう豪語したのです。

「シマジ、水上勉の『一休』なんて読むんじゃないぞ。あれは小僧が書いた『一休』だ。小僧には一休の偉大さなんてわかるはずがない。そのうち大僧正の俺が一休を書こうと思うとる。それまで待っておれ」

わたしは大僧正が書く『一休』を愉しみに待っていたのですが、無念ながら大僧正は病魔に襲われ入寂し、あなたを題材にした小説は幻に終わってしまいました。

あなたの亡くなるときのことを大僧正は、まるで見たように語っていました。

「一休が書いた字は、それはそれは能筆で、俺なんか足下にも及ばないほどなんだ。有名なのはやっぱり『有漏路より――』（前述）の詩や。『漏』というのはな、煩悩のことをいっとる。また『門松は冥土の旅の一里塚、めでたくもあり、めでたくもなし』と皮肉を込めて、とんちを利かせて詠んだ歌もある。僧籍に身を置いているにもかかわらず、一休は酒を飲み、肉を喰らい、女も男も抱いたんや」

大僧正は、こうも教えてくれました。あなたが87歳で入寂《にゅうじゃく》する直前の言葉です。弟子たちが見守るなかで、いきなり立ち上がって叫んのです。

「死にとうない！」

この言葉を最後に、あなたはあの世に逝ったのです。

「一休は最晩年まで、盲人の美少女、森侍者をそばにおいて愛を交わしたというから別格の怪物だったんや。一休と比べたら、俺なんかまだまだ小僧っ子みたいなもんや」

もし大僧正が、もう少し長生きして小説を書き上げていたら、一休さん、あなたはもっと丸裸にされていたことでしょう。

054

ノーベル賞の創設で、兵器開発の贖罪を願ったダイナマイト王。

アルフレッド・ノーベル

1833年、スウェーデン生まれ。ダイナマイトの発明で巨万の富を得た発明家。1901年から続くノーベル賞は、アルフレッド・ノーベルの遺言と遺産で設立されたもの。ノーベルは1896年、イタリア・サンレモにて死去。

アルフレッド・ノーベル。あなたが遺言したノーベル賞は、いまや年に一度の世界的な恒例行事になっています。2016年の文学賞は、ボブ・ディランという反戦ソングを歌ったアメリカ人シンガーソングライターが受賞しました。なかなか本人と連絡が取れずスウェーデン・アカデミーは手こずったようです。わたしは、さすがボブ・ディラン！　と、一時は感心したのですが、ほどなくして「喜んで受ける」という本人のコメントが発表され、落胆させられました。

ところが、今度は「先約があるので授賞式には出席できない」とのコメントを発表して、またもや物議を醸しました。そんなわけで、どこか釈然としないものが残った16年のノーベル文学賞でした。

ノーベル、あなたはダイナマイトを発明し、巨万の富を得ました。父上も爆薬をつくる発明家だったそうですね。あなたは戦争が勃発すると大金持ちになり、平和になると会社が倒産してしまうような家庭に育ったのです。学業は学校に通うのではなく、たくさんの家庭教師から学んだそうですね。しかも、一流の外国人化学者にじかに教わった。ですから、あなたは母国語であるスウェーデン語をはじめ、英語、フランス語、ドイツ語、イタリア語、そしてロシア語まで操ることができました。しかも、アメリカに4年間留学して、発明家ジョン・エリクソンにも師事しています。

父上の爆薬工場を継いだあなたは、商業用ダイナマイトのほか、戦争で使われる爆薬もつくっていた。あなたは平和の象徴として知られるノーベル平和賞を含むノーベル賞のいわば発起人ですが、あなたのつくった爆薬で、多くの兵士が命を落としたことは間違いありません。それゆえに、あなたは贖罪《しょくざい》としてノーベル賞をつくったのでしょう。

そんなあなたは生涯独身でした。伝記によれば、3人の女性に激しい恋をしたそうですが、いずれも相手にフラれてしまったのですよね。43歳になって結婚相手を見つけようと一計を案じ、「求む女性秘書」という広告を5カ国の新聞に出したのです。そのとき、美女が応募してきて、あなたの秘書になり、あわよくば妻にと盛り上がった頃、彼女は婚約者のもとへ去ってしまいました。たしか、その女性の名前はベルタ・キンスキーといいましたね。彼女が1905年に女性初のノーベル平和賞を受賞したことはご存じでしたか。

そうだ、ノーベル、あなたにお訊きしたいことがあります。ノーベル賞には、なぜ数学賞がないのですか。一説には、あなたが恋した女性を、ある数学者に奪われたたからともいわれていますが本当ですか？　いまならコンピューター賞も考えるべきでしょう。スティーブ・ジョブズやビル・ゲイツに、その賞をあげるべきです。

ボブ・ディランは「風に吹かれて」などの反戦ソングで巨万の富を稼いだアーティストです。わたしは密かに、反体制の旗手だった作家のジャン＝ポール・サルトルのように「爆薬をつくった男の賞はいただけない」と、大見得を切るのではないかと期待していました。どうやらノーベル文学賞の賞金は、ありがたくいただいたようですが、その賞金を中東でいまでも増え続けている戦争孤児に、誰にも言わず、すべて寄付するのではないかと、期待しています。

あなたが実際に亡くなる8年前、あなたの兄のリュドビックが死去したとき、ノーベル、あなた自身が死んだと勘違いした新聞が、「死の商人死す」という死亡記事を載せたのはショックだったでしょうね。事実、あなたがつくったノーベルの名を冠した多くの会社は、現在でも欧州各地にあり、兵器の開発・製造を行っているのです。それを考えると、なんだかノーベル賞も皮肉に思えてきます。

あなたは1896年12月7日、イタリア・サンレモにて、脳溢血で倒れました。死の床《とこ》の傍らには、召使いしかいなかったそうですね。

055

キューバ革命の英雄カストロは、私欲に走らず信念を貫いた。

フィデル・カストロ

1926年、キューバ生まれ。キューバの元国家元首。キューバ革命を成功させ、社会主義国家をつくり上げた。一党独裁の政治体制や経済政策には賛否あるが、私欲の道に走らない姿勢は評価が高い。2016年、90歳で死去。

キューバ革命の英雄フィデル・カストロ。あなたは90歳で、その人生に幕を下ろしました。その夜、わたしは哀悼の意を込めてキューバンラムを飲み、コイーバを吸いながら、ひとりであなたに献杯いたしました。

2014年、わたしはハバナを訪れましたが、いたるところでチェ・ゲバラの顔をプリントしたTシャツやポスターが売られているなかで、あなたの顔をプリントしたものは何ひとつありませんでした。独裁国家の権力者というものは、自分の銅像を建てたり、街に大きな写真を掲げたりするものです。トランプ大統領は、あなたのことを「独裁者」と呼びましたが、ハバナには、あなたを偶像化し、美化させるものはまったくありません。それは、あなたの政治的な美学だったのでしょうか。

キューバの治安のよさにも驚いたものです。しかも、国民が底抜けに明るい。食料は配給制のためか、レストランが軒並みマズいのには困りましたが、葉巻のうまさと安さには感動しました。実際、日本の市場価格の4分の1程度でした。ですから朝っぱらからホテル内のシガーショップでコイーバのロブストを買い、毎日6本も愉しませてもらいました。ホテルの部屋のテーブルとベッドサイドには葉巻用の大きな灰皿が置いてあり、寝たばこ歓迎といわんばかりの最高のシガーサービスでした。禁煙熱が高まる世界中で、こんな国はいまやどこにもないでしょう。あなたの葉巻好きは有名です。ゲリラ戦の最中に、ジャングルのなかで寄ってくる蚊やアブから顔を守るために吸っていたと言っていますが、やっぱりうまかったからなのでしょうね。

キューバは小国で、しかも大国アメリカが目と鼻の先にあるというのに、アメリカと国交を断絶して生涯貫いた勇気と信念に、わたしは脱帽します。喧嘩を売ったアメリカのCIAやマフィアの間で、実に638回もの暗殺計画があったそうですね。それらの計画は、古代ローマのユリウス・カエサルにちなんで「ブルータス作戦」と呼ばれていて、その暗殺計画の多さは、ギネスブックにも認定されています。

1979年、あなたがニューヨークでの国連総会に出席した際、アメリカのジャーナリストが「あなたを暗殺しようと企てている殺し屋はたくさんいます。いつも防弾チョッキを着ているんですか」と訊きました。するとあなたは、「人間は死ぬときは死ぬものだよ。それが運命というものさ。わたしは防弾チョッキなど着ていない。〝モラル〟というチョッキを着ているけどね」と語り、わざわざシャツのボタンを外して肌を見せたエピソードは有名です。強運の人とは、まさにあなたのためにある言葉だったように思います。

あなたの後継者の弟ラウルは、将来の国の経済のことを考えて、ついにオバマ大統領（当時）と国交を再開する新しい時代に突入することを決断しました。オバマがキューバを訪問した際、「わたしはこの国に民主主義という土産を持ってきました」と胸を張って語ったとき、ラウルが「わたしの国では、教育費も医療費もタダなんですよ。アメリカはどうなんですか」と返したのは痛快でした。

オバマ前大統領は2016年、アメリカ大統領としてははじめて原爆の落ちた地である広島を訪れ話題を集めました。フィデル・カストロ、あなたは2003年の来日時、広島の原爆ドームを視察して慰霊碑に献花黙禱し、「人類の一人として、この場所を訪れ慰霊する責務がある」と言い残しています。盟友チェ・ゲバラは1959年に、すでに広島を訪れています。そうなんです。キューバには親日家が多いのです。

革命後、すべてのキューバの土地を国有化したあなたは、実家の広大な農園も国有化したため、実母から絶縁状を叩きつけられたそうですね。また、実の娘があなたの体制を嫌い、マイアミに亡命したにもかかわらず、あなたは毅然とした態度を貫き通したというではありませんか。あなたこそ私情を挟まず国民のために共産主義を貫いた、立派な信念の人でした。

056

日本史上最大の詐欺師？
藤原不比等に感謝すべし。

藤原不比等
（ふじわらのふひと）

659年、藤原鎌足の次男として生まれる。飛鳥時代～奈良時代にかけて暗躍した政治家。娘たちを皇室に嫁がせ、外戚として権力を握った。娘の光明子は聖武天皇の皇后となり、藤原家繁栄の礎を築いた。720年、61歳で死去。

藤原不比等。いまあなたが現代に蘇り、話題になっていることをご存じですか。わたしが昵懇《じっこん》にしているピカレスク小説家、馳星周《はせせいしゅう》が『比ぶ者なき』（中央公論新社）で、あなたを主人公にした長編時代小説を書いたのです。

あなたはその作品のなかで日本史上最大のフィクサーとして描かれています。馳は、魅力ある悪党を描くのが得意な作家です。あなたの人生はそんな彼を大いに刺激したようです。わたしも読了するなり感動して、軽井沢に住んでいる馳に電話をしてしまったくらいです。

「馳が時代小説を書くとは思ってもいなかった。藤原不比等は以前から興味があった人物だったの？」

「きっかけは、カミさんが読んでいた新聞なの。たまたまテーブルの上に広げてあって、何げなく見ていたら、『日本書紀』も『古事記』も藤原不比等の捏造《ねつぞう》で、また聖徳太子の存在も不比等のでっち上げだったという見出しが目に入ってきたわけ。えっ!? ホントかよ、と思って、2年間、あのあたりの歴史の勉強をしたわけなのよ」

天皇家の万世一系《ばんせいいっけい》という考え方は不比等、あなたの発案だったのですね。しかも天皇家が続く限り、あなた自身の子孫である藤原家のお嬢さまを時の天皇に嫁がせて、皇后にするというシステムまでつくり上げたのは、あなたの大いなる野望でした。そのあたりを馳は格調高い文体で書いています。

藤原不比等、あなたは藤原鎌足《ふじわらのかまたり》の次男として生まれたといわれていますが、実は天智《てんち》天皇の皇胤《こういん》だったという説もありますね。どちらが本当なのでしょうか。また、父の鎌足が他界した後、教養ある渡来人の田辺史大隅《たなべのふみとおおすみ》に育てられたことが、不比等の考え方に大きな影響を与えたのでしょう。

万世一系というまことしやかな物語の創作に、あなたは生涯をかけました。天皇制をきちんと確立するまでは、天皇は大王と呼ばれ、豪族たちの合議によって選ばれていました。しかし、あなたは、『日本書紀』では蘇我馬子《そがのうまこ》の歴史的功績をすべて抹消し、推古《すいこ》天皇の摂政《せっしょう》として補佐した聖徳太子なる架空の人物を、実在した厩戸王《うまやどのおう》からヒントを得てつくり上げたのです。おまけに天皇家を神格化するために、地方の太陽神であったに過ぎない天照大神《あまてらすおおみかみ》に女神の神格を与え、その神の一族が高天原《たかまがはら》より子孫を降臨させた、その直系こそが天皇の一族であると言わせたのは、藤原不比等、あなたなのです。もはや日本史上最大の詐欺事件といっても過言ではないでしょう。

そんなあなたは、若い頃に父親を亡くし、後ろ盾になる人物もなく、官吏の一番下から宮仕えをして不遇を託《かこ》っていたそうですね。そのときのハングリー精神が、偉大なる野望を成し遂げる原動力になったのではないかと馳星周は書いています。

あの時代は天皇といえども、よく若死にしました。あなたは天皇家を助け、反目する豪族や皇族を見事に論破していたという描写は勇ましいものでした。天皇が出す詔《みことのり》を巧みに使い、しかも自分の地位は低くして周りからヤキモチを焼かれないように振る舞ったあなたにわたしは叩頭《こうとう》します。こうして日本の国体は守られたのです。

馳が書いた不比等の小説は、あなたのご臨終のところで終わります。その床にあなたを生涯愛し、一緒に輝ける野望を成し遂げた妻の三千代と長男の武智麻呂《むちまろ》がありました。西暦720年、あなたは右大臣正二位の位のまま、絶大な権力をものにしたなかで、この世を去りました。61歳でした。

あなたがつくった万世一系システムがあったからこそ、約80年前に有史以来はじめて我が国が敗戦したときも、天皇の存在のお蔭で国体が守られたのだとわたしは確信しています。日本独特の権力のダブル・スタンダードを、マッカーサー元帥は巧みに利用したのです。だからこそ戦後の日本は、世界が驚くスピードで蘇ったのでしょう。

我々はあなたにもっと感謝しなければなりませんね。

057
テネシー一のモテ男ジャック・ダニエルの墓は、まさに男の人生そのものだ。

ジャック・ダニエル

1846年、アメリカ生まれ。テネシーウイスキー「ジャックダニエル」の創業者。樽詰め前にサトウカエデの炭で濾過する独特の製法をもって、1866年にジャックダニエル蒸留所を創業。1911年、65歳で死去。

ジャック・ダニエル。わたしは20代から40代にかけて、あなたがつくったテネシーウイスキーをどれほど愛飲したことか。銀座のどのクラブやバーに行っても飲みまくり、そのうちどの店に入っても、黙って「ジャック ダニエル」が出てきたものです。

本気で愛していれば、いつかは夢のような話が舞い込んでくるのが、雑誌編集者の愉しさというものです。30代半ばの頃、ちょうどわたしが「PLAYBOY日本版」の副編集長を務めていたとき、大手広告代理店から相談がありました。わたしに、テネシー州にあるジャック ダニエル蒸留所まで取材に行ってくれと。そうして、写真家・操上和美《くりがみかずみ》さんを連れ、アメリカに飛んだのです。

澄んだ水が、こんこんと湧き出る小さな池の畔《あぜ》に、あなたの鯔背《いなせ》な銅像は立っていました。その美しい蒸留所を、当時の広報部長だった男が案内してくれ、そしてわたしに尋ねました。

「あなたはどれくらいジャック ダニエルを愛していますか」

わたしは、来た！ と内心思いながらも、軽いアクビをしながらこう答えました。

「毎晩愛飲しているのは当然ですが、わたしは朝起きて鬚《ひげ》を剃ったあと、化粧水の代わりにジャック ダニエルを手の平に数滴垂らして毎日つけています。またオーデコロンの代わりに、脇の下にも塗っていますよ」

広報部長は腰を抜かすほど驚いたものです。ミスター・シマジは、ここで何を取材したいか？　と問われ、わたしはまっさきに、こう答えました。

「尊敬してやまないジャック・ダニエルさんの墓に、お参りさせてください」

わたしはその頃、男は酒場でどういう酒の飲み方をしているのか、また、どんな墓に眠っているのかで、その男の評価が決まると考えていました。余談ですが、その話を作詞家の阿久悠《あくゆう》さんにしたら、〝酒場を探して見えないときは近くの墓場を探してみろよ〟という歌詞から始まる「酒場でＤＡＢＡＤＡ」という歌をつくり、沢田研二に歌わせました。

あなたの大きな墓場を訪れたとき、今度はわたしが驚愕しました。墓場の傍らには、白い瀟洒《しょうしゃ》なふたつの椅子が並べてあったのです。あなたは稀代のプレイボーイだったそうですね。たくさんの女を同時に愛し、女たちもあなたを愛していたそうではないですか。あなたはいわゆる〝多穴主義〟を謳歌して生涯独身を通しました。

あなたは65歳で、この世を去りました。数字が苦手なあなたは金庫のダイアルの暗証番号を思い出せず、足で蹴飛ばし、そのときの傷口が原因で敗血症に感染し亡くなったのです。最期の言葉は「もう一杯ジャック ダニエルをくれ」だったそうですね。そして遺言で「おれが死んだら墓場に椅子をふたつ置いてくれ。そうすれば、俺が愛した女たちが墓参りにきたとき、喧嘩せずにふたりで仲よく並んで祈ってくれるはずだ」と言い残したのです。あなたは多穴主義の鑑《かがみ》のようなお方です。

わたしたちが蒸留所を訪れたのは、12月のはじめでした。どんよりした雲の下、あなたの墓場は絵になるなと編集者のわたしがほくそ笑んでいたら、巨匠・操上和美はこう言ったのです。

「シマちゃん、ここに雪が薄く積もってくれたら、最高の写真が撮れるんだけどな」

わたしは広報部長に、「明日、雪の予報はありますか」と聞きましたが、「ここ10年、雪は降ったことはありません。絶対無理でしょう」と、冷たい返事が返ってきました。操上さんは「シマちゃん、今東光大僧正直伝の法力を使って、明朝うっすら雪を降らせてよ、ハッハッハ！」と笑ったものです。

その夜、わたしは大僧正に教わった念力術を真剣に使って寝ました。明け方、ホテルのカーテンを開けると、なんとチラチラ雪が舞い降りていたのです。それは大僧正の法力ではなく、ジャック・ダニエル、あなたの心意気だったのではないでしょうか。

058

近代地理学の父フンボルトは、ナポレオンに次ぐ人気者。

アレクサンダー・フォン・フンボルト

1769年、ドイツ生まれ。近代地理学の大著『コスモス』を書いたドイツの探検家・博物学者・地理学者。植物を中心に未知の標本を収集、その膨大な記録は科学分野の発展に大きく貢献した。1859年、89歳で死去。

アレクサンダー・フォン・フンボルト。あなたの輝ける生涯は、以前、わたしの書友である資生堂の福原義春《ふくはらよしはる》名誉会長に教えていただいた『世界の測量』（ダニエル・ケールマン著、三修社）ではじめて知りました。日本では、それほど有名ではないようですが、ドイツでは、近代地理学の礎を築いた探検家・地理学者として、ゲーテと並ぶ偉人として知られるのですね。

あなたは、プロイセン王国ベルリン（現ドイツ）の、王家の侍従を務める名門貴族の次男として生を受けました。ヴィルヘルムという兄がいたようですが、2人ともに優秀だったそうですね。兄は文系を、あなたは理系の道を選んだのです。後年、兄は祖国の教育相となり、「フンボルト大学」の創設者として後世に名を残しました。

一方、あなたは探検家となり、南米ペルー沿岸を流れる海流の調査を行いました。その業績がたたえられ、海流は「フンボルト海流」という名に。南米大陸の探検をもとに綴ったあなたの大著『コスモス』は、動植物の分布、地球の磁力、気候が密接に関係していることを説いた、近代地理学の先駆的学術書として知られています。

ちなみに兄は結婚しましたが、あなたは生涯独身を通しましたね。探検家にとって、女性との関係は煩わしいものだったのでしょうか。

わたしの好きなボリバルという葉巻は、南米大陸の革命の父、シモン・ボリバルに敬意を表して命名されました。あなたはそのボリバル将軍とも交友を深めていたそうですね。それに、あなたは手紙を書くのが大好きで、1年に1千通以上も友人に書き送ったそうではないですか。現代のSNS並みに、次々と友人を増やしていったのです。特に晩年、友情を深め合った大数学者、カール・フリードリヒ・ガウスとの間柄は、実に爽やかで美しい。それは、わたしが70歳を過ぎて知り合った岩手のジャズ喫茶「ベイシー」のマスター、菅原正二との友情に似ているような気がします。男同士は何歳になっても親友はできるものだと、わたしは確信を持って言えます。

フンボルト、あなたが活躍した時代はナポレオンの時代と軌《き》を一《いつ》にしています。まだ自動車も飛行機も発明されていない時代に、あなたは世界の未知を切り拓くため、大西洋を船で越え、南米アマゾンに分け入ったのでした。あなたは事象を科学的見地から記録して標本を収集し、持ち帰ったのです。そうして世界中を駆け巡って集めた標本類は、6万点を超えると言われています。そのうち数千点は未知の動植物でした。

探検において、あなたは六分儀と望遠鏡を駆使し、常に正しい緯度経度を確認しながら、地図の誤りを正していきました。写真はまだ発明されたばかりの頃で写りが稚拙であったため、あなたは多種多様な動植物を自らスケッチし採集したそうですね。熱帯の雲霧林で熱病の危機に晒されながらも、あなたはオリノコ川とアマゾン川が支流で結ばれているという伝説が真実だったことを確かめたかと思えば、アンデス山脈沿いにペルーへ移り、極寒のチンボラソ火山に挑んで、標高と気温の関係を学術的に確かめたのです。

あなたが探検した南米を、180年後、わたしの敬愛する文豪・開高健も旅しました。あなたの驥尾《きび》に付して、最後の秘境アマゾンでフィッシングに挑んだのです。道中は飛行機とクルマという文明の利器に頼ったものの、ジャングルでは、蚊とダニに苦しめられたあなたと同じ環境だったことと思います。開高さんは、さまざまな神秘的現象を目の当たりにし、驚愕を意味する現地の言葉を取って『オーパ!』(集英社)という大紀行文を纏《まと》め上げました。

一説では、あなたはヨーロッパにおいて、ナポレオンに次ぐ人気者だったそうですね。89歳で輝ける生涯を閉じますが、それまでの功績がたたえられ国葬になったのは当然のことでしょう。森羅万象に挑み、多くの発見を世に知らしめた大作『コスモス』は、それだけ価値ある研究だったのです。

059

天才数学者ガウスを刺激したのは、晩年になってからの親友。

カール・フリードリヒ・ガウス

1777年、ドイツ生まれ。19世紀最大の数学者と呼ばれ、その研究は磁気学や物理学にもおよんだ。代数学の基本定理を証明し、最小二乗法を発見。また、「ガウスの定理・法則」は彼の名にちなんでいる。1855年、77歳で死去。

前述のドイツの探検家・地理学者のアレクサンダー・フォン・フンボルトのことを、わたしは『世界の測量』（ダニエル・ケールマン著、三修社）で知りました。実はこの本には、カール・フリードリヒ・ガウス、あなたのこともフンボルトの親友として記されていたのです。恥ずかしながら、わたしは数学者としてのあなたの偉大さを、ここではじめて知りました。あなたは、晩年から親友になったフンボルトとは異なり、ハノーファー選帝侯国（現ドイツ）の貧しいレンガ職人の息子として生まれました。しかし、幼い頃から天才的な数学の才能が開花し、貴族たちとともに学んだのです。そこには多くの逸話が残されています。

あなたは言葉を覚える前に計算ができたとも言われていますが、あながちウソでもないかもしれません。父親が職人たちの給料を勘定しているとき、まだ小学校にも行っていなかった幼年のあなたは、父親の計算間違いを指摘したというではありませんか。あなたが小学校に通うようになった頃には、すでに教師も唖然とさせるほどの頭脳を持っていました。担当教師のビュットナーが、授業で生徒たちに1から100まで足しなさいと指示したときのこと。生徒たちが必死になって足し算をしているなか、あなたは 1＋100＝101，2＋99＝101 ……，50＋51＝101 という規則性に気付き、

101×50＝5050であると即座に解答を終えてしまったそうですね。

また、ビュットナー先生が「これはわたしが趣味で読んでいる高等算術の本だ。これを家に持ち帰ってじっくり読みなさい」と、あなたにその本を貸し渡したところ、翌日には本を返却してしまったのです。ビュットナー先生が、「ガウス、いったいどういうつもりなんだ。もちろん難しい本だと思うが、そんなに早く諦めちゃいかん！」と怒りましたが、あなたは鼻水を垂らしながらこう答えたのです。

「先生、もう読み終わったんです」

到底、信じられないビュットナー先生は、あなたに詰問しました。

「この本はドイツ語で綴られた、もっとも難しい教科書なのだ。1日ですべてを学べる者などおらん！」

教師は、その難しい本のなかから特に難しい部分を取り出して、あなたに質問しました。もちろん、あなたがすべての質問に完璧に答えたことは言うまでもありません。

その後、あなたはブラウンシュワイクの領主のカール・ヴィルヘルム・フェルディナントに拝謁し、経済的援助を賜って、飛び級でゲッティンゲン大学に入学しました。貴族の子弟たちと学ぶことになりましたが、そのなかでも、群を抜いて優秀でした。

あなたは、大学での研究で幾何学、数論、代数学における重要な発見をし、大書『整数論』を著しました。ところが、当時にしては、あまりにも進歩的過ぎたようです。ガウスの理論が理解されるのには、それから50年の歳月を要しました。

生涯独身を通したフンボルトとは違い、あなたは結婚して子どもにも恵まれました。もし、あなたが独身を通したならば、きっと数学者として生涯を貫いたことでしょう。しかし、数学だけではとても家族を養ってはいけないという現実に直面し、ゲッティンゲンの天文台の館長に落ち着いたのです。

フンボルトに出会ったのは、晩年になってからでした。生まれも育ちも異なるふたりが、無類の親友になったのです。あなたたちは、共通の関心事である地磁気の観測に関して、頻繁に文通を交わしました。

フンボルトは生涯最後の冒険として、遠い極東ロシアへ旅に出ましたが、そんなフンボルトに想いを馳せて、あなたは望遠鏡で星を観察していたのでしょう。フンボルトもロシアの冬空に瞬く星群を眺めながら、「いまごろガウスは何をしてるんだろう」と、あなたのことを想っていたはずです。あなた方は同性愛の関係ではありません。男同士の友情は、時に女と男の恋情を超えるのです。

090

戦死したネルソン提督は、コニャック樽で帰国した。

ホレーショ・ネルソン

1758年、イギリス生まれ。アメリカ独立戦争、ナポレオン戦争などで活躍したイギリス海軍の英雄。1805年のトラファルガー海戦でフランス・スペイン艦隊に勝利したが、その海戦で負傷し戦死した。1805年、47歳で死去。

ホレーショ・ネルソン提督。この世に英雄と呼ばれる人物が多いなかで、あなたほどの勇敢な男は、そう多くはありません。ナポレオンが率いるフランス・スペイン連合艦隊を、いわゆる「ネルソン・タッチ」（2列の縦陣で敵艦隊に斬り込み接近戦に持ち込む戦術）で壊滅させたトラファルガー海戦は見事であり、その戦いで艦船の数では劣勢だったイギリスが勝利したのです。

ネルソン提督、あなたは47歳の若さで壮絶な戦死を遂げました。あなたを描いた伝記は多数ありますが、なかでも『ネルソン提督伝』（ロバート・サウジー著、原書房）が白眉《はくび》です。

1758年9月29日、あなたはイギリス東部のバーナム・ソープ村の貧しい牧師の六男として生まれました。母親が夭折《ようせつ》したため、伯父がレーゾナブル号の艦長をしていたのを頼り、わずか12歳で海軍に入隊したのです。そして、19歳で海尉昇進試験に合格するや、破竹の勢いで出世しました。

子どもの頃から勇敢でしたが、実は肉体的には蒲柳《ほりゅう》の質《しつ》でした。しかし、伯父の口添えもあり、16歳でまんまと北洋探検の艦船に乗船したのです。その探検でのエピソードはよく知られています。艦が北極の氷に閉ざされ危機に陥ったときのこと。10代のあなたは怯えるどころか、銃を持ってシロクマを撃ちに出かけたそうですね。結局、シロクマを仕留めることができず艦長にこっぴどく怒られたそうですが……。

ネルソン・タッチを考案したあなたは、片目と片腕を失い隻眼隻腕の提督になりました。あなたが持っていたのは勇敢さだけではありません。イギリス人のジェントルマン精神も備えていました。トラファルガー海戦では、あなたが乗船していたヴィクトリー号自身を、勇敢にも敵のルドゥタープル号に体当たりさせました。しかし、戦いはヴィクトリー号有利とわかるや、とどめとなるルドゥタープル号への砲撃は中止したのです。過酷な戦時下でも、英国紳士であったのです。

ところが降伏したかに見えたルドゥタープル号から、1発の弾丸が発射されました。15ヤードもない至近距離から放たれた凶弾は、甲板で部下を励ましていたネルソン提督、あなたの左肩の肩章に当たって背骨を貫通したのです。負傷者収容室に3人がかりで運ばれたあなたは、死を直前に、息も絶え絶えに軍医にこう言ったそうですね。

「わたしはもういい。手当てが無駄にならない兵士を診てやってくれ」

そしてハーディ艦長に告げたのです。海葬にはしないでくれ、と。

あなたは撃たれてから死ぬまで、苦しみが約3時間も続いたそうですね。そのくだりを読むたびに、わたしの胸も苦しくなります。

あなたの遺体は、コニャックの樽に詰められ祖国イギリスに向かうことになりました。あなたほど慕われた提督もいなかったのでしょう。イギリスへの航行中、兵士たちはあなたの遺体が入ったコニャックを、自らの身体の一部にしようと盗み飲みしたそうです。英国に到着後は国葬にされ、ロンドンにトラファルガー広場が誕生しました。いまでもそこには、大きくて立派なあなたの銅像が立っています。

余談ですが、あなたの24歳後輩のホレーショ・ホーンブロワー提督を知っていますか？　きっとご存じないでしょう。セシル・スコット・フォレスターという作家が、海洋冒険小説『ホーンブロワー』シリーズを書いています。そのなかでホーンブロワーが、アトロポス号の勅任艦長としての初仕事はネルソン提督の国葬に先立つテムズ川での水上パレードの指揮だったと述べています。実にリアルな描写でした。しかし、親友のＳＭ作家・館淳一《たてじゅんいち》に聞いたところ、なんとホーンブロワー提督が架空の提督だったと知りました。しっかりと『ホレーショ・ホーンブロワーの生涯とその時代』（Ｃ・Ｎ・パーキンソン著、至誠堂）が出版されているのにもかかわらず……。わたしはずっと騙されていたのです。

191

脱獄王にして警察の密偵ヴィドックは、悪と善の狭間に生きた。

ウジェーヌ・フランソワ・ヴィドック

1775年、フランス生まれ。軍隊の除隊証明を受けずに除隊したため入獄。その後は、脱獄と逮捕を繰り返し、脱獄王と呼ばれた。出所後はパリ警視庁の密偵に。退任後は、世界初の探偵として活躍した。1857年、82歳で死去。

17世紀のフランスの文学者ラ・ロシュフコーの格言に「悪にかけても善にかけても英雄がいる」というものがあります。フランスの脱獄王と呼ばれたウジェーヌ・フランソワ・ヴィドック、通称・怪盗ヴィドック。この格言は、あなたのためにあるようなものかもしれません。

1700年代末期、あなたは、ちょうどナポレオン時代のパリで過ごしました。尋常でない体力と俊敏さは、あなたの生まれ持っての才能かもしれませんが、綿密な計画、巧みな変装術、そして大胆にして用心深い性質はどこで身につけたのでしょうか。あなたは不幸にも、5年間在籍した軍を除隊する際、除隊証明書を受けなかったために脱走兵として逮捕され、ブタ箱に入ることになりました。獄中でも、紙幣偽造の濡れ衣を着せられ、罪に問われています。しかし、常人外れの能力をもって、あなたは何度も脱獄に成功しました。あるときは情婦の面会時に、彼女に軍服を持ってこさせ、将校が巡視のため監獄に現れたタイミングを見計らい、調達した軍服を着て、悠々と監獄の正門から出て行ったのです。その技術は、きっと獄中で知り合った裏社会の人間から学んだものなのでしょう。そうして、あなたは脱獄王の名を欲しいままにし、犯罪者にもかかわらず、すっかりパリの有名人になってしまったのです。

そして、ついにあなたは、監獄で築いた悪党どもとの〝悪の人脈〟を財産に、大胆にもパリ警視庁の密偵にまでなってしまいました。

あなたの生涯が綴られた『怪盗ヴィドック自伝』（世界ノンフィクション全集38巻　筑摩書房）によれば、あなたは密偵時代、わずか2カ月で100人以上もの悪党たちを逮捕したそうですね。悪党たちの行動を綿密に調べ上げて警察に密告し、次々と逮捕させて監獄と死刑場に送ったのです。

あなたは「盗賊集団を壊滅させるために、わたしは盗賊たちを使う」と告白しています。そこには、人を惹きつける人間力があったからでしょう。多くの盗賊たちを懐柔し、自分の密偵として仲間入りをさせたのでしょうね。検挙数が増えると、あなたはいつのまにか犯罪者から英雄に転じたのです。そして、ついにパリ警視庁は、あなたを警察部長に任命してしまいました。脱獄王を警察部長に任命した当時のパリ警視庁の大胆さもさることながら、その任を平気で受けるあなたの図々しさに脱帽します。

ラ・ロシュフコーが言うように、あなたはまさに悪の世界の英雄です。

一番複雑な気持ちになったのは、フランス中の悪党どもだったかもしれませんね。

ともあれ、それがパリの犯罪防止に繋がったのは間違いないでしょう。まさに、悪党と善人は紙一重なのです。

すっかり警察の英雄となった頃、文豪バルザックと知り合い意気投合しましたね。文豪の紹介でパリの社交界にまで顔を出すと、当時の著名人たちは、あなたの魅力と存在感に圧倒されたそうです。バルザックの名作に『ゴリオ爺さん』がありますが、作中では、あなたの立ち居振る舞いを参考にしたと思われるヴォートランというチャーミングな悪党が描かれています。

わたしが中学生の頃に耽読したモーリス・ルブラン作の『怪盗アルセーヌ・ルパン』も、あなたがモデルだと言われています。それだけではありません、ヴィクトル・ユーゴーとも交友関係があったそうですが、きっと『レ・ミゼラブル』の主人公ジャン・バルジャンも、あなたがモデルになっていたのでしょう。

あなたは、警官になる際の後ろ盾になったパリ警視庁の総監や部長たちが退官すると、警視庁のなかのヤキモチにうんざりして、またも逃れるように退官したのです。悪と善の両方の道を歩いたあなたの人生は、82歳で幕を閉じました。バルザックの死から7年後のことです。稀代の〝逃亡の天才〟も、死からは逃れることができなかったのですね。

092

政治家アルキビアデスは、破天荒で敵の多い、アテネきってのモテ男だった。

アルキビアデス

紀元前450年頃にアテネに生まれる。政治家・軍人。知性、容姿、家柄等、すべてにおいて卓越していたといわれる。一方で女性関係も激しく、それが原因で国を追われる失敗も経験している。紀元前411年に暗殺された。

約2400年以上前の古代ギリシャ時代に活躍した、政治家アルキビアデス。わたしの知る限り、あなたは人類ではじめて、自身のプレイボーイぶりを歴史に残した美男でしょう。

あなたはギリシャの都市国家アテネで、名門中の名門の息子として生まれました。3歳のときに父親が戦死し、その父親代わりになったのが、30年間にわたりアテネを統治した、あの名君ペリクレスだったそうですね。

彼は、実にバランスの取れた政治家だったようですが、私生活は無茶苦茶で、結婚していた古女房と離婚し、ちゃっかり25歳も年下の若いヘタイラだったアスパシアと再婚したそうではないですか。ヘタイラとは、乱暴に訳すと遊女にあたる職業ですが、正確には教養と美貌を備えた高級酌婦といえるでしょう。アスパシアは、哲学者ソクラテスを友人にするほどのインテリ女性だったのです。

アルキビアデス、あなたは足繁くペリクレスの家に通ったそうですね。そこでアスパシアはもちろんソクラテスにもかわいがられました。ソクラテスは、美少年だったアルキビアデスのことを、将来アテネを背負って立つ政治家か将軍になるだろうと予言したくらい褒めちぎっています。子どもの頃からオーラがあったのでしょう。とにかく、あなたのモテ男の素養は、ここで育まれたはずです。

わたしが最初にあなたの名前を知ったのは『プルターク英雄伝』（プルターク著　河野与一訳　岩波文庫）第3巻でした。そして、塩野七生さんが書いた『ギリシア人の物語Ⅱ』（新潮社）をつぶさに読んで、改めてあなたの傍若無人さに惚れ直したのです。

当然のことながら、美貌で勇敢で頭がよかったあなたは、アテネ市民のアイドルとなりました。なんと30歳の若さでストラテゴスという、いわゆる平時では政治を行う執政官、戦時下では司令官という要職に選ばれたのです。しかも、毎年たった10人しか選出されない難関を突破して選ばれたのです。

そんなあなたの仕事のひとつが、市民の前でのスピーチでした。ここでも、あなたは魅せます。草稿を練りに練るペリクレスとは逆に、たいていの場合、アドリブでやってのけたそうですね。また、あなたはイギリスの元首相ウィンストン・チャーチルが〝S〟の発音が不明瞭であったように、〝L〟と〝R〟の発音が苦手でしたが、アテネの若者たちがむしろその癖さえも真似たというほど、あなたは人気者でした。

33歳のとき、あなたは財力にものをいわせ、いまでいうオリンピックに馬4頭立ての戦車を7組も出場させましたね。自ら手綱を握って、見事、1着、2着、3着を独占し、一人で表彰台に上がったのです。アテネ市民はさぞ熱狂したことでしょう。

戦場においても、司令官としての才能を発揮し、数々の勝利をもたらしましたが、とんだ失敗もやらかしています。シラクサ遠征に出る前に、あなたは酔った勢いで、アテネの街中に立っているヘルメス神像の首を切り落とす暴挙を犯し、罪に問われました。裁判にかけられましたが、それを無視して出陣しましたね。判決は死刑でした。

あなたは出頭命令に従わず、夜陰に乗じて戦場からスパルタへ脱走しましたね。しかも、図太くもスパルタでは軍事顧問になり、またもやプレイボーイぶりを発揮して王妃に子どもまで産ませたのです。これはさすがにヤバいと思ったのでしょうか、今度はペルシャへ逃げ込みました。そこでもプレイボーイのあなたはモテにモテ、ペルシャ女性と同棲までしたのでした。

あなたは7年ぶりにアテネに戻ります。今度こそ死刑かと思いきや、アテネ市民はすべてを水に流し、あなたを歓迎したそうですね。でも、あなたには敵が多かったのでしょう。デマゴーグ（煽動的民衆指導者）に嫉妬され、あなたは失脚してしまいました。そして地中海の、とある小島に閉門蟄居していたあなたは何者かに暗殺されたのです。まだ40歳前後。モテ男の人生は太く短いものでした。

063
実況中継の天才・志村正順の、過剰かつ華麗なるリアリズム。

志村正順（しむら・せいじゅん）

1913年、東京都生まれ。大学卒業後、ミシンの販売員を経て、NHKアナウンサーに。主に大相撲や野球の実況中継を担当した。2005年には、放送関係者で史上初となる野球殿堂入りを果たした。2007年、94歳で死去。

志村正順さん。あなたの甲高く、ちょっとしゃがれたような美声に聞き惚れていたのは、まだ少年だったわたしだけではないでしょう。NHKのアナウンサーだったあなたは、昭和18年10月21日、そぼ降る雨のなか、明治神宮外苑競技場で行われた出陣学徒壮行会の実況を任されました。あの名調子を録音で聴いたわたしは、涙が出るほど感動したものです。

「征《ゆ》く学徒、東京帝国大学以下77校。これを送る学徒96校、実に5万名。いま大東亜決戦にあたり、近く入隊すべき学徒の尽忠の至誠を傾け、その決意を高揚するとともに、武運長久《ぶうんちょうきゅう》を祈願する出陣学徒壮行の会は、秋深し神宮外苑競技場において、雄雄しくも、そして猛くも展開されております」

この実況を、あなたはたった1枚の式次第を目の前に置き、即興で名調子にのせて日本全国に放送したのです。実はその日、あなたはサブアナウンサーとして座っていただけでした。先輩の和田信賢アナウンサーが実況するはずだったのです。しかし、平和主義の和田さんは酒の臭いをプンプンさせながら、壮行会が始まる5分前に現場に現れました。そして、「志村、お前がやれ」と代役を命じたのです。和田アナウンサーは、若者を戦地に送ることに悩み、ひと晩中酒を飲み続けて現場に現れたのです。

このエピソードは、あなたが94歳になられた年に、ご自宅にお邪魔して、あなたから直接聞いたものです。志村さんの実況中継は、見事な言葉の乱舞でした。漢語を多く取り入れ、簡潔にして緊張感がありました。あなたは若い頃に僧籍《そうせき》に入られたことがあるそうですが、あの独特な美声は読経《どきょう》で喉を鍛えられたからでしょうか。

そんなあなたの美声と才能を妨害したのは、テレビ放送の誕生だったと言わざるを得ません。事実を明解に映し出すテレビでは、言語表現だからこそ許される飛躍した比喩、つまり〝過剰なるリアリズム〟が通用しなくなったと悟り、40歳半ばであなたは、さっさとアナウンサーを引退してしまいました。天職であった実況のマイクを自ら置いて、もっぱら新人アナウンサーの教官として活躍したのです。文明は文化を駆逐するとは、こういうことでしょう。映像がもたらした力は計り知れないものがありますが、一方で、志村節のような美しいレトリックが衰退したことも事実なのです。

あなたが明治大学を卒業した頃は、映画『大学は出たけれど』がつくられたくらいの就職難でした。NHKの就職試験に行ったら、1000人近くもいたそうですね。そのなかで採用されたのは、あなたを含むたった23名でした。

「僕は94年の人生を振り返り、確信を持って言えることは強運であったということです。人生には、才能や努力も必要ですが、やはり運がないとうまくいかないですね」

アナウンサーとして、一番脂が乗っていたのは、40歳くらいの頃でしょう。昭和30年の相撲の夏場所の実況は、まさに神がかった実況でした。2m4cmの大内山《おおうちやま》と、177cmの小兵・横綱栃錦《とちにしき》との大勝負の実況です。

「大内、右からの掬《すく》い投げ！　あっ首投げ、栃、首投げ、首投げ、首投げ！　栃錦の勝ち、栃錦の勝ち！　捨て身の離れ業、今場所一番の大技。巨木を倒すごとくに赤房《あかぶさ》の一角に投げ飛ばした大一番！」

この大相撲実況録音は、平成7年の暮れ、戦後50年の節目に開催されたNHKスポーツアナウンサーのパーティで流されました。「うまいなぁ！」と上がる歓声のなか、あなたは壇上に立たれてこう話したそうですね。

「僕がまだ栃錦の大技が出る前に、首投げ、首投げ、と誘ったら、そこで横綱が突然首投げにいったんですよ」

横綱は、アナウンサーの美声に誘われて大技を繰り出したのでしょうか。あなたの実況には、そんな力さえ感じます。「最近のアナウンサーは、小鳥がさえずっているみたいだね」と言った志村さんの言葉が、いまでも忘れられません。

064 モハメド・アリは、国家とも戦う平和主義者だった。

モハメド・アリ

1942年、アメリカ生まれ。プロボクサー。元WBA・WBC統一世界ヘビー級チャンピオン。ベトナム戦争で徴兵を拒否し米国政府と対立した反戦家としても知られる。晩年はパーキンソン病を患った。2016年、74歳で死去。

モハメド・アリ。あなたは1942年1月17日生まれですから、奇しくもわたしと同級生です。だからでしょうか、あなたの活躍は身近に感じていました。60年のローマオリンピックのときに、ライトヘビー級で金メダルを獲得した頃からの大ファンなのです。その頃、あなたはまだカシアス・クレイという名で呼ばれていましたね。その後、イスラム教に改宗して、モハメド・アリと改名したのです。

カシアス・クレイという名は、父親も一緒でした。かつての主人の名をそのまま受け継いだものであり、奴隷制度の延長だというあなたの主張に、わたしは一理あると思ったものです。

プロ転向後の試合のなかでも、64年2月25日に行われた試合は白眉でした。あなたはWBA・WBC統一世界ヘビー級チャンピオンのソニー・リストンに果敢に挑戦し、35勝1敗という輝かしい記録をもつリストンを、7R・TKO勝ちでリングに沈めたのです。賭け率は7対1でリストンが圧倒的に優位でした。あなたがリングに横たわるリストンに向かって、「起きてこい！」と絶叫する写真はあまりにも有名です。

後年、オバマ大統領にホワイトハウスに招待された際に、あなたは大統領に、そのときの写真をプレゼントしたそうですね。オバマは執務室に“Impossible is Nothing”

ようです。

（不可能なことは何もない）という、あなたがよく口にした名言とともに飾っていたようです。

その後、闘う相手を予告KOで挑発し倒しまくったあなたは、ベトナム戦争が勃発すると徴兵拒否に出ました。国家的な英雄の徴兵拒否はアメリカで社会的な大問題になり、若者たちがあなたの驥尾に付して、徴兵令状を路上で焼きました。アリの影響力を問題視した政府は、あなたからヘビー級チャンピオンベルトを剥奪したのです。それでもあなたは信念を曲げず裁判で戦い続け、後年になって、ついに最高裁で無罪を獲得したのです。失意の間、あなたは多くの大学を回って講演をしていましたね。

長い期間、リングから離れていたあなたは、40戦無敗のヘビー級チャンピオン、ジョージ・フォアマンに、アフリカのザイール共和国（現・コンゴ民主共和国）のキンシャサで挑んだのでした。74年10月30日のことです。あなたは既に32歳になっていました。よっぽど、国家にむしり取られたヘビー級チャンピオンベルトを奪還したかったのでしょう。

しかし、必ずトレーナーと口を合わせて言った「蝶のように舞い、蜂のように刺す！」という言葉も虚しく、絶えずフォアマンのパンチを浴びてロープに追い詰められていました。わたしもテレビで観ていて、これは負けるかもしれないと心配したものです。ところが、防御一方だったあなたは、突然、パンチを放ちフォアマンをグラッとさせました。ついにあなたは文字通り、蜂のように刺し、8RでKOして勝利を収めたのです。これは「キンシャサの奇跡」とまで言われました。

アリ、あなたは生涯を通じて、平和主義者でしたね。周囲の忠告を聞かずに、単独でイラクのフセインにじかあたりし、アメリカ人の人質を15人も連れて帰ってきました。また、国交が断絶しているキューバを訪れてカストロに会い、50万ドル相当の医療品を贈ったこともありました。そのカストロも、あなたがこの世を去って5カ月後に帰らぬ人となりました。

あなたは81年にトレバー・バービックに判定負けして、ついに39歳で引退しましたが、生涯の輝ける通算成績は56勝5敗。そのうち37勝がKO勝ちという偉大な成績を残しました。わたしが最後にアリの姿を見たのは、96年のアトランタオリンピック開会式で最終聖火ランナーとして登場したときです。長いボクサー人生で強烈なパンチに被弾したせいでしょうか、晩年はパーキンソン病を患い、長い闘病生活を余儀なくされました。その病は、あなたの長いボクサー人生の証しと言えるかもしれません。

065

天才写真家ドアノーは、気さくで世話好きな哲学者。

ロベール・ドアノー

1912年、フランス生まれ。『ヴォーグ・フランス』『ライフ』などの各誌で活躍した写真家。ピカソやコクトーなど多くの芸術家のポートレートも手がけた。世界的に有名だが、撮影地は故郷のパリを好んだ。1994年、81歳で死去。

フランスの写真家、ロベール・ドアノー。あなたの孫娘であるクレモンティーヌ・ドルディルが初監督として撮った映画は、あなたの生涯を描いたドキュメンタリー『パリが愛した写真家／ロベール・ドアノー〈永遠の3秒〉』でした。それを東京都写真美術館で観て、わたしは驚きとともに心打たれました。写真ではなく映像のなかで話しているあなたは、端整な顔をした小柄な紳士だったのですね。あなたはパリの人間ドラマを活写した天才でした。

あなたがアメリカの「ライフ」誌から依頼されて撮った『パリ市庁舎前のキス』は、その後、パリを象徴するようなポスターとして人気を博した名作です。あのキスをしている男女は、俳優を目指す本物の恋人同士を雇ってモデルに起用したそうですね。

あの写真はつくり物だ、と非難する心の狭い評論家がいたそうですが、わたしは同じくフランスの作家ポール・ヴァレリーの名言、「3つの退屈な真実より1つのきれいな嘘」を好む人間ですから、恋人たちが本物ならそれでいいのではないかと思います。十分にロマンティックなパリを象徴している傑作なのですから。つくり物でも、あの作品が多くの人に感動を与えたことは確かなのです。とくにキスしている若い男女に目もくれず歩く、ベレー帽をかぶったメガネの紳士の無関心さが気に入っています。

あなたは「自分は芸術家ではない」と映画のなかでも強調して、生涯、職人魂を貫き通したそうですが、むしろそれが別格の芸術写真家であることの証明であるとわたしは思っています。何気ない日常風景をアートにしてしまうあなたの才能は怪物そのものです。

ドアノー、あなたほど家族を愛した家庭人の写真家を、わたしは知りません。それは幼年期の家庭的不幸を取り戻したかったのではないですか。ですから家族をモデルに使った写真がたくさんあるのでしょう。あなたは7歳のときに実母が夭折して、継母に育てられました。皮肉にも継母の連れ子だった義兄が貸してくれたカメラで写真を撮っているうちに、写真の世界に没頭したのです。

ドアノー、あなたはドキュメンタリーのなかで、こんな名言を吐いています。

「いままで成功した写真はせいぜい300枚。1枚が100分の1秒だとすると50年でたったの3秒だなんて、すごいだろ!」

また、あなたは「不服従と好奇心は、写真家の原動力だ」とも言っています。「写真は撮った瞬間にすべて過去になってしまう。まるで過去を振り返る鏡のようだ」とも。

あなたは、まるで哲学者の域に入っていたのですね。たいがいの写真家の大御所は、威厳を漂わせているものですが、あなたは人懐っこくて、気さくで、ユーモアに長けていて、威張ったところがまったくありません。

映画のパンフレットのなかで、作家の大竹昭子《おおたけあきこ》さんがあなたと木村伊兵衛《きむらいへい》さんのエピソードを書いていました。1956年、日本が誇る写真家、木村伊兵衛があなたを頼ってパリに行くことが決まると、あなたはあらかじめ木村伊兵衛のためにロケハンをしたくらい張り切っていたそうですね。しかも撮影の際、あなたは自分のクルマの屋根に木村伊兵衛を乗せてまで撮らせたそうではないですか。木村伊兵衛は、どんなに嬉しかったことか。じつは木村伊兵衛の息子の茂は、わたしが入社した集英社の「週刊明星」の編集長をしていたのです。その木村茂さんから、わたしはドアノーの法外な親切さを伺ったこともあります。恥ずかしながら、ロベール・ドアノーという写真家の名前も、そのときにはじめて知りました。

晩年あなたがカラーで撮影したパリ郊外の団地群の写真は、もの悲しさが漂っています。その作品群には人っ子一人写っていません。まさにドアノー、あなたが生涯貫いた「不服従と好奇心」が原動力になっている作品です。人間はこんな集合住宅に住んでいいのだろうか――。そんなふうに問いかけているようです。

099

タバコを愛した寺田寅彦は、人生の苦難も煙に巻いた。

寺田寅彦（てらだ・とらひこ）

1878年、東京都生まれ。高校時代に夏目漱石と出会い、影響を受ける。その後、東京帝国大学理科大学に進学し、のちに同大学の教授に就任。一方で随筆家としても人気を博し、多くの名作を残した。1935年、57歳で死去。

昭和初期を代表するエッセイスト・寺田寅彦先生。あなたは無類のタバコ好きでした。先生と同じように、わたしも高校生になった16歳から家のなかで喫煙していましたが、はじめは親に隠れて押し入れのなかで吸っていたのですが、ある日、親父に詰問され「はい、吸っています」と白状すると、明治生まれの親父は「男は隠れて吸うんじゃない。家では許すから堂々と吸え」と言われたのです。

寺田先生も少年期からタバコを吸いはじめ、57歳で亡くなる2年前には、「喫煙四十年」（『寺田寅彦全集　第四巻』所収、岩波書店）という傑作エッセイを書き残しています。作中には、こんな一文があります。

「煙草の一番うまいのはやはり仕事に手をとられてみっしり働いて草臥《くたび》れたあとの一服であろう。〈中略〉それはとにかく煙草をのまぬ人は喫煙者に同情がないということだけはたしかである。図書館などで喫煙を禁じるのは、喫煙者にとって読書を禁じられると同等の効果を生じる」

東京は2021年のオリンピックを機に、すっかり喫煙に対してヒステリックになりました。オリンピックは、パラリンピック含めてたった1カ月半で終了するイベントなのに、その後もずっとその厳しい規制に縛られるなんて、いかがなものでしょう。

タバコは記憶力を低下させると言われていますが、寺田先生は東京帝国大学理科大学を首席で卒業しています。「家で勉強するのが嫌だから、授業中に全部覚えてしまった」と豪語したという伝説もあります。

余談ですが、熊本の旧制第五高等学校で英語の教師をしていた夏目漱石との出会いは運命的です。漱石の科学的な知識のほとんどは、後年に科学者として東京帝国大学理科大学の教授になられた寺田先生によるところが大きいようです。高校時代、夏目漱石の生徒だったあなたは、漱石の自宅に週に2度、3度と足繁く通ったそうですね。その時の気持ちは、「まるで恋人にでも会いに行くように」と自ら表現しています。まさに男同士の仲は、時に男女の恋情を超えるものなのです。

あなたは素敵な師匠には恵まれましたが、結婚生活は不幸の連続でしたね。寺田先生は、生涯に3度も結婚したのです。はじめの結婚は、親に決められたものでしたが、それはあなたがまだ熊本五高の学生だったときのことです。最初の妻・夏子とは見合い結婚とはいえ、仲睦まじかった。しかし不幸にも夏子が結核に冒され喀血《かっけつ》したため、ふたりは泣く泣く引き離され、離れ離れに暮らすことになったのです。

その間、学生だったあなたは夏子と頻繁にラブレターを交わしていましたね。そのとき、夏子は身重《みおも》でもありました。そして高知市の種崎で長女・貞子を出産しましたが、今度はあなたも肺尖《はいせん》カタルにかかり、休学して実家のある高知へ療養に戻ることになったのです。しかし、夏子の元へではありません。転居したのは、夏子が暮らす種崎から、わずか十数㎞の距離にある須崎市でした。結核の伝染を恐れた家族によって、夏子との同居はおろか、面会すら厳しく禁じられたのです。生まれた貞子は寺田本家に引き取られ、まさに一家はバラバラになったのです。

寅彦が海路で須崎から高知市内の寺田本家へ向かうとき、船は夏子のいる種崎を通過します。寅彦は夏子に乗船の日時を知らせ、夏子は寅彦の船に向かって白いハンカチを振っていたと、あなたは日記に記しています。

そんな苦難のなか、物理学の教授になった寺田先生ですが、本業外の文筆が盛んになると、同僚の教授陣から「寺田は文筆ばかりやって」と陰口を叩かれるようになりました。だから、エッセイを書くときは「吉村冬彦」を名乗ったそうですね。「吉村」は寺田家の先祖の姓で、そして「冬彦」は愛妻・夏子に対して、冬生まれの自分を称したのでした。

寺田先生、あなたの一服は、人生の苦さを忘れるためだったのではないでしょうか。

067

『007』を生みだしたイアン・フレミングは、素行の悪い問題児だった。

イアン・フレミング

1908年、イギリス生まれ。軍人・小説家。ロイター通信社の記者を経てイギリス海軍情報部に勤務。第二次世界大戦中は諜報員として活動。退役後は作家に転身、『007』シリーズなどを書く。1964年、56歳で死去。

イアン・フレミング。あなたはスパイ小説の主人公、ジェームズ・ボンドを世に送り出した張本人です。小説は『007《ダブルオーセブン》』として映画化され、ジェームズ・ボンドを演じたショーン・コネリーの圧倒的な演技力によって一躍、ボンドは世界的人気スパイになったのです。あなたは早くに亡くなってしまったため、最初の2作しか観ていないようですが、映画は、完全に小説を離れて独り歩きをはじめたのですよ。

わたしがはじめて『007』を観たのは、1964年公開の第2作『007 危機一発』でした。その頃のわたしは、まだ貧乏な大学生で、風呂もない4畳半のモルタルアパートに住んでいました。これぞ大人が鑑賞すべきエンターテインメントだ！と感動したものです。贅沢、絢爛豪華、エロス、ユーモア、不死身、フルボディの女、そして快楽主義が詰まった作品でした。

日本の経済成長も、その頃からはじまったものと記憶しています。東京は、まだまだ貧しい街でした。

あなたの祖父ロバート・フレミングは、「投資信託の父」と言われた著名な銀行家だったそうですね。あなたは幼少の頃から素行が悪く、問題児だったというではないですか。運動神経は抜群だったものの学業はまったく振るわず、陸軍士官学校を中退しています。放蕩児《ほうとうじ》と呼ばれながらも、愉しいスリリングな青春時代を過ごしたことが、あなたがつくり上げた快楽主義のスパイ、ジェームズ・ボンドのキャラクターに反映されているのでしょう。

あなたはフレミング家の財力のお蔭で、ドイツ・ミュンヘン、スイス・ジュネーブに遊学し、ドイツ語、フランス語、そしてロシア語も身につけています。卓越した語学力のお蔭で、後年、高等教育機関の卒業資格がないにもかかわらず、コネを使いロイター通信社へ就職することになりました。しかし、たった3年で辞めてしまったのはなぜでしょうか。ジャーナリストとしてようやく頭角を現しはじめた頃だったのに。

あなたは好色家として独身主義を謳歌していました。しかし、その頃に付き合っていた未亡人のアン・ロザーメアが妊娠したため、43歳で結婚を余儀なくされたのです。どうして小説を書くようになったのか？　と、よく訊かれる質問に、あなたは「43歳になって結婚することになったショックを、心から追い払うためだった」と答えています。でも、あなたが書いた『チキ・チキ・バン・バン』は、溺愛していた息子のキャスパーのために書いたものでしたね。後年、ミュージカル映画にもなった名作です。

また、あなたは第二次世界大戦終戦後、イギリス軍から退役する際、「今後どうするんだ?」と友人に訊かれ、「そりゃもう、あらゆるスパイ小説の息の根を止めるようなスパイ小説を書くのさ」と豪語していますよね。事実、あなたは海軍情報部の諜報員だったのですから、その自信は確かなものだったのでしょう。

あなたはレイモンド・チャンドラーとの文通のなかで「しょせん、わたしの小説は、寝る前に読む大人のおとぎ話に過ぎないのです」と書いていますが、フレミング、そんなに自虐的になる必要はありませんよ。

すでにこの世を去っているあなたは知るよしもありませんが、2012年ロンドンオリンピックのときに、あなたの作品は大舞台を踏んだのです。ダニエル・クレイグ扮《ふん》するタキシード姿のジェームズ・ボンドが、あなたが尊敬してやまないエリザベス2世女王陛下をエスコートして、バッキンガム宮殿からヘリコプターに一緒に搭乗し、ユニオンジャックのパラシュートでスタジアム入りしたのです。007のテーマ曲が流れるなかを。

いつもあなたは、こんなことを豪語していました。

「サーなんて敬語を付けて口をきく相手は、2人しかいない。神さまと女王陛下だ」

まさに面目躍如でした。

068

ケネディ大統領の強さは、武器を使わない勇気である。

ジョン・F・ケネディ

1917年、米マサチューセッツ州生まれ。新聞記者を経て政界に進出。1961年、第35代の合衆国大統領に。キューバ危機を外交で回避し米ソ全面核戦争の危機から救った。1963年、46歳のときにダラスでパレード中に暗殺された。

20世紀生まれ最初の大統領となったジョン・F・ケネディ。あなたはダラスで白昼、暗殺された悲劇の大統領として後世に名を残しています。

先日たまたま、『新・映像の世紀』というNHKの番組を観ました。キューバ危機を目の前にしたあなたと、当時〝殺し屋〟の異名を取ったカーティス・ルメイ空軍参謀総長とのやりとりが記録された貴重な映像です。

「大統領閣下、現在の状態を考えると、軍事行動以外の選択肢はありません。そのことを強く申し上げます」

ルメイ将軍は、第二次世界大戦末期、焼夷弾で東京を火の海にした張本人です。彼が力説すると、ケネディ大統領、あなたはこう交わしています。

「いや、そうするとソビエトはベルリンを手に入れようと動くだろう」

「しかし大統領閣下、いま敵は戦時下に戻ろうとしています。ですから、我が国としては、広島型原爆46万個分に匹敵する、7千メガトンの核爆弾をソ連全土に投下する必要があります。ほかに解決の道はありません。海上封鎖も政治対話も、行き着く先は戦争なのですから。ゆえに攻撃が唯一の道なのです。宥和政策は悪い結果しか残さず、アメリカは、いまや同盟国や中立国にも〝弱腰〟だと見なされています。我が国民も同じように感じているでしょう。大統領閣下、あなたはいま絶体絶命です！」とルメイは力説した。

それを聞いたあなたは、ルメイにこう訊き返したのです。

「いま、なんと言った!?」

「あなたは絶体絶命ですよ」と、再度、ルメイは繰り返しました。

そこであなたは、こう切り返したのです。

「絶体絶命は、君もだ」

そして、あなたはルメイの提案を退け、水面下でソビエトのフルシチョフとギリギリまで交渉を続け、ついにキューバからソビエトが設置した弾道ミサイルを撤去させたのです。当時、わたしはまだ貧乏な学生でしたが、政治的対話で核戦争から世界を救ったあなたの手腕に感動したものです。

あなたは、平和をまず第一に考えた偉大な政治家でした。しかし、そのあなたが、のちにベトナム戦争の口火を切ることになったのは、どういうわけでしょうか。結果、ベトナム戦争は泥沼化し、アメリカは敗北。泣く泣く撤退せざるを得なかったのです。

あなたはダラスで暗殺されるわずか数時間前のスピーチで、ユーモアたっぷりに次のように言いました。その日もジャクリーン夫人はピンクのスーツにピンクの帽子をかぶり、ファーストレディとして飛び切りのお洒落をしていたのです。

「2年ほど前、パリを訪ねたときも、妻は今日のように着飾っていました。そのためわたしは『本日はケネディ大統領夫人のお供でパリに来ました』と自己紹介したのです」

つまり、それほどに彼女は、主役のケネディ大統領より目立っていたわけです。

そのジャクリーン夫人が、後年、ギリシャの船舶業の大富豪、オナシスと再婚したことを、あなたはご存じないでしょう。これはあなたがダラスで暗殺されたように、人生の恐ろしい冗談かもしれません。噂によるとジャクリーンは、オナシスと結婚をする条件として「パーティには手を繋いで同伴するが、ベッドはともにしない」と宣言したそうです。それでもオナシスは愛人、オペラ界のプリマドンナたるマリア・カラスを袖にして、ジャクリーンと結婚した。それはジャクリーンという女性の魅力よりも、〝ケネディ大統領元夫人〟という肩書が欲しかったのではないかと思います。

ちなみに5年後、あなたの最愛の弟であるロバート・ケネディも、大統領選挙運動中に暗殺されました。当時わたしは、アメリカとはなんと野蛮な国かとつくづく思ったものです。ケネディ大統領、いまのアメリカは、あなたが目指した国でしょうか？

099

国父ミッテランが選んだのは、情熱的な秘恋の道だった。

フランソワ・ミッテラン

1916年、フランス生まれ。第二次世界大戦に従軍、負傷してドイツ軍の捕虜となるも、脱走に成功し生還。その後、対独レジスタンス運動などへの参加を経て、1981年、第21代大統領に就任した。1996年、79歳で死去。

フランソワ・ミッテラン大統領。あなたほど政治家として輝ける足跡を残し、また女たちを愛したロマンティックな愚か者はいないでしょう。常日頃から、「男の下半身には〝チン格〟はあるが、人格はない」と豪語しているわたしでさえ脱帽しています。大統領が愛人を持つことがひとつのスタイルとなっているフランスで、あなたもその例に漏れることなく、数多くの女性と浮名を流しました。そのなかで出色《しゅっしょく》の愛人は、なんと言ってもアンヌ・パンジョでしょう。あなたは正妻と子どもたちとは別に、同時にアンヌを愛し、女の子まで産ませています。

はじめてアンヌと出会ったとき、彼女は美術史を学ぶ、まだ19歳の大学生。対してあなたは、すでに大臣の地位にあった45歳の辣腕政治家でした。大統領を目指し政治闘争に明け暮れる多忙な身でありながら、あなたは26歳も年下の女学生に一目惚れして、ラブレターを書いています。若いときあなたは文学を志そうとしたほどですから、アンヌはあなたの恋文にイチコロだったでしょう。そして出会ってから2年、あなたはアンヌの誕生日を祝った後、彼女を愛人に迎えました。

2016年の10月のことです。驚くことに、あなたが33年間アンヌに送り続けた1218通のラブレターと、彼女への想いを綴った6年分の日記が出版されました。

あなたとアンヌは、夏のバカンスで知り合ったそうですね。そのラブレターのなかであなたは、フランス風恋愛の情熱と熱狂、そして肉体的な親密さを赤裸々に吐露しています。ふたりの間に誕生した娘のことを、あなたは手紙のなかで心から祝福しています。それでもはじめはアンヌに「いつか会ってくれませんか」と誘いの言葉をさらっとしたためているのが印象的でした。

その後アンヌは、大統領になったあなたが公私のスキャンダルに巻き込まれないよう、陰の女に徹しました。あなたも大統領の権限を使い、アンヌと娘を公邸に住まわせ、親子3人で過ごせる場所を手にしたのです。アンヌに出した数々のラブレターのなかで、わたしが特に感動したのは次の一文です。

「あなたはわたしにとって、生、死、血、精神、友情、平和、希望、喜び、苦悩です。それらはわたしを打ちのめし、苦しめる一方でわたしを感嘆させ、浄化するのです」

また、あなたが癌で亡くなる4カ月前に書いた最後の恋文があります。

「わたしの幸せは、君のことを想うこと、そして君を愛していること。そして君はいつもわたしを想っている以上のことを与えてくれた。君に会えたのはわたしの人生の幸運であった。これ以上どのように君を愛することができるというんだ?」

ミッテラン、あなたの荘厳な葬儀では、棺の側にあなたの2つの家族の姿がありましたね。あなたは遺言で、正妻の家族だけではなく、秘密にしてきたアンヌとその娘が棺の近くに寄り添うよう命じたそうではないですか。

決してあなたは一穴主義の男ではなく、実に多くの女性と関係を持ちました。男として見上げたものだと思います。有名なのは、フランスに帰化した国民的歌手のダリダ。スウェーデン人ジャーナリスト、クリスティーナ・フォーヌとの間には、息子をもうけたそうですね。

そもそもあなたの最初の婚約者はカトリーヌ・ランゲでした。彼女とは大学時代に知り合い、その後婚約したものの、第二次世界大戦であなたが捕虜になり、1942年に破談してしまいました。しかし彼女はテレビでアナウンサーとして成功を収め、1987年にはあなたの手からレジオン・ドヌール勲章を授与されたのです。

あなたの正妻も天に召されたいま、ミッテラン、あなたは天国からフランス大統領のエマニュエル・マクロンをどのようにご覧になっていますか。彼は41歳、夫人は彼の高校時代の恩師で65歳です。きっとあなたは、「男女の愛に年齢は関係ない」とおっしゃるのではないですか。

070

信念の英雄・ロンメル将軍は、敵にも神にも愛された。

エルヴィン・ロンメル

1891年、ドイツ生まれ。独国防軍の将軍。第二次世界大戦中、北アフリカ戦線で巧みな戦術を駆使して連合国軍を圧倒し、「砂漠の狐」と恐れられた。数々の戦功により陸軍元帥となる。1944年、52歳で死去。

エルヴィン・ロンメル将軍。あなたは紛れもなく、第二次世界大戦における独軍最高の英雄です。北アフリカ戦線であなたと対峙し、その神出鬼没な用兵に悩まされ続けた英軍は、畏敬の念を込めて、あなたのことを「砂漠の狐」と呼んだそうですね。実際は、物量も兵力も英軍の方が遥かに勝っていたというのに、あなたはたった30 0人の味方で8000人の敵兵を捕虜にしたというではないですか。

ヒトラー総統は、あなたの勇戦ぶりに感激し、史上最年少の陸軍元帥に任じました。大戦前は少将の身に過ぎなかったあなた。しかし、開戦後わずか3年足らずで、中将、大将、上級大将、そして元帥と、4階級の昇進を果たしたのです。それはまさに、前代未聞のスピード出世だったと言えるでしょう。

ロンメル将軍、あなたは端整な顔立ちをしていましたが、貴族ではなく、平民の出身だそうですね。当時、軍の要職はことごとく貴族階級に占められていたというのに、あなたの父も祖父も数学の教師でした。優れた戦術家には、透徹した数学的な脳みそが不可欠です。あなたの辣腕《らつわん》も、その数学に長けた血筋のお蔭だと、わたしは確信しています。平民という出自はヒトラーも同じでしたから、お互いに親近感を持ったのではないですか。

英軍の連戦連敗は、あなたが考案した巧妙な作戦によるものです。乗用車に細工をして偽装戦車をつくり、戦車が何十両もあるように見せた〝フェイク戦術〟などが奏功しました。敵国の首相、チャーチルでさえあなたを絶賛したほどです。

「彼の熱意と大胆さは、我々に耐えがたい災難をもたらしたが、彼は賛辞に値する大人物である。非常に勇敢で巧妙な敵であるが、戦争の大惨事を超えて、彼は偉大なる将軍と言えるだろう」

時を同じくして、アメリカの「タイム」誌は、表紙にあなたの顔を大々的に載せました。それは1942年のこと、まさにあなたが軍人生活の絶頂にあった頃でしたね。

その後チャーチルは、自ら北アフリカ戦線に乗り込み、莫大な物資と戦力を投入しました。そのため独軍の戦況は一気に悪化。あなたのアフリカ軍団も後退を余儀なくされ、ついには撤退することになってしまいました。

ロンメル将軍、そんなあなたの人生で最大の悲劇は、あなたの知らないところで起きてしまいました。ヒトラー暗殺未遂事件の一味にあなたの子飼いの側近がいたことで、あなたにまで嫌疑が降りかかったのです。そして休暇中に自宅にやってきた秘密警察に、「この場で自殺すれば、家族の生命は保証する」というヒトラー総統の厳命を言い渡され、それを粛然と受け入れたあなたは、渡された毒薬を裏の林のなかで呷り、潔く最期を遂げました。

圧倒的な武勲で知られたあなたの死は、「戦傷によるもの」として発表され、ヒトラーはあなたを形ばかりの国葬で送りました。それから6カ月が経った頃、ヒトラーはついに無残な敗北を喫し、自ら命を絶ったことを、あなたはご存じないでしょうね。

ロンメル将軍、あなたは傑出した軍人であると同時に、己の道を貫き通す信念の人でもありました。はじめヒトラーに猫かわいがりされたにもかかわらず、あなたは最後までナチスに入党しませんでした。仏軍を完膚なきまでに打ち破り、そのなかにユダヤ人部隊がいるのを発見したときもそうです。ベルリンの総司令部は、「ユダヤ人兵士は捕虜として扱わず、直ちに射殺せよ！」と命じましたが、あなたは反旗を翻し、ヒトラーの命令を黙殺してしまいました。だからロンメル将軍、あなたは敵味方を超えて、熱狂的な尊敬と憧れの対象となったのでしょう。

敵からは「神がロンメルを守っている」と恐れられたそうですが、あなたは本当に神々に愛された英雄だったのかもしれませんね。戦に長け、人格も高潔、さらに美男とくれば、少なくとも天上の女神たちが放っておくわけがないのですから。

071

我が子を捨てた自責の念が、ルソーを〝近代の父〟にした。

ジャン＝ジャック・ルソー

1712年、ジュネーブ共和国生まれ。主にフランスで活躍した思想家、作家。哲学をはじめとして政治や教育、文学や音楽などの分野で業績を上げる。その著作はフランス革命にも影響を与えた。1778年、66歳で死去。

ジャン＝ジャック・ルソー。あなたは今日に最も影響を及ぼした18世紀の思想家と言われています。人間の自由と平等を唱え、民主主義の原理を示したということで、あなたは〝近代の父〟とも呼ばれる大人物です。

そんな偉大なルソー先生ですが、あなたの人生は最初から苦難の連続でしたね。ジュネーブ共和国に生を受けてわずか9日後、あなたは賢くて美しい母親を亡くしました。また、あなたの父親は腕利きの時計職人でしたが、ある貴族と喧嘩をし、剣を抜いた廉《かど》で告訴され、ジュネーブから逃亡することを余儀なくされました。そのためあなたは、たった10歳で孤児同然となってしまったのです。

しかし、ルソー、こうした逆境のなかにあっても、真理を探究することへのあなたの情熱は、一切衰えることがありませんでした。7歳のとき、既にプルタークの『英雄伝』を読破していたというあなた。その後、放浪生活を送っていたときも、盗みを働き、嘘で人を欺くこともしばしばであった非行少年時代でも、膨大な数の本を貸本屋から借りてきて、読み漁《あさ》っていたそうではないですか。だからこそ、後年あなたはフランスを動かす思想家となり、また作家としても、書簡体の恋愛小説『新エロイーズ』で大成功を収めることができたのでしょう。とにかく、あなたは紛れもない〝独学の徒〟だったのです。

ルソー、あなたは博覧強記であっただけでなく、生まれつき容姿も端整でした。身分違いのヴァラン男爵夫人から寵愛を受けたのも、そのお蔭かもしれません。あなたがはじめてヴァラン夫人に会ったのは、あなたが15歳、夫人が29歳のときでした。

この運命的な出会いを果たしたその瞬間、あなたはヴァラン夫人に一目惚れしました。美しい顔立ちや透き通った青い瞳もさることながら、その豊かな胸の輪郭にうっとりしてしまったと回想しています。

ルソー、あなたはヴァラン夫人に恋をしたと同時に、夫人のなかに〝母〟を見つけたのではないですか。その後ヴァラン夫人に引き取られたあなたを、夫人は「坊や」と呼び、あなたは夫人を「ママン」と呼ぶようになりました。そして、結婚生活の不幸から夫と別居していたヴァラン夫人と、愛人関係を築くに至ったのです。夫人とのはじめての情事を終えたときの複雑な心境を、あなたは「あたかも近親相姦を犯したような気持ちであった」と告白しています。悲しいことに、その禁断の愛欲生活は長続きしませんでした。

ヴァラン夫人の許《もと》をあとにし、パリへ出たあなたは、ホテルに籠《こ》もって執筆に励み、文才を発揮しました。そのホテルのメイドであったテレーズとは恋仲になり、「決して捨てないし結婚もしない」という条件で生涯連れ添いましたね。

ところがルソー、あなたはテレーズとの間に生まれた5人の子どもを、ことごとく孤児院に放り込んだというではないですか。あなたは生活苦を理由に、かけがえのないはずの我が子を、なんのためらいもなく次々と捨ててしまったのです。

のちにあなたは、この過ちを深く反省したそうですね。そして、その自責の念が、〝子どもの福音書〟とまで言われた『エミール』を書かせるのに一役買ったというのは、もはや皮肉としか言いようがありません。ルソー、個性の尊重と自由主義的な教育の必要性を力説したこの書は、自らの手で育てることのできなかった、あなたの子どもたちへの〝鎮魂歌〟だったのではないですか。

しかし、あなたの遺した思想の数々が、近代文明への〝前奏曲〟となったことを、あなたはご存じないでしょうね。あなたが亡くなって11年後に勃発したフランス革命では、あなたの著作が、革命を率いた若きリーダーたちのバイブルとなりました。そして、ルソー、あなたの遺体はポプラ島から移され、あの栄誉ある殿堂・パンテオンに祀られているのですよ。

072

天才・阿久悠は時代と抱き合い詞と踊った。

阿久悠（あく・ゆう）

1937年、兵庫県生まれ。作詞家、作家。明治大学文学部を卒業後、広告代理店・宣弘社を経て、1966年に独立。演歌からポップスまで幅広く手がけ、生涯で約5000曲を作詞したといわれる。2007年、70歳で死去。

阿久悠さん。雑誌「東京人」の２０１７年9月号で、特集「阿久悠と東京」が掲載されていましたよ。改めてあなたの偉大な功績を知りました。２０１７年はあなたの生誕80年、作詞家活動50年、没後10年が重なった、記念すべき節目だったようです。その号では、わたしも阿久さんとの思い出を少しばかり書かせていただきました。あなたは、泥臭い演歌の世界をダンディなレトリックで彩って、時代に新たな風を吹き込んだ天才作詞家だったのです。なんと作詞した数が５０００曲を超えているというではないですか。またその多くは、日本レコード大賞に輝いています。特に１９６０年代後半から70年代初頭にかけての日本の音楽界は、まさにあなたの独壇場でしたね。時代と抱き合って踊っているあなたの華やかな姿が目に浮かびます。

歌手を引退してビクターのディレクターになった飯田久彦さんが、当時ちょうど18歳になったばかりの歌手・岩崎宏美のレコーディング風景について「東京人」のインタビューで語っていましたが、感動しましたよ。「思秋期」という曲についてでしたが、これはあなたの歌詞に三木たかしが曲をつけたものです。「足音もなく　行き過ぎた　季節を　ひとり見送って　はらはら涙あふれる　私十八」。あなたが紡いだこの歌詞を歌い出すと、彼女は自分の体験と重なるのか、すぐに泣き崩れてしまったそうですね。レコーディングは日にちを変えて、繰り返しやったそうではないですか。阿久さん、そのときはあなたも涙したそうですね。あなたの作詞は、人の心に入り込む魔法のようなものだと、わたしは思います。しかし、いかに優れた歌詞でも、優れた作曲家が曲をつけ、優れた歌い手が歌わない限り、〝完成品〟にはならないのです。阿久さん、あなたはその時々の作曲家にも歌手にも十分恵まれた強運の人でした。

　しかし、あなたが手がけてきた作品は、いわゆる〝はやり歌〟でした。あなたの歌がそうであったように、時代が移りゆくとともに、新しい歌が生まれるものなのです。

　フォーク系のシンガーソングライターが台頭してきたときには、さすがのあなたもかなり衝撃を受けたのではないですか。例えば、喜多條忠《きたじょうまこと》が作詞した、南こうせつとかぐや姫の大ヒットソング「神田川」の一節、「小さな石鹸　カタカタ鳴った」に、わたしは、どうして貧乏くさい歌がこんなに流行るのだろうと、心のなかで軽蔑していました。この慎ましい世界は、あなたの描く豪華絢爛な世界と真逆だったのです。

　その頃から阿久さん、あなたは作詞家から作家へと転身を図りはじめました。ちょうどその時期、「PLAYBOY日本版」の副編集長をしていたわたしはあなたと出会ったのです。あなたはこの雑誌で、キザでお洒落な短編小説を書きたいとのことでした。わたしたちはすぐに意気投合し、アメリカ人のプロゴルフギャンブラーを主人公にした「デス・マッチ」というハードボイルドな短編小説を書いてもらいましたね。阿久さんとわたしは「傑作だ！」と興奮しましたが、編集部の仲間も読者もまったく無反応でした。これぞ〝ふたりよがり〟だったのでしょうか。

その後あなたは、『瀬戸内少年野球団』で直木賞候補になったことがありましたが、残念ながら受賞には至りませんでした。さぞ無念だったでしょう。でも阿久さん、1997年12月、あなたはついに第45回菊池寛賞を手にしました。そしてそれは、〝国民的作詞家〟という立派な評価だったのです。わたしは、あなたの母校・明治大学にある「阿久悠記念館」を何度も訪れています。入り口の壁に書かれたあなたの直筆の言葉には、いつも心を震わされずにはいられないのです。

夢は砕けて夢と知り
愛は破れて愛と知り
時は流れて時と知り
友は別れて友と知り

073

「ジョルジュ」の香りで甦る、鉄の女・サッチャーの記憶。

マーガレット・サッチャー

1925年、イギリス生まれ。オックスフォード大学を卒業後、弁護士資格を取得。保守党下院議員を経て、79年、英国史上初の女性首相となる。その強硬な政治姿勢から「鉄の女」の異名をとった。2013年、87歳で死去。

マーガレット・サッチャー。男社会のイギリスに、あなたほど美しく、毅然とした女性首相が誕生したことは、大変な快挙だったと思います。しかもあなたは、ソ連共産党の機関紙に「鉄の女」と呼ばれ、非難されたことを、むしろ誇りに思ったそうですね。実に痛快な話ではありませんか。

あなたの首相在任期間は11年に及びましたが、人々の記憶に最も残っているのは、フォークランド諸島の奪還でしょう。アルゼンチン軍の侵攻を知るや否や、間髪容れずにイギリス軍を派遣し、たった3カ月で敵を放逐してしまいました。そのときのあなたの支持率は73％を記録したのです。

サッチャー、わたしの幸運は、あなたが首相から退いた翌年、あなたに〝じかあたり〟できたことです。それは、わたしが「Ｂａｒｔ」の創刊編集長となった頃、落合信彦さんがあなたと対談したときのことでした。ロンドンのホテル「クラリッジス」の裏玄関であなたを出迎え、部屋まで案内する途中、専用エレベーターのなかであなたと2人きりになる瞬間がありましたね。

あのとき、あなたは襟元が真っ白な黒いスーツを着ていました。ブロンドの髪と青く澄んだ知的な瞳が美しく、容色とオーラをたたえていました。そして、その狭いエレベーターのなかで、ひときわ刺激的な香水の香りがわたしの鼻腔をアタックしたのです。すかさず「この香りは『ジョルジュ』ですね」と尋ねると、あなたは「そう、ロナルドにもらったのよ」と答えてくださいました。実は、当時わたしが付き合っていた女性が、ジョルジュの香水が好きだったので、その芳香を熟知していたのです。ロナルドとは、同時代のアメリカ合衆国大統領、ロナルド・レーガンのことでした。

落合さんとの対談で特に忘れられないのは、「これまでの人生で、最も影響を受けた人物は誰か」という質問に対して、あなたが「なんと言っても、それは父であったと思います」と話していたことです。さらにあなたはこう続けました。「父は家が貧しく、13歳で学校を去らねばなりませんでした。しかし、向学心に燃えていた彼は、読書という方法で学問を続けたのです」

サッチャー、あなたはそんな父上に大変に感化されたようですね。あなたは食料雑貨屋の娘として生を受けながら、大いに勉学に励んで、見事オックスフォード大学への進学を果たしました。大学ではじめて遭遇したラテン語にはかなり手を焼いたようですが、あなたの秀才はすぐに周りの認めるところとなったのです。

わたしが創刊誌を「Ｂａｒｔ」と命名した理由も、あなたと深く関係しています。

この名は、1991年、あなたの夫・デニスがバロネット（一代限りの準男爵）に、そしてその翌年、続いてあなたがバロネス（女男爵）に叙されましたが、その「バロネット」を略して「バート」というところから着想したのです。「もうこれ以上日本人が下品にならないように」との想いを込めたのでした。

あなたは、2007年頃までは相変わらずお元気だったそうですね。あなたの銅像が議会議事堂の前に建立された際には、「鉄でなくて銅で良かったです。錆びませんから」と述べて、周囲を笑わせていました。しかし、そんなあなたがその翌年、にわかに認知症になったと知らされたときは、思わず耳を疑いました。デニスが亡くなったことも忘れて、「今日は国会ですから、行かなくては」などと言い出し、家族を当惑させたそうではないですか。

あなたは病で記憶を失いましたが、人々はあなたを忘れませんでした。2013年4月8日、あなたが87歳でこの世を去ったときには、あのウィンストン・チャーチル以来48年ぶりに、首相経験者の葬儀に女王陛下が参列したのです。数多《あまた》の市民が沿道に詰めかけ、ユニオンフラッグに包まれたあなたの棺を見送りました。

サッチャー、あなたは間違いなく、20世紀を代表する最も偉大な女性だったのです。

074

稀代の性豪ヴィクトル・ユーゴーは、愛の詩歌で武装した。

ヴィクトル・ユーゴー

1802年、フランス生まれ。詩人、小説家、劇作家。20歳にして処女詩集を発表すると、以後約60年にわたり、ロマン派の重鎮として、また一貫した共和主義者として、不朽の足跡を残した。1885年、83歳で死去。

文豪、ヴィクトル・ユーゴー。あなたの名声は、母国フランスを遠く離れた日本でも不動のものです。『レ・ミゼラブル』をはじめとするあなたの代表作は、明治時代に邦訳され、また最近では、そのミュージカルや映画が大ヒットしたので、あなたのことを知らない日本人はいないはずです。しかし、文豪、彼らの大半は知るよしもないでしょう。生前あなたが、性豪としてもその名を轟かせていたという事実を。

肖像画を見るにつけ、あなたは生まれながらの美男で、相手の女性も美人揃いなのには驚きました。母親の反対を押し切って結婚した妻・アデルとの初夜では、9回も愛し合うほどの絶倫ぶりを発揮したそうですね。彼女と交わるまでは律儀に童貞を守っていたようですから、ダムが一気に決壊してしまったのではないですか。

あなたのリビドーは激しく、8年間でアデルに5人の子どもを産ませるほどでした。そしてついに、彼女が27歳のとき、「もうあなたとは寝られません」と、愛の営みを拒否されたのです。あなたは、それを「ほかに女をつくってもいい」という意味だと勝手に解釈し、手当たり次第に女を漁りはじめてしまいました。若手女優から社交界夫人、小間使いに至るまで、あらゆる階級の新鮮な女性の肉体を貪ったそうですね。あなたの端整な顔立ちと卓抜した詩の才能に、どんな女性もイチコロだったでしょう。

例えば、50年に及ぶ愛人関係を続けた女優、ジュリエット・ドルーエ。あなたの作品の朗読会で出会った彼女を愛人に迎えた際に贈った詩が遺っています。

「1802年2月26日、わたしは生を授かった。1833年2月17日、わたしはあなたの胸のなかで幸福を授かった。1度目は生命を、2度目は愛を。愛すること、それは生きる以上のこと」

あなたが30歳、ジュリエットが26歳のときのことです。あなたは、彼女と結ばれた記念日を、『レ・ミゼラブル』で、コゼットとマリウスが結婚する日としましたね。

アデルの死後、あなたはジュリエットを自宅に住まわせ、彼女の最期を看取るまで連れ添いました。ジュリエットもあなたに献身的で、時の皇帝・ナポレオン3世に恨まれ、ベルギーで19年にわたる亡命生活を送った際も、彼女はあなたと一緒でした。あなたの原稿を清書して、散逸しないよう努めたのもジュリエットだったのです。

しかし、そんな一途な愛人がそばにいながらも、あなたの浮名は枚挙に遑《いとま》がありませんでした。それどころか、あなたは愛人を何人持とうと、金銭的に困ることはなかったようですね。それもそのはず、『レ・ミゼラブル』の契約金は、当時としても破格の3億円だったのです。

この作品が世に出て間もない頃、あなたは人類史上最短の手紙を送っています。売れ行きを気にしたあなたが出版社に「?」と送ると、「!」と返ってきました。「滑り出しは上々」という返事だったようですが、なんとも洒落たやりとりではないですか。

ユーゴー、性豪としてあなたの名を高めたのは、もともとあなたの息子・シャルルの恋人であった女性とさえも関係をもったことでしょう。パリで最も美しい身体をしているとの評判であったアリス・オジーがその人です。あなたの政敵・ナポレオン3世の愛人にもなったことのある彼女に、あなたは得意の詩で勝負を仕掛けました。

「波間から現れるヴィーナスにプラトンは憧れていたが、わたしはアリスがベッドに入るのを見たいと思う」

この直截的な言い回しが奏功し、あなたは彼女のベッドに潜り込むことにまんまと成功したそうですね。

「この乳房、ふくよかな腕、軽やかな足、白いうなじ、汚れのない脇腹。これが天国でなくてなんであろう」

72歳になったあなたが、この22歳の美女と寝たときの悦《よろこ》びが如実に表れています。

もしわたしがあなただったなら、きっとまったく同じ心持ちだったでしょう。

075

帝王ヒュー・ヘフナーは、あの世でも美女を抱く。

ヒュー・ヘフナー

1926年、アメリカ生まれ。編集者、実業家。大学卒業後、男性誌「Esquire《エスカイア》」で活躍したのち、53年に「PLAYBOY」を創刊。「プレイボーイ・クラブ」などの男性向けの事業も展開した。2017年、91歳で死去。

ヒュー・ヘフナー。あなたの逝去を知り、わたしはいま悲しみに暮れています。あなたが弱冠27歳で、あの画期的な男性誌「PLAYBOY」を世に送り出していなかったら、わたしは編集者になっていなかったでしょう。

1953年、あなたは当時のセックス・シンボルであった女優、マリリン・モンローを表紙とグラビアに起用して、「PLAYBOY」を華々しくデビューさせました。創刊号は大成功し、わたしが熱心な読者になったのは、それから7年後の60年です。

当時、浪人だったわたしは、町の本屋に毎月、足を運びました。はじめは辞書を引きながら、貪るように読んだものです。くたびれるとピンナップやヌードのページを開いて、〝お水取り〟したことも告白します。

わたしが特に感動したのは、インタビューに登場する豪華な面々でした。高名な哲学者、ジャン=ポール・サルトルをはじめ、あまりにセンセーショナルな内容を扱ったため、わずか4号で廃刊に追い込まれた伝説的雑誌「EROS」の編集長、ラルフ・ギンズバーグなどにも直撃しています。時の人を相手に、膨大な誌面を割いて徹底的に掘り下げる手法も圧巻でした。

こうして「PLAYBOY」に心奪われたわたしは、24歳で集英社の入社試験を受けたのです。最終面接では、当時の専務・本郷保雄さんに向かって、「PLAYBOY」のような男性誌をつくりたいと力説しました。本郷専務は、その頃「週刊プレイボーイ」の創刊を密かに画策していたらしく、「PLAYBOY」を翻訳させて、既に何冊か読んでいたそうです。この雑誌に関する突っ込んだ質問を数々浴びせられましたが、筋金入りのファンであったわたしは、どんな質問にも悠々と答えてみせました。そして、運と縁があって、わたしはその翌年の4月に入社を果たしました。しかも、10月に創刊される「週刊プレイボーイ」の編集部に新人として抜擢されたのです。

その後、「PLAYBOY」を日本向けに翻訳し、再編集した「PLAYBOY日本版」が創刊されました。わたしは、その6代目の編集長に就任してすぐ、あなたにじかあたりしました。ロサンゼルスにある「プレイボーイマンション」という大邸宅を訪れたのです。

わたしは正装していたのに、あなたがパジャマ姿で驚きました。健康を意識して、パイプや葉巻もやめたと言っていましたね。わたしは46歳、あなたは61歳でした。

還暦を過ぎれば精力が衰えて当然ですが、あなたは若いプレイメイトを常に何人も侍らせていましたね。なかでもお気に入りは、のちに2人目の結婚相手となるキンバリー・コンラッドでした。わたしとの対面時間が長引いていると、胸の突き出たフルボディの女性が、あなたを急かしにやってきました。「ヘフ！」と文句を言われたあなたが、「もう終わるから」と弁解していたのを思い出します。

あなたをもってしても、やはり〝女房の目には英雄なし〟なんですね。いま思い返せば、その女性がキンバリー・コンラッドその人だったのです。21年後、彼女とは離婚しましたが、あなたは性懲りもなく、3回目の結婚を果たしたそうですね。クリスタル・ハリスという60も歳の離れた女性と結ばれたというニュースを、偶然テレビで目にしたのです。バイアグラを指に挟み、「これがあるから大丈夫」とアピールしていたのが印象的でした。

ヘフナー、あなたは、この世で〝プレイボーイ帝国〟を築き上げるだけでは飽き足らず、あの世でも美女のそばにいられるよう、生前から算段していたそうですね。「PLAYBOY」の創刊号を飾った、あのマリリン・モンローが眠る隣の土地を、自分の墓地用に買っておいたそうではないですか。あなたは数々の武勇伝を残して91年の生涯の幕を閉じましたが、その〝背表紙〟まで巧妙に準備していたとは、抜かりないですね。しかし、輝ける栄華の夢は、一代で静かに消えゆくものなのでしょう。

076

時代の凶行に倒れた、救国の士・高橋是清の悲哀。

高橋是清（たかはし・これきよ）

1854年、江戸生まれ。官僚、政治家。1927年の金融恐慌に際し、モラトリアムを公布した。以後、4内閣の大蔵大臣として財政問題処理に辣腕をふるったが、軍部と衝突。1936年、81歳の時に二・二六事件で暗殺された。

高橋是清翁。あなたは、昭和11年2月26日未明、血気に走った愚かな青年将校たちの叛乱の渦中に命を落としました。7度目の大蔵大臣を引き受け、財政の立て直しに邁進していた矢先のことです。あなたは、軍事予算の縮小に腐心していましたが、そのことが軍部の恨みを買い、襲撃の標的となりました。赤坂にあった自宅2階の寝室で床に就いていたあなたは、軍靴で踏み込んできた兵隊たちに、胸や腹を6発、銃で撃たれました。そして、うつ伏せになったところを、右肩から胸部にかけて、軍刀で袈裟懸《けさが》けに切り下ろされたのです。まさに非業《ひごう》の最期でした。

この惨劇が起きたあなたの自宅跡は、いまは「高橋是清翁記念公園」となり、「ダルマ」の愛称で親しまれたあなたの坐像が建っています。聞くところでは、この坐像は2代目らしいですよ。初代は昭和15年に建てられましたが、戦時中の金属供出で失われました。軍事予算の削減に努めたあなたの坐像は、結局銃弾になってしまったのです。なんとも皮肉な話ではありませんか。

現在の坐像は、昭和30年に再建されたものです。いつも人々に微笑みかけるその穏やかな表情からは、江戸時代末期にはじまり、明治、大正、そして昭和と、4つの激動の時代を生き抜いた強者であったとは想像できません。

英明の誉れ高いあなたですが、出自は決して恵まれたものではありませんでした。1854年に私生児として生を受けるも、すぐに里子として江戸在住だった仙台藩の足軽・高橋是忠のもとに預けられました。是忠の養母・喜代子からは特にかわいがられ、是忠の実子・是清として育てられたそうですね。ある裕福な菓子屋から養子に欲しいとの話があったそうですが、もしあなたが菓子屋の養子になっていたら、日本一のパティシエになっていたのではないですか。なぜなら、あなたは地頭がよく、強運の人だったからです。

あなたは、私生児として生まれましたが、微塵の劣等感もなく、むしろ豪放磊落《ごうほうらいらく》の楽天家として人生を送りました。藩命を受け、13歳の若さでアメリカに留学したときもそうです。不幸にも奴隷として売り飛ばされ、強制労働をしたこともありました。そんな受け入れがたい苦境でも、あなたはあっけらかんとしていたそうではないですか。それはきっと、手塩にかけてあなたを育てた、養母の愛情が影響したのでしょう。

頼まれると断れない性格でもあったあなた。金融危機が迫るごとに、大蔵大臣を引き受けて、度々日本を窮地から救いました。特に昭和金融恐慌に際しては、全国でモラトリアム（支払猶予令）を実施して、いち早く混乱を収拾することに成功したのです。

あなたの功績には、脱帽するばかりです。

しかし、あなたの人生のハイライトは、なんといっても、衆議院の政治家に転身したときだと、わたしは思います。71歳で貴族院を退き、爵位をかなぐり捨て、一人の平民として、立憲政友会から立候補したのです。暗殺された原敬の選挙区であった盛岡から出馬し、与党の嫌がらせを受けながら、辛くも当選を果たしました。

「命いくばくもないわたしの老体であります。わたしは天地神明に誓って憲政のため、政戦に打って出ることにしたのであります」

あなたの渾身の演説に、大勢の聴衆が大喝采を送ったのでした。

わたしが想像するに、あなたは根っからの平和主義者だったのではないでしょうか。きな臭くなってきた中国に対しても、あなたは終生独学で学んだ孔孟の教えを心に、尊敬の念を抱いていました。いずれアメリカと戦うことになる予感は、あなたには十分にあったでしょう。アメリカの国力を知り尽くしていたあなたからみれば、日本とアメリカとの戦争は、まさに蟷螂《とうろう》の斧《おの》でしかないことを見破っていたことでしょう。

高橋是清翁、あなた一人で時代の狂気を押し止めることは、もちろん不可能だったのです。凶行に倒れたのも、宿命だったのでしょうか。

077

師走の風鳴りに思い出す、〝最後の無頼派〟檀一雄の姿。

檀一雄（だん・かずお）

1912年、山梨県生まれ。東京帝国大学在学中の処女作が認められ、佐藤春夫に師事。1951年、『真説石川五右衛門』で直木賞受賞。大作『火宅の人』により、没後、読売文学賞と日本文学大賞を追贈された。1976年、63歳で死去。

檀一雄先生。わたしは、先生に最後のインタビューをした編集者です。それは奇しくも、先生が亡くなるちょうど1週間前、九州大学病院でのことでした。先生を訪ねると、自ら酸素マスクを外され、苦しそうに短く息をしながら、「週刊プレイボーイ」の編集者であったわたしの拙《つたな》い質問に、真摯に答えてくださったのです。

面会謝絶の先生に、どうしてわたしがお目にかかることができたのか。それは、わたしが師と仰ぐ柴田錬三郎先生からの紹介状を持参したからでしょう。檀先生と柴田先生は、佐藤春夫先生の門下生同士で、尊敬し合う間柄であったという話を、当時の「文藝春秋」の名カメラマン・樋口進さんから聞いていたのです。しかも紹介状には、「シマジは、わたしの目には信頼できる編集者です」と書いていただきました。

病室で対面する前日、わたしは午後一番で面会ができないか、先生にお願いしに行きました。ちょうど先生のご子息が病室の外にいらしたので、柴田先生からの紹介状を渡したのです。待っていると、嬉しい伝言が届きました。

「明日の午後1時に、もう一度いらしてください。そのとき気分がよかったら会いましょうと父は申しております。これは異例のことです。ここ1カ月、誰も病室に入れていないのですから」

そして翌日、わたしは再度先生のもとを訪れました。きっとご無理をされていたのでしょう。横になったまま、わたしの質問に答えていただきましたね。当のわたしは、大ロマンティストにして〝最後の無頼派〟といわれた先生の言葉を残さず心に留めようと必死でした。そしてこのインタビューの記事は、「檀一雄　九大東病棟923号室からのメッセージ」というタイトルで、「週刊プレイボーイ」の新春特大号のトップを飾ったのです。

1977年1月2日。わたしはゴルフに興じていました。ハーフを終えてランチをとり、コースに戻る直前NHKの昼のニュースでその報は突然飛び込んできたのです。「檀一雄さんが亡くなりました」。わたしはテレビに釘付けになり、仲間に先に行くよう促しました。そのとき流れたのが、わたしのインタビューだったのです。録音されていたのは、間違いなくわたしの声であり、先生の声でした。ご子息がテープを回していたのを思い出しました。わたしのインタビューが、先生最後の肉声になるとは、そのときは夢にも思いませんでした。しかし、息絶え絶えに話された内容は、いまでもはっきり覚えています。一番印象的で凄みがあったのは、「こうして病床に伏しているのは天罰です」とおっしゃったことです。わたしは絶句して、あとが続きませんでした。そこでわたしは、唐突にこうお願いしたのです。

「先生、一度、先生の料理を食べさせていただきたいですね。〝檀流クッキング〟の腕前を拝見したく思います」

　すると、先生のお顔がパッと明るくなり、次のように話されました。

「もう少し治って運動すれば、きっと料理くらいできるようになる。『鬼警部アイアンサイド』みたいに車椅子に乗ったって、絶対に動けないことは多分ないと思いますよ。そのときは、またいらしてください」

　檀先生。わたしは、春先にまた、先生にお会いできるような気がしていたのです。しかし、それが訃報となって伝わった際は、驚きと悲しみで言葉が出ませんでした。

　先生を追思《ついし》するとき、わたしの耳に必ず蘇る音があります。それは、9階にあった先生の病室の窓に吹き付けていた、師走の木枯らしの音です。

「窓に、北風はまだ鳴っている。その渺々《びょうびょう》たる風鳴りは、檀一雄のまさに人生のテーマソングなのだ」――わたしは、インタビューの記事をこう結びました。自ら〝天然の旅情〟に忠実であろうとし、自分の人生を、徹頭徹尾、自分のために生き抜いた檀先生。この季節になると、そんなあなたのことを思い出さずにはいられないのです。

078

大将と呼ばれた
鳥井信治郎は、
〝魔法の原酒〟を生み出した。

鳥井信治郎（とりい・しんじろう）

1879年、大阪市生まれ。実業家。1899年、鳥井商店を創業。1923年にはウイスキーの国産化に着手し、1929年、日本初となる国産ウイスキー「白札」を発売した。〝日本のウイスキーの父〟と呼ばれる。1962年、83歳で死去。

鳥井信治郎さん。あなたは、言わずと知れた大企業・サントリーの創業者でありながら、社長と呼ばれることが大嫌いでした。社員には、自分のことを「大将」と呼ぶように命じていたそうですね。そこでわたしも、あえて大将と呼びたいと思います。13歳で丁稚奉公《でっちぼうこう》に出されたあなたは、小西儀助《こにしぎすけ》商店で洋酒の知識を学びました。そして1899年、20歳の若さで、大阪市に鳥井商店を開業したのです。その8年後には、甘味葡萄酒「赤玉ポートワイン」を発売し、ほぼ同時に社名を寿屋洋酒店に改めました。

大将のことを思うと、今東光大僧正に教えてもらった『易経《えききょう》』の一節を思い出します。「積善の家には必ず余慶あり」。善行を積むと子孫が幸せになるという教えです。大将は、母上の影響で子どもの頃からはじめた神社へのお参りを、大実業家になってからも欠かさず続けていたそうですね。

1923年、大将は日本ではじめて本格的なウイスキーの生産に乗り出しました。この大英断がなければ、いまの日本人が世界に大きな顔をしてウイスキーを飲むようになることなどできなかったでしょう。スコットランドでの留学経験があった竹鶴政孝を招聘し、山崎蒸溜所の建設に踏み切ったのは、大将の「やってみなはれ」の精神の賜物だったのではないですか。

そして1929年、大将は国産ウイスキー第一号として「サントリーウヰスキー」を世に送り出しました。その白いラベルから「白札」の愛称で親しまれましたが、当初の売れ行きは芳しくなかったようですね。きっと当時は、まだ日本人の舌がウイスキーを嗜《たしな》めるほど発達していなかったのでしょう。それでも大将は、経営不振のなか歯を食いしばり、ウイスキーづくりに情熱を傾けました。せっかく買収したビール工場を手放してまでも生産を諦めなかったその判断は、まさに先見の明があったとしか言いようがありません。1937年に発売された「サントリーウヰスキー12年」が大ヒットしてようやく、ウイスキー事業を軌道に乗せることができたようですね。

大将、戦争はすべてのものを破壊し尽くしてしまう残酷なものです。しかし、あの悲惨な大東亜戦争からは、ふたつの稀有な宝物が生まれたと信じています。ひとつは、言論の自由。そしてもうひとつは、ミズナラの樽です。

第二次世界大戦が勃発すると、スパニッシュオークやアメリカンオークなど、ウイスキーの熟成に使う樽の材料が輸入されなくなってしまいました。ウイスキーは、10年後、20年後を見据えて、毎年新しいものを仕込まなければ枯渇してしまうものなので、これはまさに死活問題でした。そんなとき大将は、樽材に適した樹木がないか、部下に命じて、日本中の山々を必死で探させたそうではないですか。こうして北海道の原生林で発見されたのが、ミズナラだったのです。当初はそれほど価値を認められなかったそうですが、のちにその真価を発揮し、いまや〝日本のオーク〟として世界に知られるようになりました。

大将、わたしはミズナラこそ、神様があなたにえこひいきした最高の贈り物だと確信しています。大将の最後にして最高の名作である「サントリーローヤル」にミズナラの香りを感じるのは、決してわたしだけではないでしょう。長期熟成のミズナラ原酒が惜しみなくブレンドされた「山崎18年」や「響30年」のおいしさも格別です。まさにミズナラは、日本独自のウイスキーを支える〝魔法の原酒〟といえるでしょう。

大将、先日わたしは、約30年ぶりに山崎蒸溜所を訪れました。大将と最愛のご子息・佐治敬三さんの銅像が、仲良く並んで立っていましたよ。大将の〝大阪の鼻〟を受け継ぐ4代目チーフブレンダー・福與《ふくよ》伸二《しんじ》さんの案内で、ウエアハウスに眠るミズナラの古樽も拝見しました。その妖艶《ようえん》な香りと佇《たたず》まいについつい欲情し、樽に抱きついて、思わず接吻してしまったのですが、それはここだけの話ということで。

079

芸に淫して破滅した、〝暴君〟ネロのもうひとつの顔。

ネロ

37年、ローマ生まれ。16歳でローマ皇帝となる。治世初期は元老院を尊重し、減税や属州防衛に努めたが、やがて乱行により政治が混乱。芸事への耽溺から各地の反乱を招き、自殺に追い込まれた。68年、30歳で死去。

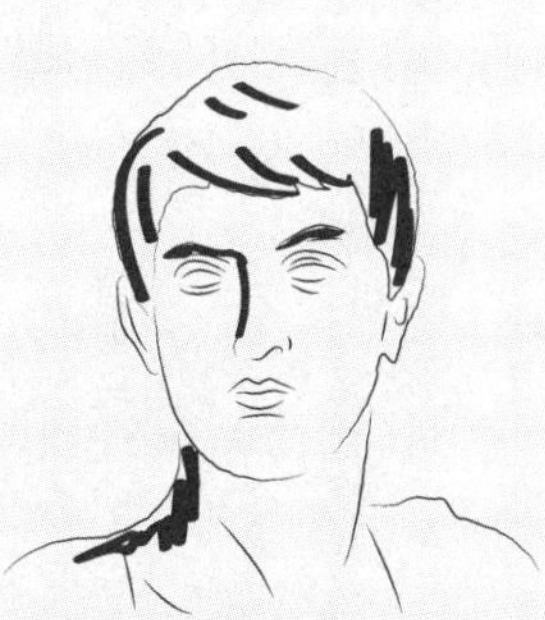

皇帝・ネロ。あなたにはじめて関心を抱いたのは、わたしがまだ成人して間もない頃のことです。古代ローマ帝国の知識人・タキトゥスが著した歴史書『年代記』を読み、〝暴君ネロ〟の異名にふさわしいあなたの残虐非道に驚愕しました。ですが、果たしてあなたは本当に、そこに描かれた通りの〝暴君〟だったのでしょうか？

わたしは、皇帝としてのあなたの船出は、むしろ順調だったように思います。皇帝に就任した当時、あなたはなんと16歳。責任ある公職に就くのは30歳からとされていた古代ローマ帝国で、あなたはその半分ばかりの年齢で最高権力者となりました。あなたの家庭教師でもあった哲学者・セネカや、屈強な近衛長官・ブッルスらの薫陶を受けていたこともあり、当初は名君の誉《ほまれ》が高かったのです。

しかし、この異例の事態には、やはり裏がありました。それは、自らの息子を若くして皇帝にまつり上げ、背後で影響力を行使しようとした、あなたの母親・アグリッピナの野望です。アグリッピナは、元老院議員との間にもうけたネロを連れ子にして、皇帝のクラウディウスと再婚し、まんまとあなたを皇帝の養子にしました。さらに、クラウディウスの実の娘・オクタウィアとあなたを結婚させたばかりか、挙げ句の果てには、侍医と結託して、クラウディウスを毒殺したのです。

こうして、あなたのもとに玉座が転がってきたわけですが、肉親であろうとなかろうと容赦なく排除する〝殺しの遺伝子〟は、悲しいことにあなたにも受け継がれていました。アグリッピナはあなたが生まれる前、予言を授かろうと占星術師に見てもらったことがあるそうです。そのとき告げられたのが「息子は皇帝になるだろう。しかし、母親を殺すだろう」というものでした。

自分に干渉し続ける母を憎んだあなたは、奇しくもその予言通り、ついにアグリッピナを手にかけます。寝室に暗殺者を送り込まれたアグリッピナは、自らの腹部を指差して、「わたしを殺すなら、ネロを宿したここを刺せ！」と叫んだそうですね。それ以降あなたは、母親殺しの罪悪感から悪夢にうなされるようになったそうではないですか。ところが、それでもあなたは、相性が悪かった妻のオクタウィアを島流しにしたのち殺害するなど、無残な行為に手を染め続けました。これが、後世あなたが〝暴君〟と呼ばれることになった所以《ゆえん》なのかもしれません。

しかし、あなたがエンターテイナーとして民衆の前に立ち、彼らを愉しませていたことを知る人は少ないでしょう。そもそも、古代ローマ帝国では、芸事は下級市民や奴隷が担うものとされていたので、高貴な家柄の出身である皇帝自らが芸を見せるなど、前代未聞のことでした。それにもかかわらずあなたは、人に助けられながら竪琴を演奏したり、うまくもない詩を詠《よ》んだりしていたそうですね。

さらに、あなたの芸事への執念は凄まじく、「青年祭」というイベントを創設して、ラテン劇などを公演させたばかりか、ギリシャの競技祭を手本にした「五年祭」などという祭典までつくったそうではないですか。この五年祭は「ネロ祭」とも呼ばれ、音楽や詩、雄弁の競技に加えて、体育や戦車競技などが披露されたそうですね。

こうしたあなたの行動は、ローマの良俗と秩序を破壊するとして、要人たちを狼狽させました。しかし、元首が自分たちと同じ嗜好を持っていることを知った民衆は喜び、彼らの一部はあなたを熱烈に支持したそうですね。

そうはいっても、ネロ。ギリシャに1年半も滞在してオリンピックに興じただけでなく、歌手として舞台に立ち、気が済むまで歌ってきたというのはいただけません。元老院議員だけでなく、業を煮やしたローマ市民らにも謀反を起こされて、あなたは自裁に追い込まれました。享年30。血と毒薬の匂いにまみれた短い生涯でしたが、〝地獄の皇帝〟の座に就くには、皮肉にもちょうどよい頃合いだったのではないですか。

080

美しい女たちに彩られた、〝醜男〟ゲンスブールのモテ伝説。

セルジュ・ゲンスブール

1928年、フランス生まれ。作詞家、作曲家、歌手。58年に「リラの門の切符切り」でデビュー。過激で反骨的な作風で人気を博し、60〜70年代のフランス大衆音楽において中心的な役割を果たした。1991年、62歳で死去。

フランスを代表する作詞家、作曲家にして歌手であった、セルジュ・ゲンスブール。幼少の頃から、その異常に大きな耳と鼻にコンプレックスを抱え、〝醜男〟を自認していたそうですが、あなたほど女たちにモテた男をわたしはほかに知りません。

あなたはロシア系ユダヤ人の家庭に生まれ、父上はパリのキャバレーでピアノを弾いて生計を立てていました。その跡を継ぐように、あなたも盛り場のピアノ弾きになりましたが、ある日、作家であり、セミプロのトランペット奏者としても名を馳せていたボリス・ヴィアンのステージを目にして、あなたの人生は一変します。「わたしは天才だから、5分もあれば1曲書ける」と豪語するヴィアンに、「あんなものなら俺にだってできる!」と確信したあなたは、堰を切ったように次々と名曲を生み出し、瞬く間に時代の寵児となりました。そして、あなたの類い稀な言葉のセンスとメランコリックな曲調の虜になった有名な女性歌手たちが、あなたのもとに殺到したそうですね。そのなかには、ジュリエット・グレコからカトリーヌ・ドヌーブ、エディット・ピアフまでもがいたそうではないですか。

ゲンスブール、あなたの栄光とスキャンダルとに満ち溢れた人生を彩ったのは、なんといっても美しい女たちの存在でしょう。子どもの頃から娼婦と関係を持ったというあなたは、19歳のとき、2歳年上のエリザベットと付き合いはじめ、23歳で結婚します。初夜には7回も愛し合ったそうですが、わずか6年で離婚し、2番目の妻に元ロシア皇族・ベアトリスを迎えました。彼女は、あなたの36歳の誕生日に、スタインウェイのピアノをポンとプレゼントしてしまうほどの大金持ちでしたが、生来の嫉妬深い女でもあったそうですね。あなたはこの結婚で完全に自由を喪失したかに見えましたが、そんなときに現れたのが、〝フランスのマリリン・モンロー〟とも呼ばれたセックス・シンボル、ブリジット・バルドーだったのです。

あなたがバルドーと出会ったとき、彼女はすでに人妻でしたが、ふたりは強く惹かれ合います。しかしあなたは、バルドーを食事に招待しておきながら結局酔い潰れ、いつも一戦交える前に眠ってしまいました。そんなあなたにしびれを切らしたバルドーが、なぜ自分を抱いてくれないのか問いただすと、あなたは「君があまりにも美し過ぎるから」と答えたそうですね。「それなら最高に美しい歌をつくって」とバルドーに言われたあなたが書き上げたのが、あの伝説的なベッドソング『ジュ・テーム・モワ・ノン・プリュ』だったのです。男と女が吐息をもらしながら性交しているシーンをもろに想起させるという理由でヴァチカンに目を付けられ、さまざまな国で放送禁止となった問題作でした。この過激な歌の発表は、バルドーの夫の猛烈な反対にあい、彼女とのダブル不倫もたった86日間で終わってしまったそうですね。しかし、その後公私ともにあなたのパートナーとなったジェーン・バーキンとのデュエットで大ヒットを記録することとなったのです。

ゲンスブール、わたしはこれまでの人生で得た糧を格言にして世の人々に伝えていますが、あなたのアフォリズムはまさに天才的としか言いようがありません。

「幸せな人生とは、酒とタバコとセックスが描く正三角形である」

これもわたしのお気に入りです。

「死はどこか遠くで俺を待っているのではなく、いつも通り道ですれ違う、俺の顔なじみである」という言葉の通り、あなたはその破天荒な生涯を62歳の若さで閉じました。しかし、醜さというコンプレックスを創造力の源にして、数え切れない名曲を生み出したその生き様は、いまでも多くの人々の憧れなのです。モンパルナス墓地にあるあなたのお墓を訪ねる者はあとを絶たず、あなたのデビュー作「リラの門の切符切り」にちなんで、その墓の周りにはいつも無数の切符が散らばっているのですよ。

081

茂登山長市郎の審美眼は、凄まじい強運が培った。

茂登山長市郎（もとやま・ちょういちろう）

1921年、東京都生まれ。実業家。55年、インポートセレクトショップの草分けである「サンモトヤマ」を創業。エルメスやグッチなどヨーロッパの一流ブランドを日本にいち早く紹介した。2017年、96歳で死去。

茂登山長市郎さん。1955年に誕生したインポートセレクトショップの草分け「サンモトヤマ」の創業者としてあまりに有名なあなたですが、その神がかった強運ぶりをよく知る人はそう多くないでしょう。

まずわたしが聞いて驚いたのは、大東亜戦争の激戦地であった中国から生還できたその理由です。あなたは身長180㎝以上という大柄な体格に生まれながら、弾丸の一発も受けなかったそうですね。さらには、敵の猛烈な攻撃であなたの所属していた部隊は全滅したにもかかわらず、あなただけが生き残りました。なんと、その戦闘が起こる前日、サソリに刺されて高熱を出し病床に伏していたために、辛《から》くも九死に一生を得ることができたのです。まさに人生は恐ろしい冗談の連続であるとしか言いようがありません。

長市郎さん、あなたは焼け跡の闇市から裸一貫で立ち上がった、まさに戦後の快男児でした。お父上が有楽町で営んでいた店の六畳間を借りて、舶来品の雑貨屋を開いたのがあなたの商いのはじまりだそうですね。当時の有楽町はいわゆるアメリカ村で、堂々とした体軀のアメリカ人たちが闊歩するところでしたが、長身のあなたは彼らと対等に渡り合い、将校からライカのカメラを仕入れるほどでした。

こうして手に入れたカメラを求めてやってきた一人が、報道カメラマンとして著名な名取洋之助《なとりようのすけ》さんであったことは、やはりあなたが凄まじい強運の持ち主であった証拠でしょう。親睦を深めるなかで、ある日、彼はあなたにこう告げたそうですね。

「長さんはアメリカのものばかり売っているから、ヨーロッパにある本当に美しいものを知らない。必ずおれが一緒にヨーロッパを旅してあげるから、その前に一人で行っておいで」

また、そのとき名取さんは、あなたにいくつかのアドバイスをしました。

「見るものはなんでも欲しくなるだろうけど、何も買わないで帰ってきな。本物はおれが直に教えてあげる。ただし、ホテルは超一流に泊まること。それから、時間をつくって教会と美術館に足繁く通いなさい。美しいものが長さんを鍛えてくれるはずだ」

18歳からドイツの美術学校に留学していた名取さんは、ヨーロッパにある〝本物の美〟に精通していたのです。そんな名取さんの教えを守り、あなたは1カ月かけて旅をしました。そして彼と約束した通り、何も買わずに帰国したそうですね。あなたの克己心《こっきしん》にも頭が下がりますが、その旅があなたの審美眼を養う決定的な経験となったことは言うまでもありません。

あなたが商人として傑出していたのは、あなたがじかあたりして親しくなったエルメスとグッチの商品を、サンモトヤマの同じショーウィンドウのなかに並べたことでしょう。世界のどこにも、そんなブティックは存在しなかったはずです。しかも、その後エルメスとグッチそれぞれの旗艦店が東京に進出してきたときには、潔く諦めて契約を反故《ほご》にしました。これも、並みの商人には到底できない太っ腹なことでした。

長市郎さん。嬉しいことに、あなたは毎晩寝る前にわたしの文章を読んでから眠りにつくとよくおっしゃっていましたね。しかも、そのお礼だといって、大変希少な世界3大獣毛のストールまでくださいました。はじめて身に纏《まと》ったとき、その格別の肌触りと温かさに感動したことを忘れられません。

わたしはいま、あなたにいただいた3つのストールを傍に置いて、半泣きしながら万年筆を走らせています。この万年筆は、マッカーサーが日本の降伏文書にサインしたときのものと同じ、パーカーの「デュオフォールド・ビッグレッド」です。あなたへの弔辞を書くには、これしかないでしょう。２０１７年の暮れ、96歳でこの世を去ったあなたを、「まだ若かった」と思うのはわたしだけでしょうか。せめて１００歳まで元気に生きて、愛した女たちの話をわたしにだけこっそり教えてほしかったです。

082

リングのなかでも外でも、力道山は日本の英雄だった。

力道山（りきどうざん）

1924年生まれ。プロレスラー。1939年、大相撲二所ノ関部屋に入門し、1946年入幕。1949年には関脇に昇進するも、1951年、プロレスラーに転向した。日本におけるプロレスリングの礎となった人物。1963年、39歳で死去。

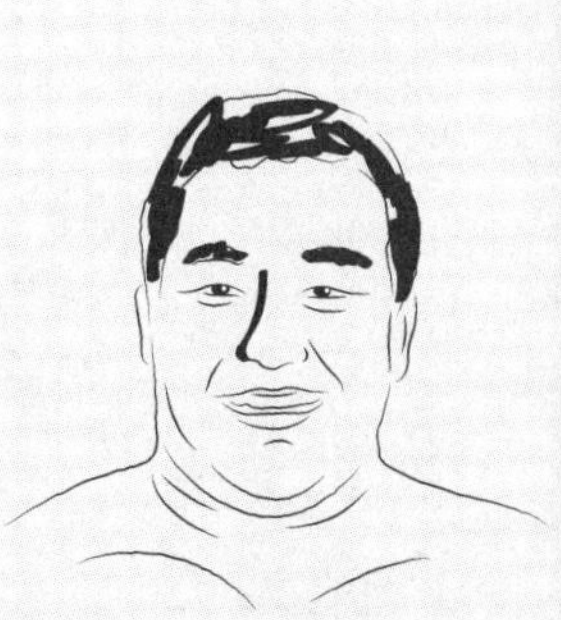

プロレスラー・力道山。あなたがわたしたちの前に現れたのは、日本が戦後の焼け野原から少しずつ復興しはじめたちょうどその頃でした。アメリカに2発の原子爆弾を落とされ、敗戦に追い込まれた屈辱も消えないなか、あなたが屈強な外国人レスラーたちを投げ飛ばすのを見て、どれほど多くの日本人が留飲《りゅういん》を下げたことか。

わたしがあなたの戦いぶりをはじめて見たのは、中学2年生のときです。一関から、日光と東京を巡る修学旅行に出かけたのですが、日光の旅館にあった大画面の白黒テレビに映るあなたの勇姿に釘付けになりました。

あの興奮はいまでも鮮明に覚えています。あなたは、柔道界最強と謳われた木村政彦とタッグを組み、カナダ出身のシャープ兄弟と壮絶な戦いを展開していました。日本一の柔道家である木村が防戦一方になっているところ、チョップを繰り出しながら突っ込んでいくあなたの迫力に圧倒され、皆揃って大歓声を上げたものです。

さらに印象に残っているのは、その木村と直接対決した、いわゆる〝昭和の巌流島の決闘〟です。あなたの相棒としてともにシャープ兄弟と対戦してきた木村ですが、あるとき、彼は「おれが本気になれば、力道山より上だ」と言い放ったそうですね。そして、木村の挑戦をあなたが受けるという形で、この伝説的な試合が実現しました。

序盤は両者の力が拮抗する好勝負でしたが、木村があなたの急所に攻撃を放ってから、その流れは一変します。この〝金的蹴り〟に激怒したあなたは、関取時代に鍛えた強烈な張り手で彼の顔面を猛打。木村は一方的に打ちのめされて、大量の血を吐きながらリングに沈みました。通常とは明らかに違うその雰囲気に、観客たちは騒然としたそうですね。わたしが心酔していた実況中継の天才で、NHKのスポーツアナウンサーであった志村正順さんが、偶然この試合の実況を務めていましたが、その凄惨な状況を前に、珍しく苦しそうにアナウンスしていたことも脳裏に焼き付いています。

この試合を機に、あなたは国民的格闘家のスターダムに昇り詰めていきます。1958年、ルー・テーズを破ってインターナショナル・ヘビー級チャンピオンに輝きました。また、パット・オコーナーやカール・ゴッチ、ジェス・オルテガやフレッド・ブラッシーといった錚々《そうそう》たるレスラーたちと数々の名勝負を残しています。特に、ザ・デストロイヤーとのWWA世界ヘビー級タイトルマッチでは辛くも引き分けとなりましたが、64%という驚異的な視聴率を記録したそうですね。

でも残念なことに、力道山、あなたは喧嘩っ早かったのが仇になり、思わぬ形で生涯を閉じることになります。63年12月8日の夜、赤坂のナイトクラブ「ニューラテンクォーター」で暴力団員の若者と喧嘩になり、あなたに殺されると思った彼は、ナイフであなたの下腹部を刺しました。あなたはすぐさま山王病院に担ぎ込まれましたが、たまたま外科医が不在だったため、一度自宅に戻ってから、再度病院に赴いたそうですね。療養中は、ご子息をして「あれほど覇気のない親父は見たことがなかった」と言わしめるほど衰弱していたばかりか、腸閉塞も患って危険な状態となりました。そして15日、あなたはなんと39歳という若さで急逝してしまったのです。

あなたがこの世を去った翌年には東京オリンピックが開催されましたが、あなたはそのスポーツの祭典を誰よりも愉しみにしていたはずです。大会の成功に力を添えたいと、組織委員会に現金1000万円をポンと寄付したのも、あなたの太っ腹ぶりをよく表すエピソードのひとつです。

力道山、失意のなかから立ち上がろうともがいていた戦後の日本国民にとって、あなたほどの英雄はほかにいないでしょう。リングのなかでも外でもわたしたちを鼓舞し続けてくれたあなたが眠る池上本門寺の墓には、いまでも年間3万人を超える人々が花を手向けにやってくるのですよ。

083

国民的文豪・夏目漱石は、俊傑を鍛えた教育者でもあった。

夏目漱石（なつめ・そうせき）

1867年、東京都生まれ。小説家、英文学者。名は金之助。旧制中学や高校の教師を経て、イギリスに留学。帰国後は東京帝大で教鞭をとった。代表作に、『吾輩は猫である』や『坊っちゃん』などがある。1916年、49歳で死去。

夏目漱石文豪。明治・大正に活躍した作家のなかで、その作品がいまでも広く愛されているのは、あなたぐらいではないでしょうか。令和の御代《みよ》になっても、『吾輩は猫である』や『坊っちゃん』を読んでいる若者がいるのです。物書きとしてのあなたのことには、既にいろいろな人が言及していますから、わたしはあえて教師・夏目金之助としてのあなたにスポットを当てたいと思います。

1895年、旧制・松山中学校に赴任した夏目先生は、着任早々流暢な英語で挨拶し、生徒たちの度肝を抜きました。ある熱心な生徒が、そんな夏目先生の鼻を明かそうと、辞書を使ってばっちり予習を済ませ、あなたに議論を吹っ掛けたことがあったそうですね。するとあなたは、その生徒が使っていた辞書を一瞥《いちべつ》し、「その字引が間違っておる。直しておきなさい」と反撃したのです。

その様を見た生徒たちは、「今度の先生は偉い方だ。字引を直してしまう先生が来た」と、あなたの噂で持ち切りになったそうではないですか。翌年に移った熊本の第五高等学校でも、早朝授業をしたり、「紫溟吟社《しめいぎんしゃ》」という句会を発足させたりと、教育熱心ぶりを発揮しました。夏目先生、あなたは大変な〝モーレツ教師〟だったのですね。

足掛け3年にわたったイギリス留学を経て、帰国後は東京帝国大学文科大学英文学科で、あなたは日本人初となる講師を務めました。前任者であるラフカディオ・ハーンが人気を博していたために、当初は学生からのバッシングに苦しんだようですね。しかし、「諸君のご希望によって、講義中は全部英語でお話ししてよろしいか」と皮肉を述べつつも、その徹底した指導で次第に評価を高めていきました。シェークスピアを講義する頃になると、受講希望者が殺到して、学生が教室に入りきれないほどだったそうですね。

夏目先生、あなたがこうも後進の指導に心を砕いていたのは、その屈折した出自に理由があるのではないでしょうか。あなたが生を受けた夏目家は名家でしたが、子沢山な家庭だった上、あなたはご両親が年をとってから生まれた末っ子であったため、冷遇され、結局養子に出されてしまった。こうした事情から、あなたは21歳になるまで養父の姓である「塩原」を名乗っていました。さらに、3歳のときに患った疱瘡《ほうそう》のせいで顔にあばたが残り、これにもあなたはコンプレックスを抱いていたそうですね。

しかしあなたは、学問に活路を見出し、鬱屈をはねのけることができました。創設間もない帝大文科大学英文学科に入学し、優秀な成績を残して卒業したのです。夏目先生、あなたが教育者として若い世代に学問と向き合う本当の意義を説こうと尽力されたのは、そうした暗い経験があってこそだったのではないでしょうか。

後年、あなたは教職を辞して創作に専念するようになりますが、作家となってからも教え子たちがあなたを慕って集まってきたのは、学問を追究するあなたの真摯な姿勢が彼らの心を打ったからでしょう。寺田寅彦を筆頭に、阿部次郎や和辻哲郎、中勘助に芥川龍之介まで、近代日本の黎明期を代表する作家や学者、教育者たちが名を連ねています。執筆活動に忙殺されていたあなたは、面会日を毎週木曜と定めて、門下生との交流を愉しみました。彼らは作品や研究を披露したり、演劇や音楽、文学などを自由に議論したりして、あなたの邸宅はさながらヨーロッパのサロンのようだったそうですね。

実はわたしも、現在西麻布で、ささやかなサロンを開いています。この「サロン・ド・シマジ」は、有名人も市井の〝無銘《むめい》の正宗《まさむね》〟も等しくバーカウンターを囲んで、シングルモルトやシガーに淫する大人の社交場です。夏目先生、もしわたしがあなたと同時代に生まれていたなら、きっと〝漱石山房〟に馳せ参じていたでしょう。でもお猪口《ちょこ》一杯で酩酊してしまうほどの下戸であったというあなたと酒を酌み交わすのは、少々難しかったかもしれませんね。

084 人間らしく大笑いされた、稀代のユーモリスト・昭和天皇のこと。

昭和天皇（しょうわてんのう）

1901年、東京都生まれ。第124代天皇。1926年、即位。大日本帝国憲法下では主権者として統治権を総攬したが、戦後〝人間宣言〟を発表し、日本国憲法成立で日本国および日本国民統合の象徴となった。1989年、87歳で崩御。

昭和天皇陛下。あなたは、神話上の天皇を除くと、在位期間の最長記録保持者です。62年にわたって重責をまっとうされ、また宝算《ほうさん》87というのも、日本史上最も長寿の天皇でした。

あなたは戦前、大日本帝国憲法下の天皇として軍部に利用され、大変な苦渋を味わったことでしょう。しかしながら、大東亜戦争の最終局面では、国民を守りたいという一心で、ポツダム宣言受諾のご聖断を下されました。わたしが4歳のとき、疎開先の一関で近所の大人たちと一緒に、玉音《ぎょくおん》放送を拝聴した記憶があります。

そして、1947年に施行された日本国憲法で、あなたは〝現人神《あらひとがみ》〟から〝人間〟になられたのでした。無礼を承知で申し上げれば、わたしは戦後あなたが国民に垣間見せた、人間らしい温かな生き様こそ魅力的だと思うのです。

例えば、あなたの侍従を長く務め、侍従長にもなった入江相政さんの日記には、このようなエピソードが記してあります。

49年2月25日、あなたは、フランス文学者の辰野《たつの》隆《ゆたか》、当時のNHKの人気番組であった『話の泉』の初代司会者・徳川《とくがわ》夢《む》声《せい》、そしてその頃大ヒットした『リンゴの唄』の作詞者・サトウハチローを呼び出し、話をさせました。あなたを目にした徳川は、

「あんなに純で立派な人は世界中にほかの一人もいない。山奥にいる高僧など一人くらいいるかもしれないが、まずいないだろう」と感嘆し、サトウは「自分は高山彦九《たかやまひこく》郎《ろう》のようなところがあって泣きそうになるので、努めて愉快なことを申し上げて紛らわした」そうですね。この世紀の〝御前座談会〟を朝日新聞に載せようとサトウが掛け合いましたが叶わず、それを聞いた当時の「文藝春秋」の編集長・池島信平のラブコールで、この〝御三家〟を再び招聘し、同誌で特集「天皇陛下大いに笑ふ」が組まれることとなったのです。

　陛下が特にお笑いになられたのは、もっぱらサトウの話だったようですね。不良少年だったサトウが、中学生のとき何度も放校されたため、色々な学校のユニフォームを着て同級生と野球に興じていたようですが、それを見かねた審判に「お前、そうコロコロとユニフォームを変えて出てくるんじゃないよ！」と怒鳴られたという話。また、サトウとその悪友が銀座で遊んでいたとき、向こうから作家の久米《くめ》正雄《まさお》と里見《さとみ》弴《とん》がやってきたので、飲み代欲しさに賭けを挑んだ話などがお気に入りだったそうではないですか。なんとその賭けは、サトウが隣にいた友人を指さし、「こいつは中村屋のあんぱんを3つ同時に口に入れられる男なのです」と吹っ掛けると、2人からそれぞれ5円ずつ賭金を引き出し、当然収まるはずのない大きなあんぱんをその友人の口のなかに無理やりねじ込んで、まんまとその金を勝ち取ったというものでした。可哀そうなことに、その友人は無理が祟《たた》って顎《あご》の関節を外してしまったそうですが、いまの感覚でいうと約4万円にもなる金をそんな方法で手に入れたと聞いて、あなたは心の底から大笑いなさったそうですね。きっと、この記事を読んだ読者も皆揃って笑い転げたことでしょう。この号はあっという間に完売してしまったそうですが、あなたの〝天皇パワー〟は凄まじかったのです。

わたしは光栄にも、あなたの甥御でいらっしゃる高円《たかまどのみや》 宮憲仁《のりひと》親王殿下にお目にかかる機会がありました。そのとき拝聴したあなたの全国行幸の際のエピソードも印象に残っています。それは、あなたが北海道の炭鉱を訪れたときのことです。地下から上がってきた青年が、「陛下。いまや民主主義の時代です。ぼくと握手してくださ い」と石炭で汚れた手を差し出すと、あなたは「ここは日本です。日本式の挨拶をしましょう」と言って、お互い頭を下げたそうではないですか。

昭和天皇陛下。なんとあなたは、稀代のユーモリストでもいらしたのですね。その機転の素晴らしさに、わたしは胸を打たれたのです。

085

誰より戦争を憎んだからこそ、キャパは最前線に立ち続けた。

ロバート・キャパ

1913年、ハンガリー生まれ。戦争写真家。本名はアンドレ・フリードマン。母国を追われ、20歳で写真家となる。スペイン内戦時に撮影した「崩れ落ちる兵士」をはじめ、多くの名作で知られる。1954年、40歳で死去。

ロバート・キャパ。１９１３年10月22日、ハンガリーのユダヤ人家庭に生まれたあなたは、本名をアンドレ・フリードマンといいました。あなたは〝世界最高の戦争写真家〟としてあまりにも有名ですが、同時に物書きとしても第一級の才能の持ち主でした。『世界ノンフィクション全集』（筑摩書房）の第40巻に収録されたあなたの作品「ちょっとピンぼけ」をはじめて読んだときの感動を、わたしはいまも忘れられません。第二次世界大戦の従軍経験を中心に、あるときは死を、またあるときは恋を語ったあなたの日記は、当時まだ22歳のわたしにいわく言い難い衝撃を与えたのです。

そんなあなたが写真家としての第一歩を踏み出せたのは、生来の強運のお蔭だったようですね。31年、左翼学生運動に加担した疑いで逮捕されたあなたは、国外へ出るという条件のもとに釈放され、ドイツのベルリンに移住。その後は、ドイツ政治高等専門学校に入学し、ジャーナリストを目指していましたが、大恐慌の影響で両親からの仕送りが滞り、職に就くことを余儀なくされました。結局、写真エージェンシー「デフォト」で暗室担当アシスタントとして働きはじめたあなたでしたが、その頃思わぬ仕事が舞い込んできます。それは、カメラマンが不足したため、デンマークのコペンハーゲンで写真を撮影してくるように、というものでした。そして、派遣先の現場であなたが写真家としてはじめてフィルムに収めたのが、なんとあのレオン・トロツキーだったのです。大学生を前に、ロシア革命について熱弁を振るう彼の肉声がいまにも聞こえてきそうな、臨場感のある1枚でした。

この鮮烈なデビュー作もさることながら、わたしの印象に強く残っているのは、あなたがノルマンディー上陸作戦に同行して撮影した写真です。あなたは、44年6月6日、ドイツ軍が放つ砲煙弾雨のなか、アイゼンハワー将軍麾下《きか》の軍勢が腰まで海水に浸かりながら、決死の上陸を試みるところを捉えました。もちろん兵士たちは銃などの武器を携行していましたが、あなたはカメラしか持っていなかったそうですね。そんな状況に、さすがのあなたも恐怖のあまり手ブレを止められず、写真はかなりピンぼけになってしまいました。しかし、それが図らずも戦場の戦慄を伝える結果となったのは、なんとも皮肉なことではないですか。

こうして数々の戦火を潜り抜けてきたあなたですが、その壮絶な経歴に似合わぬ人懐っこい性格で多くの人たちに愛されたようですね。「カメラ毎日」の創刊当時、あなたを日本に招聘した金沢秀憲編集次長が、そのときの様子を活写しています。

「凄く楽天家で、時には凄く淋しがり屋で、ちょっぴりオシャレで、気の弱いところもあるが、相手の心をすぐ察して、決して人をそらさないし、明るいウィットにとんだ話術の持ち主なので、みんなからキャパさんと慕われ、特に女の子に大変好かれる男だった」

確かに、あなたほど女たちが一時も放っておかなかったモテ男をわたしは知りません。34年頃、パリで出会ったドイツからのユダヤ人亡命者、ゲルダ・タローは、公私ともにあなたのパートナーでした。あなたをアメリカ人写真家風に「ロバート・キャパ」と名乗らせたのも、彼女のアイデアだったそうですね。しかし37年、タローはスペイン内戦を取材中、共和国軍の戦車に轢かれて亡くなりました。それを知ったときのあなたの悲しみがいかほどのものであったか、想像するに余りあります。その後もイングリッド・バーグマンをはじめ、数々の美女と浮名を流したあなたですが、どんなに素敵な女性に愛されても結婚しなかったのは、いつ死ぬかわからない運命の自覚があったからではないですか。

キャパ。54年5月25日、あなたはそんな運命の導きに従うように、インドシナの戦場に倒れました。戦争の残虐と非情を誰より憎み、それ故誰よりも最前線に立ち続けたあなた。その壮絶な最期に、世界中のファンたちが涙したのですよ。

086

知行合一の哲人・ラッセルは、女泣かせの〝好色伯爵〟だった。

バートランド・ラッセル

1872年、イギリス生まれ。哲学者、活動家。第3代ラッセル伯爵。ケンブリッジ大学を卒業後、同大で講師を務める。1950年、ノーベル文学賞受賞。核兵器廃絶運動などの活動家でもある。1970年、97歳で死去。

バートランド・ラッセル伯爵。あなたは間違いなく、20世紀最大の〝知の巨人〟です。97年にも及んだその生涯を通じ、あなたは、あるときは厳密な数理哲学者として、またあるときは活動的な平和主義者として活躍しました。

あなたの自伝によると、あなたを支配したのは「単純な、しかし圧倒的に強力な3つの情熱」だったそうですね。それは、「知識の追求」「人類の苦しみに対する耐えがたいまでの同情」そして「愛情への欲求」であったとあなたは振り返っています。

まず、あなたの関心が「知識の追求」に向けられていたことを疑う者はいないでしょう。イギリスの数学者であり哲学者でもあった、アルフレッド・ノース・ホワイトヘッドとの共著『プリンキピア・マテマティカ』をはじめ、『教育論』や『幸福論』、『西洋哲学史』など、あなたの分野を問わない膨大な研究は、おびただしい著述の数々として結実しました。

また、「人類の苦しみに対する耐えがたいまでの同情」が、あなたを平和運動の最前線へと駆り立てたこともよく知られています。あなたは89歳のとき、核兵器廃絶の座り込みをした廉《かど》で、約1週間も拘留されたことがあるそうですね。高齢であり、また伯爵の身分でありながら、壮絶なまでの知行合一《ちこうごういつ》を貫徹したあなたの生き様には、驚きを禁じえません。

しかし、わたしが一番興味深く思うのは、もうひとつの情熱「愛情への欲求」に関してです。ラッセル、巷に流布する高潔な哲学者という一般的なイメージに反して、あなたが性に奔放な〝好色伯爵〟でもあったということを、わたしは知っています。わたしも女色に淫する〝多穴主義者〟の端くれとして、共感しているのですよ。

あなたの初恋は、ケンブリッジ大学に入学する前年の1889年、あなたが17歳のときだったそうですね。アメリカのペンシルベニア州から移住してきたクエーカー教徒の娘、アリス・ピアソール・スミスがその人でした。彼女が清楚で親切な美人であっただけでなく、行動力があり、自由恋愛論者だったことに惹かれたあなたは、アリスをよく思わない祖母や叔母の妨害にも負けず、94年に彼女と結婚を果たしました。

ところが、アリスとの結婚生活はまもなく破綻します。あろうことか、あなたは共同研究者であるホワイトヘッドの妻、イヴォンと恋に落ちてしまったのです。肉体関係は結ばなかったものの、自分はもはやアリスを愛していないことに気付いたあなたは、彼女にそのことを告げたそうですね。それから別居に至るまでの9年間、あなたたちは〝仮面夫婦〟を演じ続けました。

そうしたなか、アリスと正式に離婚が成立する1921年まで、あなたは秘密の情事や危険な逢い引き、綱渡り的な恋愛ゲームを繰り返しました。アイヴィー・プリシャスという若い女性秘書を手はじめに、知り合いの自由党員の妻オットライン・モレルや、渡米中に昵懇《じっこん》になった外科医の娘ヘレン・ダドリー、女優のコレット・オニールとも関係を持ったのです。

そんなあなたの奔放な性生活は、21年、婦人参政権論者のドーラ・ブラックとの〝デキ婚〟でようやく落ち着いたかのように見えました。しかし、ドーラとの間に2人目の子どもが生まれた頃、夫婦で創設した実験的学校「ビーコン・ヒル・スクール」で、あなたのなかの〝良心なき正直者〟は再び活動をはじめます。ここでは、教師同士の自由恋愛が奨励されていましたが、なんとあなたも若い女性教師とセックスを愉しんでいたそうではないですか。結局、ドーラとの結婚は35年に幕を下ろしました。

こうして2度の離婚を経験したあなたですが、さらに2度の結婚を試みたことには、もはや開いた口が塞がりません。最後の4度目の結婚は、なんとあなたが80歳のときだったそうですね。ラッセル、あなたの鋭い洞察と果敢な行動の原動力は、やはり女性だったのではないですか。

087

話芸の名手・日高晤郎は、北海道の英雄だった。

日高晤郎
（ひだか・ごろう）

1944年、大阪府生まれ。ラジオパーソナリティー、俳優、歌手。1961年、新人俳優としてデビュー。歌手活動などを経て、1983年、自身のラジオ番組をスタートし、35年にわたって放送した。2018年4月、74歳で死去。

日高晤郎さん。わたしはあなたのお名前も、あなたが生前、北海道で大人気のラジオ番組で活躍されていたことも、寡聞《かぶん》にして存じませんでした。ある夜、わたしの熱狂的なファンの一人である足澤公彦《あしさわきみひこ》が、シングルモルトを呷《あお》って涕涙《ているい》し、その肉声をわたしに聞かせながら、あなたのことを語ってくれたのです。

あなたは、北海道民で知らぬ者はいないといわれていた「ウィークエンドバラエティ日高晤郎ショー」のメインパーソナリティーでした。放送開始は1983年だそうですが、当時から東京の荻窪に住んでいたそうですね。そのためあなたは、毎週木曜日になると、羽田空港から北の大地を目指しました。そして、番組の構成や演出、司会などをすべて自分一人でこなし、毎週土曜日の放送を終えると、日曜日に東京に帰るという生活を、35年続けていたそうではないですか。さらに特筆すべきは、亡くなる直前まで、あなたは一度たりとも番組を休んだことがなかったことです。あなたの成し遂げたこの偉業には、ただ驚嘆するしかありません。

日高さん、あなたはラジオというメディアで、語り部として独特な話芸を磨かれたのでした。あなたの『峠道』という作品を聞かせていただきましたが、わたしはあっという間に物語に引き込まれてしまいました。なんという語りのうまさでしょう。男女の役柄を見事に演じ分け、抑揚のきいた言い回しと絶妙なテンポで物語は進みます。聞くほどに想像力をかき立てられ、その情景がはっきり浮かんできました。それは落語とも、講談とも、朗読とも、またナレーションともまったく異なる、あなたにしかできない話芸でした。

あなたは、北海道の人々にとって、人生の道先案内人のような存在でもありました。番組中では、自分の意見や考えをストレートに伝えるスタイルを貫き通したそうですね。その歯に衣着せぬ物言い故、時に激しい気性の持ち主とレッテルを貼られたり、毒舌だと決めつけられたりしたかもしれません。しかし、あなたはそれでも筋を通し、よいものは徹底して褒め、ダメなものは誠意をもって批判しました。こうしたブレない言動こそ、あなたの真骨頂だったのです。

またあなたは、スタッフを家族同然に愛し、時に厳父のように、時に慈母のように接しました。真心のこもったその振る舞いに、彼らはいつも感銘を受けていたそうです。だからこそ、番組は35年のロングランを果たしたのでしょう。

そんなあなたの豊富な人生経験から紡ぎ出された言葉の数々は、スタッフのみならず、数多くのリスナーの心を打ったことは、言うまでもありません。実際にあなたは、格言にシビアなわたしも純粋に嫉妬するほどの、素晴らしい名言を残しています。

「つまらない日はたまにありますが、つまらない人生はないのです」

「君に挫折なんかないのだよ。次に歩いて行くために、ちょっと躓《つまず》いてもそれは挫折じゃない。周りが何か言っても惑わされないで、色々なものを手探りで見つけなさい」

〝北海道の英雄〟として大成したあなたですが、それまでの道のりは、決して平坦なものではありませんでした。17歳のとき、甘いマスクを武器に新人俳優としてデビューしましたが、無情にも鳴かず飛ばずの日々が続いたそうですね。しかし、あなたが師匠と仰いだ勝新太郎さんと番組で約30年ぶりに再会し、「こいつは北海道で男になれました。皆さんのお蔭です」と激励されました。このことは、あなたにとって、決して忘れられない快挙だったのではないですか。

あなたが2018年4月3日に亡くなり、その後はじめて迎えた土曜日、北海道ではあなたの追悼ラジオ番組が放送されました。そして、エンディングソング、あなた自身が歌う「街の灯り」がいつものように流れはじめると、札幌市内を走るタクシードライバーたちは、皆泣きながらハンドルを握ったそうです。

日高さん。どうぞ安らかにお休みください。

088

ベートーヴェンは女性関係も、その交響曲のように荘厳だった。

ルートヴィヒ・ヴァン・ベートーヴェン

1770年、神聖ローマ帝国ケルン大司教領生まれ。作曲家。幼少期から音楽の訓練を受け、若くして頭角を現す。聴力を失う不幸に遭うも、多くの傑作を残した。西洋音楽の代表的巨匠の一人。1827年、56歳で死去。

ルートヴィヒ・ヴァン・ベートーヴェン。わたしは、ここ15年間、あなたの作曲した交響曲第9番を聴いて新年を迎えています。それは、わたしと親しい作曲家・三枝《さえぐさ》成彰《しげあき》さんが毎年企画している「ベートーヴェンは凄い！　全交響曲連続演奏会」に欠かさず足を運んでいるからです。この演奏会は、大晦日の13時から24時30分まで、ほぼ半日かけて、あなたが作曲した交響曲をすべて披露するという圧巻のイベントで、特に「歓喜の歌」を聴きながら年を越せる悦びは格別なのです。

三枝さんによれば、あなたは「音楽は芸術だ！」と言い切った最初の音楽家だったそうですね。それまでの音楽家は、有力者に雇われた〝音楽職人〟の域を出ませんでした。たとえば、宮廷に出入りするときは、料理人など、ほかの使用人と同じように、裏の勝手口を使わされていたのです。

しかし、あなたは王侯貴族の前でも怯《ひる》むことなく、堂々と正面玄関から出入りし、彼らと一緒のテーブルで食事までしたそうではないですか。それは、「対等の立場で扱われない限り、演奏はしない」というあなたのポリシーを、頑《かたく》なに守り通そうとしたからでしょう。確かに、「歓喜の歌」でも、人間は皆平等であると高らかに歌い上げています。あなたの型破りな行動は、その考えを体現したものだったのですね。

あなたは、時代を超越した自由の人であっただけでなく、相当の教養人でもありました。あなたは、一時期ボン大学の聴講生であったことなどを除けば、特に正規の教育を受けていません。ところが、少年時代からホメロスやプリニウス、プルタークなどの著作に親しんでいたため、ヨーロッパの古典に通じていたのです。あなた自身、「わたしは格言によって養われた」と書いていますが、その作品に寸言の引用が散見されるのは、あなたの博覧強記ぶりをよく表しています。

なかでも、そんなあなたが熟読したのが、ドイツを代表する哲学者、イマヌエル・カントの著作でした。しかし、カントの『判断力批判』では、文学は優れた芸術であると認められている一方、音楽はその場限りの嗜好品であり、快楽の道具に過ぎないと軽視されていたのです。そこであなたは、「音楽は心地よいだけではいけない。心の栄養になるものでなければならない」と真っ向から対決したのでした。

あなたは、1770年、神聖ローマ帝国ケルン大司教領のボンに生まれました。宮廷音楽家であった父親から、6歳で既に音楽の手ほどきを受けたそうですね。7歳のときには、最初の公開演奏会を開いています。その後は、得意であったピアノに加えて、弦楽器やホルンなどの腕も磨き、その卓越した才能から〝第2のモーツァルト〟

と評されるまでになりました。そして17歳のとき、研修旅行で赴いたウィーンで、実際にモーツァルトと対面を果たしたのです。

その約2年後あなたは貴族の令嬢であるマリア＝アンナ・ヴィルヘルミーネ・ヴェスターホルトに好意を寄せます。一説によると、あなたの初恋だったそうですね。

その後のあなたの女性関係を探ると、31歳のとき、ジュリエッタ・グイッチャルディという17歳の娘と恋に落ちたのですね。あなたは愛する彼女に、ピアノソナタ第14番「月光」を捧げています。当初ふたりは順調に交際していたようで、あなたは友人に「とある少女の愛を得て、無上の喜びを感じている」としたためていますが、ジュリエッタがガルレンベルク伯爵と婚約したため、破局してしまいました。

さらにその3年後、あなたはダイム伯爵未亡人・ヨゼフィーネに恋しますが、純潔な関係を求められたそうですね。ところが、それでもあなたは、彼女への献辞を忍ばせた作品をつくり、自らの愛を伝えようとしたのです。

ベートーヴェン、あなたの人生は、淫らさとは縁遠いものだったのですね。あなたの憧れの人であったモーツァルトとは対照的に、女性関係にまで交響曲のような荘厳さを感じるのは、あなたらしいではないですか。

089

偉大な業績に隠された、天才彫刻家・ロダンの孤独。

オーギュスト・ロダン

1840年、フランス生まれ。彫刻家。『地獄の門』や『カレーの市民』、『考える人』などの歴史的大作で知られる。生気に満ちた写実的な手法で近代の彫刻を革新し、後世にも多大な影響を与えた。1917年、77歳で死去。

オーギュスト・ロダン。〝近代彫刻の父〟として名高いあなたの作品は、いまでも世界中で愛されています。ここ日本でも、東京・上野の国立西洋美術館にまとまったコレクションがあり、『地獄の門』や『カレーの市民』『考える人』など、あなたの代表作を目の前で鑑賞することができるのです。

1840年11月12日、あなたは、パリ警視庁本部の下級官吏の家庭に生を受けました。事務職に就いていた父・ジャン＝バティストの収入は十分ではなく、一家は常に困窮寸前の状態にあったそうですね。ところが、絵の才能があったあなたは、パリの帝国素描・算数専門学校に入学し、ここで彫刻に魅せられました。あなたは、この学校の塑造室にはじめて入ったときのことを、「まるで天国にも昇る気持ちだった」と回想しています。

こうして彫刻家になることを志したあなたですが、一筋縄ではいかなかったようですね。最初の関門は、当時の芸術家にとって成功を収めるための必須条件であった、国立美術学校への入学でした。いまとなっては驚くしかありませんが、なんとあなたは、この学校の受験に3回連続で失敗したそうではないですか。伝統的な規範を重視する教授陣には、あなたの個性はきっと強烈過ぎたのでしょう。

それでも、あなたは装飾美術の職人として身を立て、彫刻家になる機会を待ちました。しかし、あなたが22歳のとき、修道女となっていた最愛の姉・マリアが亡くなるという不幸に遭います。その衝撃から、一時、聖体礼拝会の修練士となりますが、2年後には彫刻家、カリエ・ベルーズの工房の助手に抜擢され、75年、ついにあなたの作品『鼻のつぶれた男』が、パリのサロン展に初入選を果たしたのです。

あなたの初期の作品は男性像ばかりでしたが、ある人との出会いで、女性像も制作するようになります。それは、あなたの友人のもとで彫刻を学んでいた、カミーユ・クローデルという17歳の少女でした。25も年の離れた彼女と相思相愛の仲になったあなたは、禁じられた愛をテーマとした作品『接吻』をつくっています。愛する女性を想う力は、天才芸術家のあなたをも突き動かすほど抗い難いものだったのでしょう。

ところが、嫉妬深く独占欲の強かったカミーユには、かなり手を焼いたそうですね。彼女以外に弟子をもたないことや、カミーユを妻とすることなどを明記した〝契約書〟まで書かされたこともありました。それでもあなたは、内縁の妻、ローズ・ブーレと別れなかったため、カミーユはしびれを切らしてあなたのもとを去ります。その後彼女は心を病んで精神病院に入り、絶望のなかでその生涯を閉じたのです。

カミーユとの関係は悲劇的なかたちで幕を下ろしますが、ローズへの態度も優柔不断でした。彼女とは、カリエの助手となった年に出会い、その2年後には息子、オーギュストも誕生しています。しかし、あなたは彼を認知しなかったばかりか、ローズと正式に結婚式を挙げたのは、彼女が73歳で亡くなる約2週間前のことでした。

あなたの代表作『地獄の門』は、ダンテの『神曲』の地獄篇をモチーフにしているそうですが、実はこれは、あなた自身の物語なのではないですか。熱い抱擁を交わす男女は、あなたとカミーユを彷彿とさせ、中央上部に佇む「考える人」は、創作に挑み続けたあなたの姿と重なります。

数あるあなたの傑作のなかでわたしが最も好きなのは、オノレ・ド・バルザックの記念像です。文芸家協会からの依頼で制作されたこの作品は、デフォルメされた顔と、ブヨブヨに肥った身体が大不評を買い、協会から受け取りを拒否されるというスキャンダルに発展しました。しかし、わたしは、この大胆な造形のなかに、バルザックの怪物性が表されていると感じます。

ロダン。あなたは、同時代の人々に誤解され、否定されながらも、孤独のなかで彫刻の可能性を切り拓き、この世を去ったのですね。

090

現代人の日常生活を一変させたスティーブ・ジョブズこそ、AIに対抗できる、唯一の人間だ。

スティーブ・ジョブズ

1955年、アメリカ合衆国生まれ。実業家。アップル社の共同創立者の一人。「マッキントッシュ」や「iPhone」など、先駆的なプロダクトを次々と世に送り出し、IT界に革命を起こした。2011年、56歳で死去。

スティーブ・ジョブズ。あなたが生み出した「iPhone《アイフォン》」は、現代人の日常生活に欠かすことのできないツールになりました。以前は電車のなかで雑誌や新聞を読む人が多くいましたが、今日ではiPhoneを使ってニュースをチェックしたり、ゲームに興じたりしているのです。

わたしは、1980年代に編集長として「週刊プレイボーイ」を100万部雑誌に育て上げました。しかし、あなたが手がけたこの革新的なデバイスのパワーは凄まじく、紙媒体はあっという間にデジタル化の波に呑み込まれてしまったのです。いまも雑誌づくりに携わっているわたしの後輩たちは、さぞ苦労していることでしょう。

〝手のひらサイズの新たな頭脳〟ともいうべきこのiPhoneをはじめ、偉大な製品やサービスを世に送り出してきたあなたでしたが、その出自は極めて複雑で不幸でした。あなたは、政治学を専攻していた留学生、アブドゥルファター・ジャンダーリと、アメリカ人の大学院生であったジョアン・シーブルとの間に誕生しました。ところが、アブドゥルファターがシリア出身のムスリムであったことを理由に、ジョアンの父がふたりの結婚を認めなかったため、あなたは生まれる前から養子に出される運命にあったそうですね。結局あなたは、ポール・ジョブズ、クララ・ジョブズ夫妻に引き取られることになったのです。

しかし、そんな逆境も、稀代の天才であったあなたには関係ありませんでした。「梅檀《せんだん》は双葉《ふたば》より芳《かんば》し」と言われるように、あなたは高校生にして、世界的に有名なIT企業、ヒューレット・パッカード社でインターンをしていたそうですね。その後あなたと一緒にアップル社を創設することになるスティーブン・ウォズニアックとは、この時期に出会っています。

あなたは、当時カリフォルニア大学バークレー校に通っていたウォズニアックとともに、長距離電話を無料でかけられる違法の装置をつくったそうですね。このいかがわしい機械を売りさばいて相当儲けただけでなく、試しにローマ法王に電話をかけてみたという逸話は本当ですか。

のちにあなたはリード大学やスタンフォード大学で学んでいますが、正式に卒業することはありませんでした。あなたのような俊傑には、卒業証書という紙切れなど、きっと必要なかったのでしょう。

その尋常ならざる天才故か、あなたはかなりの変わり者としても知られています。熱心な禅の信奉者であったことをはじめ、ヒッピー文化に心酔したり、徹底した菜食主義を貫いたりしていたようですね。挙げ句の果てには、「わたしはベジタリアンだから体臭がない」などと訳の分からない持論を展開し、シャワーは浴びず、身体を洗うのはトイレの便器で足をすすぐくらいだったそうではないですか。いつも素足にサンダルというスタイルであったとはいえ、アップル社の社員からは「スティーブは臭い」とクレームが出ていたそうですよ。

これを鑑みるに、あなたは他人とコミュニケーションをとるのが決して得意ではなかったのではないですか。あなたの死後に公開された映画『スティーブ・ジョブズ』にも、アップル社の社員との摩擦が絶えなかったばかりか、家族とのやりとりにさえも苦戦していたあなたの様子が描かれています。わたしは編集者としてさまざまな天才と仕事をしてきましたが、あなたのようなタイプに出くわしたことはありません。

ジョブズ、あなたという卓越した存在が、56歳の若さでこの世を去ってしまったのは、わたしたちにとって大きな損失です。最近、AIが指数関数的に高度化しており、人類の知性を超える日はそう遠くないと叫ばれています。そんななか、AIの支配に立ち向かえる人間はあなたぐらいだと感じるのは、わたしだけではないでしょう。技術と人類の行く末を、いまこそあなたに問いたいものです。

091

〝永遠の愛〟よりも〝はかない恋情〟を求め続けた、大富豪・ゲティの女性遍歴。

ジャン・ポール・ゲティ

1892年、アメリカ合衆国生まれ。実業家。石油採掘の事業で成功し、大富豪となる。生涯に5回も結婚したり、誘拐された孫の身代金支払いを拒否したりと、ゴシップの尽きない人物でもあった。1976年、83歳で死去。

ジャン・ポール・ゲティ。あなたはいわずと知れた、世界屈指の大富豪です。1957年、「フォーチュン」誌がはじめて発表したアメリカ人長者番付で1位を獲得し、その後は〝世界一裕福な個人〟としてギネスにも認定されました。

ところが、あなたは同時に、類い稀なケチでもあったのです。73年、当時16歳であったあなたの孫がマフィアの一味に誘拐された際、身代金の支払いを渋ったというニュースは、世界中で大きな話題となりました。2017年、この事件をテーマにしたノンフィクション『ゲティ家の身代金』(ハーパーコリンズ・ジャパン)が、巨匠リドリー・スコットの手により映画化され、人気を博しました。

あなたの徹底した吝嗇《りんしょく》ぶりには驚きを禁じえませんが、実はわたしには、もっと気になることがあります。あなたが5回も結婚と離婚を繰り返したという事実です。

最初の結婚相手は、あなたが30歳のときに結ばれた、ジャネット・デモントという17歳の娘でした。若く美しい彼女に惹かれたあなたは、情熱的に求婚したそうですね。しかし、ジャネットが妊娠すると、彼女への愛は瞬く間に萎《しぼ》んでいき、冷たくあたったり、無視したりするまでになりました。

なんとあなたは、結婚するまでのプロセスが好きなだけで、結婚生活自体は大嫌いだったのです。あなたは、所帯を持つことは自由を奪われることと同義なのだと考えていたのではないですか。ところが、皮肉なことに、あなたはこの妄執《もうしゅう》に生涯悩まされ続けることになるのです。

ジャネットとの離婚調停がまだ決着していなかった26年のはじめ頃、石油の採掘権を購入する目的で訪れていたメキシコで、あなたはオーリーン・アシュビーという美少女に出会います。17歳になったばかりの彼女と恋に落ちたあなたは、勢いのままオーリーンと再婚しました。重婚罪を犯してまでの大胆な行動でしたが、結局ふたりは2年後に離婚しています。

3人目の結婚相手と知り合ったのは、多忙な日々から逃れようと訪れたヨーロッパでした。ドイツの裕福な有力者の娘であったアドルフィーネ・ヘルムレがその人です。彼女も、先妻たちに劣らず美しい、17歳の令嬢でした。またもや結婚への興奮を抑えきれなくなったあなたは、すぐさまアドルフィーネに求婚しますが、父親の猛反対を受けてしまいます。そこであなたは、純粋な彼女をそそのかしてキューバへ駆け落ちし、28年の12月、正式に結婚を果たしたのでした。

35歳になっていたあなたですが、アドルフィーネとの間に子どもができると、またもや〝家庭ノイローゼ〟を発症します。あなたは離婚を望みましたが、彼女の父親に多額の損害賠償を請求されたこともあり、容易には進まなかったようですね。ようやく離婚が成立したのは、あなたとアドルフィーネが結婚してから4年後のことでした。

4番目の妻は、あなたの遊び友達であった22歳のアン・ロークでした。案の定、彼女との結婚生活も4年で幕を下ろしますが、アンとの間に生まれた息子、ジャン・ポール・ジュニアは、誘拐の被害に遭ったあなたの孫、ジャン・ポール3世の父親にあたります。

あなたの最後の結婚相手、ルイーズ・ダドリー・リンチは、オペラ歌手を目指す23歳の美しい女性でした。あなたは44歳で性懲りもなくまた結婚しますが、彼女と婚姻関係にあった19年間のうちほとんどは、別居状態で過ごしたそうではないですか。

ゲティ、あなたは生涯不治の〝結婚熱〟に囚われ続けましたが、それはとても褒められたものではありません。しかし、ここまで潔く、自らの心の赴くままにその生をまっとうしたことは、むしろ称賛されるべきではないでしょうか。「世界中のすべての金を手にした」とさえいわれるあなたにとっては、〝永遠の愛〟よりも、手に入れた瞬間消えてしまう〝恋情〟の方が、価値のあるものだったのかもしれませんね。

092
ムッシュ村上の料理哲学は、戦場で友の命をも救った。

村上信夫（むらかみ・のぶお）

1921年、東京都生まれ。料理人。1939年に帝国ホテルの見習いとなり、その後パリのホテル・リッツなどで腕を磨く。1969〜96年に帝国ホテルの料理長を務め、日本にフランス料理を広めた。2005年、84歳で死去。

村上信夫さん。戦後、料理人としての名声を欲しいままにし、世間に広くお顔が売れていたシェフは、あなたをおいてほかにいないでしょう。帝国ホテルの専務取締役総料理長として君臨した一方、NHKの「きょうの料理」では、全国の主婦たちに西洋料理をわかりやすく教えていました。あなたは、あのこぼれるような笑顔とユーモアあふれる語り口で、国民的な人気者になったのです。

村上シェフ。あなたが生涯最もかわいがった、30歳年下の弟子・田中健一郎さんが、2021年まで帝国ホテルの専務執行役員総料理長を務めていたことをご存じですか。わたしは田中シェフから〝ムッシュ〟のお話をつぶさに聞くことができました。

日本の料理界の頂点ともいうべきところまでのぼりつめたムッシュでしたが、それまでの人生はまさに波瀾万丈でした。尋常小学校の5年生のとき、あなたは結核で両親を立て続けに亡くします。妹は子どものいない夫婦に養女に出されたため、あなたは12歳にして天涯孤独の身となったのでした。

そんな事情から、6年生の冬、あなたは浅草の「ブラジルコーヒー」に小僧で入り、住み込みで働きはじめます。これこそ、あなたの〝強運人生〟のはじまりでした。料理と出合ったあなたは、水を得た魚のごとく探求心に燃え、料理の神髄に迫っていったのです。「つばさグリル」や「第一ホテル」、「リッツ」などをわたり歩いたのち、帝国ホテルの調理場で働きはじめたのは、あなたが18歳の頃でした。

あなたが最初に回されたのは、洗い場でしたね。鍋や皿を洗い、雑用をこなす〝鍋屋〟という仕事を任されたのです。しかし、そんな重労働ですら、あなたは自ら進んで受け入れ、休憩時間も使いながら、すべての鍋をピカピカに磨き上げました。これに感心した先輩たちは、そのご褒美として、鍋の底に付いたソースを味見することを許してくれたそうですね。

後年あなたは、「わたしの舌は、寸胴《ずんどう》の底に付いていた先輩シェフたちのつくったソースを指で掬《すく》い、舐めて味わったことと、『ホテル・リッツ』での修業時代、パリの一流レストランを食べ歩いたことで鍛えたものです」と胸を張っておっしゃっています。

こうして、料理人としてのさらなる成長を夢見ていたあなたでしたが、大東亜戦争の激化により、戦地に赴くこととなりました。帝国ホテルの調理場から出征したのは、あなたを入れて13人でしたが、生きて帰ったのはたった3人だったそうですね。

何度も敵の弾丸に当たって負傷したものの、辛くも命を落とさなかったのは、やはりあなたが強運の持ち主であったからでしょう。わたしが特に好きなのは、あなたがシベリアに捕虜として抑留されたときのエピソードです。ソ連の軍医に「もうダメだろう」と死の宣告をされた戦友に、あなたが「何か食べたいものはないか」と訊くと、「パイナップルが食べたい」と答えたそうですね。そこであなたは、リンゴに細工をしてパイナップルそっくりのスイーツをつくり、彼に食べさせました。するとその戦友は元気を取り戻し、一命を取り留めたそうではないですか。

ムッシュ、あなたの名言は数々ありますが、料理の哲学については「愛、工夫、真心」とおっしゃっています。田中シェフいわく、「ムッシュが怒ったり、怒鳴ったりしているところを一度も見たことがなかった」そうですが、料理に厳しく人に優しいあなたの姿勢は、こうした尋常ならざる体験を経て培われたのかもしれませんね。

ムッシュ、2005年8月2日の午前9時頃、あなたは自宅2階の自室で、身支度をしていました。そして、ネクタイを締めたその瞬間、あなたの100kg超の巨体はドーンと大きな音を立てて卒倒し、そのまま帰らぬ人となってしまいました。その日は、料理協会の会合に出席する予定であったそうですね。享年84。各界の多くの人々から惜しまれた逝去でした。

093

敵も味方も魅せられた、〝皆殺しの天使〟シャネルが仕掛けたファッション革命。

ココ・シャネル

1883年、フランス生まれ。ファッションデザイナー。帽子店を開業したのち、婦人服に進出。女性をコルセットから解放する機能的なデザインを次々と発表し、20世紀を代表するデザイナーとして、モード界に革命を起こした。1971年、87歳で死去。

ココ・シャネル。あなたは、トップブランド「シャネル」の創業者として、ファッションの歴史に燦然と輝く功績を遺しました。そして、あなたの人生は、いまも伝説のごとく数多くの人々の間で語り継がれています。

1883年、あなたはソーミュール市救済院で生を受けました。母親・ジャンヌはあなたが11歳のときに病死しており、行商人をして暮らしていた父親・アルベールにも捨てられたため、あなたは孤児院で育ちました。

そんななか、あなたが熱心に取り組んだのが裁縫でした。トゥルソーと呼ばれる、僧院や寄宿舎に入る者が持参する衣類の仕上げなどを担当していたそうですが、のちにファッションの世界で活躍するための素地となった裁縫の技術を、あなたはこの頃習得していたのではないですか。

1908年、あなたは愛人の援助を受けて、パリのマルゼルブ大通りに自身の帽子店を開きます。それが、旧来の常識や通念を打ち破り、〝皆殺しの天使〟の異名をとった、あなたの快進撃のはじまりでした。男性のモード服を女性のコーディネートに取り入れたり、ジャージ素材のファッションで女性を窮屈なコルセットから解放したりと、価値観を一変させる革命的な仕事を次々とやってのけたのです。

あなたの本名はガブリエル・ボンヌール・シャネルというそうですが、ココ・シャネルという愛称で呼ばれるようになったのは、孤児院を離れたのち、まずキャバレーの歌手として身を立てようとしたからでした。あなた自身は「父親が付けてくれたもの」と説明していましたが、実際は、あなたがキャバレーでよく歌っていた「トロカデロでココを見たのは誰？」という曲に由来すると聞いたことがあります。ある飼い主が、かわいがっていたココという犬をトロカデロで見失い、ココが迷子になってしまうという歌ですが、迷子の犬とあなたの孤独な境遇とが似ていたので、気に入っていたのではないですか。歌手としてあなたの才能が花開かなかったのは、いま思えば幸運なことであったのかもしれません。

そんな美しく才気煥発のあなたにたくさんの愛人が群がったのは、当然のことだとわたしは思います。なかでもわたしが特に興味を抱いているのは、パリがドイツの占領下にあった際に知り合った親衛隊中将、ワルター・シェーレンベルクです。あなたは、この美男のナチス将校に恋をしたばかりか、対独協力を惜しまず、工作員としてコードネームまで持っていたそうではないですか。第二次世界大戦後、フランス側から取り調べを受けたとき、あなたは次のように豪語しています。

「この歳で30歳近く年下の恋人を持てるチャンスを手に入れたら、相手の素性なんて気にするものですか」

パリ解放後、戦時中にドイツ人を愛人にしていた多くの女性は〝魔女狩り〟に遭い、見せしめとして、髪の毛を剃られ、裸でシャンゼリゼ通りを行進させられましたが、その集団にあなたの姿はありませんでした。それは、あなたが若い頃の愛人であり、イギリス屈指の大富豪であった2代ウエストミンスター公爵、ヒュー・グローヴナーが助け舟を出したからでした。彼は、親友であった当時のイギリスの首相、ウィンストン・チャーチルに頼んで、あなたを中立国・スイスのローザンヌにいち早く亡命させたのです。チャーチルもきっと、あなたの類い稀な才能を見抜いていたのでしょう。まさに「人生は運と縁とえこひいきである」と痛感するエピソードです。

シャネル、あなたは、1971年に87歳で急逝するまで、生涯独身を貫き通しました。あなたの亡骸《なきがら》は、戦時中の対独協力を理由にパリでの埋葬を拒否され、亡命先のローザンヌに葬られたそうですね。孤独な生涯でしたが、70歳にしてモード界への復帰を決意し、翌年華麗なカムバックを果たしたのは見事でした。逆境に立ち向かい、一大モード帝国を築き上げたあなたを、わたしは〝女の怪物〟として崇めたいのです。

094

芸術の感動も失恋の悲哀も、ゴッホの絵画が教えてくれた。

フィンセント・ファン・ゴッホ

1853年、オランダ生まれ。画家。牧師の息子として誕生し、画商に勤める。その後は聖職者を志すも挫折し、画家に転身。力強いタッチと鮮やかな色彩で描く独自の作風で知られる。1890年、37歳で死去。

フィンセント・ヴィレム・ファン・ゴッホ。あなたは、疑いようもなく、世界で最も著名な画家の一人です。定説によれば、生前、あなたの絵画は安値で1枚しか売れなかったそうですが、いまでは1点あたり数十億円という破格の値段で売買されています。

バブルが崩壊する直前には、ニューヨークのオークションで、あなたの作品を当時の史上最高額である約124億円で落札した日本人もいました。その絵画は、あなたが精神に異常をきたしてピストル自殺を図ったとき、真っ先に駆け付けた医師・ガシェの肖像画でした。落札者の日本人は、「自分が死んだら、この絵画も棺桶に入れて焼いてほしい」と発言したため、大変な物議を醸しました。さらにその後の調査で、この作品はナチ党支配下のドイツで要職を歴任し、国家元帥の地位にまでのぼりつめたヘルマン・ゲーリングが、フランクフルトのシュテーデル美術館から略奪し、のちに売却したものであることがわかりました。まさに、いわく付きの絵画だったのです。

1853年、あなたはオランダ南部の北ブラーバント州フロート・ツンデルトの村に生まれました。父・テオドルスはユトレヒトで神学を学んだ牧師でしたが、伯父・フィンセントがもともと画廊を営んでいた縁で、あなたは16歳のときに画商で働きはじめます。はじめは、グーピル商会のハーグ支店で勤務していましたが、その後はロンドンやパリの支店で経験を積み、さまざまな言語も習得していきました。

しかし、生来感情の起伏が激しかったあなたは、リビドーとタナトスとの間で揺れ動き、思い悩むことが多くなったそうですね。ロンドンの下宿では、女主人の娘に愛の告白をするも失敗し、この失恋の悲しみで、あなたは孤独の度を深めました。また、81年、あなたはエッテンにある父の家で、母の姪であるケイ・フォス＝ストリッケルと出会った際、この子連れの未亡人に求婚するという〝事件〟を起こします。あなたは意を決し、「僕はまったく我が身そのもののようにあなたを愛しています」と打ち明けましたが、彼女は「とんでもない、ダメ、絶対に」と一蹴してしまったのです。このときのあなたの打ちのめされようは、あたかも死刑の宣告を受けたかのようであったと伝えられています。

仕事に関して言えば、あなたは画商の見習いを事実上解雇されてしまいました。その後は聖職者を目指しましたが、あなたの願いは叶わず、最終的に画家の道を歩むことを再び選んだのです。

あなたが画家として活動したのは亡くなるまでの約10年だけですが、そのわずかな間に900点近い油絵を制作したことは、驚異的としか言いようがありません。

空想力だけでは描けなかったというあなたの作品は、そのほとんどが人物画や静物画、風景画です。特に興味深いのが、自画像を約40点も遺していることですが、これらは他人の肖像画を描くために必要な習作でもあったのでしょうか。

実はわたしとあなたとの間には、少しばかり因縁があります。わたしがまだ高校生のとき、日本初の本格的なゴッホ展が、東京国立博物館で開催されました。いてもたってもいられなくなったわたしは、当時住んでいた岩手の一関から上京し、母方の祖父の家に1週間泊まり込んで、4日かけてあなたの作品をじっくりと鑑賞しました。ちょうどその頃、わたしはある一人の女性に片想いをしていたのですが、展覧会の感想と一緒に、生まれてはじめてのラブレターを彼女に送ったのです。

あなたほどではないのですが、わたしも狂っていたのでしょう。コクヨの100枚綴りの便箋を、あっという間に使い切ってしまいました。ところが、そんな情熱のこもった愛の告白に対する返事は、たった3行だけ。人生の冷酷さを悟った瞬間でした。ゴッホ。あなたの作品に触れるとき、芸術の感動と失恋の悲哀を学んだあの若き日を、わたしは思い出さずにはいられないのです。

095

吉田茂のユーモアには、戦後日本の矜持が宿っていた。

吉田 茂
（よしだ・しげる）

1878年、東京都生まれ。外交官、政治家。1906年、外務省に入省。要職を歴任するも、和平上奏を画策した疑いで拘束される。戦後は外相や首相として、日本の復興と国際社会への復帰に尽力した。1967年、89歳で死去。

吉田茂首相。あなたの類い稀な外交センスがなければ、我が日本国はあんなにも早くＧＨＱの占領から独立し、復興することはできなかったでしょう。

あなたは、１８７８年、東京に生まれました。東京帝国大学法科大学を卒業後、外務省に入省すると、外務次官や駐英大使などを歴任しました。あなたはまさに、生粋《きっすい》の外交エリートであったのです。

しかし、あなたは、自らの信念にそぐわない政策には首尾一貫して抵抗したため、敵をつくることもあったようですね。日独防共協定に反対しただけでなく、日米開戦を阻止するため、ジョセフ・グルー米国大使と頻繁に面会したり、大東亜戦争の早期終結を目指して、近衛文麿とともに和平上奏を画策したりしました。この企てが露見し、あなたは憲兵隊に拘束されますが、連行される直前、同居人の元芸者・小りんさんに「葉巻の世話は頼んだよ」と伝えたというのは本当ですか。葉巻愛好者の一人として、わたしもその気持ちが痛いほどよくわかります。

結局あなたは、40日ほど監禁されたのち、親交のあった阿南惟幾《あなみこれちか》陸相の恩情で不起訴となり、釈放されます。この一件で軍部から〝自由主義者〟や〝親英米派〟などの烙印を押されていたあなたですが、むしろそのことが奏功して、戦後はＧＨＱの関係者にリベラルな政治家として理解されたのです。

かのダグラス・マッカーサー元帥にはじめて会ったのは、あなたが幣原喜重郎《しではらきじゅうろう》内閣の外相を務めていたときだそうですね。彼からマニラ産のシガーを勧められると、あなたは、「マニラ産はあまり好きではないのです」とつぶやきながら、持参したハバナシガーを悠々とふかしたというではないですか。あなたは、完膚なきまでに打ちのめされた敗戦国にもささやかな矜持が残っていることを証明したのでした。

また、首相に就任し、マッカーサーとの交渉に明け暮れていたある日のこと、部屋を歩きながらあなたに指示を出していた彼を見て、くすりと笑ってしまったことがあったそうですね。「何がおかしいのだ！」と語気鋭く迫るマッカーサーに対し、あなたが返した言葉は次のようなものでした。

「閣下がライオンのように歩かれるので、わたしはライオンの檻に入れられているような気がしたのです」

このあなたのユーモアに、元帥も苦笑したようです。また、戦後の食糧難の時代、あなたはGHQに必要以上の物資を要求し、そのことをマッカーサーに詰問されたことがありました。するとあなたはニッコリ笑って、「もし日本が正確な数字を出せる国なら、戦争に負けてなどいませんよ」と言い放ち、煙に巻いたそうではないですか。

あなたは、大日本帝国憲法下の最後の首相でしたが、新憲法の施行を受けて、衆議院議員として立候補しなければなりませんでした。高知の選挙区で街頭演説をしようとすると、聴衆から「外套を脱げ！」と野次が飛んだそうですね。それでもあなたは泰然自若《たいぜんじじゃく》として、「外套を着てやるから街頭演説なんです」と駄洒落で返し、大いに笑いを誘いました。しかし、いくら寒くても、外套を着て演説するとは、さすがに有権者への礼儀を欠いていたのではないですか。ただ、あなたの気の利いたユーモアが数々のピンチを切り抜けるのに役立ったのは確かですし、戦後復興の礎を築くという偉業を成し遂げられたのは、あなたが骨太の大政治家であったからにほかなりません。

吉田茂首相。あなたは、日本国憲法が公布されたとき、「新憲法　棚の達磨《だるま》も　赤面し」と詠んで、憂いたそうですね。あなたの悲願は、自国の脳みそを使い、自国の手で憲法をつくることだったのです。これこそ、サンフランシスコ講和条約に漢字で署名した、その誇り高い独立心を示すものでした。

89歳でこの世を去ったあなたには、日本の最高位の勲章である大勲位菊花章頸飾が授与され、その雄姿は厳粛な国葬で見送られたのです。

096

世に抗《あらが》い文明と対峙した、硬骨漢・永井荷風の眼差し。

永井荷風
（ながい・かふう）

1879年、東京都生まれ。作家。本名は壮吉、号は断腸亭主人。米仏遊学の後、文名を高め、耽美派の中心的存在として活躍。花柳界の風俗を描いた作品でも知られる。1952年、文化勲章受章。1959年、79歳で死去。

永井荷風先生。あなたはまさに、〝生まれながらの文化人〟です。あなたの父・久一郎《きゅういちろう》は、帝国大学書記官や文部大臣官房秘書官を務めたエリート官吏でした。儒者の血筋を引き、漢詩人としても知られた彼は、あなたを熱心に教育したそうですね。そのため、あなたは若くして漢学を嗜み、尺八の心得まであったそうではないですか。

1903年、父の計らいで、あなたはアメリカに渡ります。しかし、もともと文学の研究を志し、特にフランスに憧れを抱いていたあなたは、実世間での成功を重視するアメリカの文化に馴染めなかったそうですね。翌年には、ワシントン州のタコマからミシガン州のカラマズーに移り、そこにあるカレッジでフランス語を学びはじめました。その後は、渡仏の旅費を得るため、ワシントンの日本公使館で働いたり、父の配慮で横浜正金銀行ニューヨーク支店に勤めたりしています。そして、28歳のとき、同行リヨン支店に転勤となったあなたは、ついにフランスの地を踏んだのでした。

08年、帰国したあなたは、同年に『あめりか物語』を、翌年に『ふらんす物語』を発表します。10年には、森鷗外《もりおうがい》と上田敏《うえだびん》の推薦で慶應義塾大学文科文学専攻の主任教授に就任しました。あなたの担当科目は、文学評論、フランス文学、フランス語の3つでしたが、その授業は厳格であったようですね。あなたのもとからは、久保田万太《まんた》郎《ろう》や堀口大學《だいがく》、佐藤春夫《はるお》など、錚々《そうそう》たる面々が巣立っていきました。

さまざまな作品を遺したあなたですが、38歳から死の直前まで書き続けた日記『断《だん》腸亭日乗《ちょうていにちじょう》』（岩波書店）は、あなたの博覧強記ぶりが垣間見える傑作です。そのなかから、わたしのお気に入りの箇所を以下に引かせてください。

この日記は、1917年9月16日、次のようにはじまります。

「九月十六日、秋雨連日さながら梅雨の如し。夜壁上の書幅《しょふく》を掛《か》け替ふ」

25年の暮れには、あなたの深い学識を如実に表す記述が見られます。

「十二月廿一日。風雨と共に寒気亦《また》甚しく書窗黯澹《しょそうあんたん》たり。午後に至るも手足の冷るを覚えたれば、臥牀《がしょう》に横《よこたわ》りてプルーストの長篇小説を読む中、いつか華胥《かしょ》に遊べり」

プルーストは、この約3年前に逝去したばかりで、彼の著作の邦訳はまだ世に出ていませんでした。つまり、あなたはプルーストの作品をフランス語の原書で読んでいたところ、気持ちよくなってうたた寝してしまったというのです。そんな芸当ができるのは、きっとあなたぐらいであったでしょう。

わたしの考えでは、あなたの哲学は次の一節に凝縮しています。26年のはじめに、あなたはこう記しています。

「正月廿二日。〈中略〉独居のさびしさも棄てがたく、蓄妾《ちくしょう》の楽しみも亦容易に廃すべからず、勉学もおもしろく、放蕩も亦更に愉快なりとは、さて〱楽しみ多きに過ぎたるわが身ならずや。蜀山人《しょくさんじん》が擁書漫筆《ようしょまんぴつ》の叙に、清人石龐天《せきほうてん》の語を引き、人生に三楽あり、一には読書、二には好色、三には飲酒、是外は落落として都《すべ》て是無き処。といひしもことわりなり」

あなたの見識に、大いに賛成します。もしその三楽に美食と愛煙を加えて〝五楽〟としていたら、より素晴らしい格言となっていたでしょう。

『断腸亭日乗』からは、あなたの意外な一面を知ることもできます。

「九月廿八日、〈中略〉昨朝天皇陛下モーニングコートを着侍従数人を従へ目立たぬ自動車にて、赤坂霊南坂下米軍の本営に至りマカサ元帥に会見せられしといふ事なり、戦敗国の運命も天子《てんし》蒙塵《もうじん》の悲報をきくに至つては其悲惨も亦極《きわま》れりと謂《い》ふ可し」

永井荷風先生、あなたは、天皇陛下がGHQにぞんざいに扱われたことを嘆いたのでした。あなたは単なる〝欧米かぶれ〟ではなく、日本人としての矜持を持って世界と対峙した、真の硬骨漢であったのです。玉音放送に触れたその日、「休戦の祝宴」と記したのも、やり場のない悔しさに襲われたからではないのですか。

097

福々しい手のひらに蘇る、豪腕経営者・佐治敬三の肖像。

佐治敬三（さじ・けいぞう）

1919年、大阪府生まれ。大学を卒業後、海軍に入隊。復員したのち寿屋（現サントリー）に入社し、要職を歴任。ウイスキーの売り上げ拡大やビール分野への進出などで、手腕を発揮した。1999年、80歳で死去。

佐治敬三さん。日本を代表する総合飲料メーカー、サントリーの専務、社長、そして会長を歴任したあなたの功績と強運は、目を見張るものがありました。大金を投じてサントリーホールやサントリー美術館を建てられ、文化の発展に貢献されたのは偉大なことです。これはあなたのセンスと胆力であったのでしょう。特にサントリーホールの建設は、20世紀最大の指揮者、ヘルベルト・フォン・カラヤンの助言を得て行われた一大プロジェクトでした。彼が「ここはヴィンヤード型にしてはどうか」というと、「ほな、そうしましょ」というあなたの一言で、簡単に決まったそうですね。

わたしは開高健文豪と一緒に、あなたと一度会食をさせていただいたことがあります。覚えていらっしゃいますか。開高先生とわたしの共著『水の上を歩く？ 酒場でジョーク十番勝負』（CCCメディアハウス）が上梓された際、あなたがお祝いしてくださったのです。当時まだ40代半ばであったわたしは、22歳年上のあなたが放つオーラに圧倒されたものです。

「君たちのジョークの本は、トイレに置いて読んどるんや。笑うと便通にいいからな。ありがとう」

あなたと開高先生との間柄は、社長と元社員という関係を超越して、管鮑《かんぽう》の交わりというか、長年の親友といった一心同体の感じに見受けられました。別れ際、握手しながらいわれた一言が印象に残っています。

「シマジさん、開高を宜しく頼みますわ」

この冗談めいた言い回しに思わず笑ってしまいましたが、あなたの分厚く、福々しい手で握手してくださった感触は、いまでも忘れられません。

あなたがまだ小学生の頃、父・鳥井信治郎さんは、ビールの製造に手を出し、莫大な負債を抱えてしまいました。しかし、知り合いの富豪・佐治家とあなたとを養子縁組させることで、窮地から脱出できたそうですね。あなたが社長に就任し、ビール事業を再開したのは、まさに親孝行の美談というべきでしょう。

あなたの「やってみなはれ、みとくんなはれ」の精神と豪快な経営手腕が、サントリーを成功に導いたことは言うまでもありません。同時にあなたは、傑出した才能の持ち主たちに囲まれた、幸運な人でもありました。サントリーの宣伝部から開高先生が芥川賞を、山口瞳さんが直木賞を受賞したのです。広報誌「洋酒天国」を全国のバーに配っていた面目躍如そのものです。

開高先生が亡くなった際、あなたは青山葬儀所で弔辞を読まれました。「開高健君、残念です……」と、絞り出すような苦痛の声を発したきりあとが続かなくなり、滂沱の涙をハンカチで何度も拭っていました。そして会場がシーンと静まり返ったそのとき、あなたはこう続けたのです。

「まさか……ここにこうして君に別れの言葉を贈ることになろうとは、夢にも思いませんでした。会えばともに酒を汲み、語り合える畏友《いゆう》であった君の……あの特徴のある声がもう聞けないかと思うと……無念でなりません……開高君、君から聞かされたセリフがあります。『何をそないにせかせかしてはりまんね、毒蛇はいそぎまへんで』。それなのに……何故君は……毒蛇にならず、急いで逝ってしまったのでしょうか……」

あなたの告別の言葉を聞いて、わたしもその場で号泣しました。しかし、開高先生はあなたに「畏友」と呼ばれて、どんなに嬉しかったことか。

最近、チーフブレンダー・福與伸二さんの案内で山崎蒸溜所を見学したとき、信治郎さんとあなたの立派な銅像が目に留まりました。そして、あなたの孫・佐治清三さんを福與さんから紹介していただきました。あなたにそっくりのお顔立ちに驚いたばかりか、握手をしたら、あなたの、あの福々しい手のひらの感触が蘇ってきました。

佐治さん、ご安心ください。サントリーは永遠に不滅です。

098

遊戯三昧《ゆうぎざんまい》の師・今東光大僧正は、わたしを〝親友〟と呼んでくれた。

今 東光（こん・とうこう）

1898年、横浜市生まれ。法名春聽。第6次「新思潮」に参加し、『痩せた花嫁』で文壇に地歩を築く。1956年に、『お吟さま』で直木賞受賞。その間、出家得度し、1966年から平泉・中尊寺の貫主を務めた。1977年、79歳で死去。

今東光大僧正。わたしは、67歳で出版業界から足を洗い、静かな余生を送ろうと思っていました。しかし、後輩の編集者たちから「エッセイを書いてほしい」と言われ、雑誌や新聞、オンラインなどで、原稿を書き下ろすことになったのです。また、大好きなウイスキーと葉巻、パイプを愉しめる「サロン・ド・シマジ」もオープンし、バーマンとしてカウンターに立っています。そんなわけで、いまは「エッセイスト&バーマン」の肩書きで生きているのです。

サロンでは、悩めるお客たちに、上野の東叡山寛永寺に眠るあなたの許《もと》を訪ねるよう勧めています。あなたは、自らデザインしたそのお墓に、当時まだ32歳のわたしを案内してくださいました。そのときの言葉を、あなたは覚えていらっしゃいますか。

「シマジ、いずれ間もなく、おれはここに眠るだろう。いいか、シマジ。おまえが寂しいときは、いつでも遊びに来たらええ。死んだおれも耳が遠いだろうから、大きな声で話しかけてくれや」

あなたは、わたしの43歳上でした。しかし、わたしはあなたを50歳以上、いや、60歳以上年長だと思い、仰ぎ見ていたのです。そんなわたしを、あなたはまるで自分の孫のように可愛がってくださりましたね。

あなたとの素晴らしい思い出は、枚挙に遑《いとま》がありません。そのなかでも特に印象に残っているのが、当時、防衛庁長官に就任したばかりの江崎真澄《えさきますみ》さんのところに、わたしを連れて行ってくださったときのことです。

「江崎、こいつはおれの担当編集者のシマジっていうんや。おれの一番若い親友や」

この一言に触れた折、わたしは、金魚の糞でもいいから、あなたに一生付いて行こうと決心したのです。

ところが、このとき、あなたの肉体は既に癌に蝕まれていました。そして、ついに入院されたので、わたしは麴町にある「うなぎ秋本」で鰻の蒲焼きを買って、あなたをお見舞いに訪ねました。しかし、あなたを看病していた奥様に、あなたがこう言っていると告げられ、面会を断られたのです。

「シマジだけは、病室に入れないでくれ。あいつには、こんな無精ヒゲのおれを見せたくない」

わたしは何度もあなたのもとを訪れましたが、ついに亡くなるまでお顔を見ることはできませんでした。当時のわたしは、筆舌に尽くしがたいほど無念でしたが、いま振り返ると、それは、元気な姿だけをわたしの記憶に残そうと腐心してくださった、あなたの優しさであったのだと思います。

あなたは入院する直前、わたしにある仏語《ぶつご》を揮毫《きごう》してくださりました。「遊戯三昧」――「遊びのなかにこそ、人生の真実がある」というあなたの教えを、70歳を過ぎて、わたしもようやく理解できるようになりました。

「シマジ、女を愛しているうちはまだアマチュアやな。女と淫し合うようになったら本物やで。ええ目合《まぐわ》いちゅうんはな、淫らな気の交歓をし合うことなんや。これからはおなごと一緒に目を瞑《つぶ》っていないで、よう観察してみい」

これこそ遊戯三昧の深遠なる境地であったのでしょう。あなたから一子相伝されたあの奥義は、いまでも大事に使わせていただいております。しかし、あなたほど人生を存分に生きた方を、ほかに知りません。

大僧正、あなたの墓地には、あなたが「シバレン」の愛称で呼んでいた文豪・柴田錬三郎先生が寄せた碑文が、堂々と建っているのですよ。

大文穎心院大僧正東光春聽大和尚

今東光大僧正は森羅
万象を學びて文學を
識り佛門に入りては天
台顕密を光《おおい》にす
さらに一流画家たり
且大政事家たりき
將に百年稀有の大才
にしてその遺徳を偲
びここに刻みて千載
の感激と為す

昭和五十三年春佳日

昭和五十二年九月十九日
歿行年八十歳

柴田錬三郎書

099

無礙《むげ》自在に
ペンを走らせた、
柴田錬三郎の創作の極意。

柴田錬三郎
（しばた・れんざぶろう）

1917年、岡山県生まれ。慶應義塾大学卒業。1951年、『イエスの裔』で直木賞受賞。以後、時代小説を中心に創作し、『週刊新潮』で連載した『眠狂四郎』シリーズは一大ブームを巻き起こした。1978年、61歳で死去。

柴田錬三郎先生。わたしが25歳で集英社に入社してすぐ、あなたの担当編集者になれたことは、人生最大の幸運のひとつです。その年の秋に創刊された「週刊プレイボーイ」の編集部に新人として配属され、あなたの「人生相談」を任されました。あなたとわたしとはちょうど24歳違いで、同じ巳年《みどし》でした。はじめてあなたの謦咳《けいがい》に接したとき、あなたからこう言われたことを、いまもよく覚えています。

「きみのことは、本郷保雄専務取締役から聞いている。きみは仮配属中に本郷専務を呼んで、結婚式を挙げた男だそうだね」

あなたの著作は、まだ学生であった頃、貸本屋ですべて読破していました。「シマジはおれの作品のなかで、何が一番好きなんだ？」と訊かれたとき、わたしが迷わず「『赤い影法師』です」と答えると、あなたはニコッと笑ってくれました。それからあなたは、わたしをまるで息子のようにかわいがり、吉行淳之介《よしゆきじゅんのすけ》さんや遠藤周作《えんどうしゅうさく》さんも紹介してくださったのです。

あの頃のあなたは、「週刊新潮」で『眠狂四郎《ねむりきょうしろう》』シリーズを連載していました。担当編集者の麻生吉郎さんからは、「柴田先生の『眠狂四郎』が掲載されると、『週刊新潮』の部数は10万も伸びるんだよ」と伺ったことがあります。あなたは、シリーズ最後の作品となった『眠狂四郎異端状』の生原稿を、わたしに譲ってくださいましたね。それは、「混血の占星術使いを登場させる」というアイデアを提案したわたしへの、粋な贈り物であったのです。あなたから手渡された、200字詰めの名入りの原稿用紙約2000枚は、いまでも家宝として大事にしています。

あなたは、わたしの編集者としての礎を築いてくださった恩人でもあります。あなたが薦めてくださった著作は、わたしの教養を豊かにしてくれました。なかでも永井荷風の『断腸亭日乗《だんちょうていにちじょう》』は、漢和辞典を引きながら、3年かけて格闘しました。フランスの作家、アンリ・ド・レニエを教えてくれたのもあなたです。あなたが墨痕《ぼっこん》鮮やかに揮毫してくださった、「まことの賢人は砂上に家を建つる人なり」という一文は、荷風が訳したレニエの詩を引いたものでした。荷風はレニエに心酔していたそうですが、荷風を編集主幹に迎えて創刊された「三田文學」で何度も作品を発表してきたあなたもまた、その系譜に大きな影響を受けたのでしょう。あなたはいつもダンディで紳士的でしたが、実は耽美的でニヒルな文学にも、心惹かれていたのではないですか。

あなたが病に倒れ、慶應義塾大学病院に入院なさってからは、足繁くお見舞いに通ったものでした。ある日わたしが閃《ひらめ》いて、「柴田錬三郎賞」をつくりたいとお願いしたところ、あなたはたまたま病室に居合わせた奥様とお嬢様に、「おまえたちがシマジの証人になってくれ」と話してくださいましたね。先生が亡くなって数年後、約束通り、この賞を集英社に創設することができました。第1回の受賞者は髙橋治さんでしたが、涙を浮かべながら、万感の思いでスピーチされていた姿が印象に残っています。あなたが、多くの一般のファンはもとより、才能あふれる物書きたちからも絶大な尊敬を集めていた証拠です。その後、嬉しいことに、北方謙三さんや伊集院静さん、大沢在昌さんなど、わたしの親しい作家たちも、この賞を受賞しています。

柴田先生、わたしが愛してやまない『赤い影法師』（新潮社）のなかに、次のようなセリフがあります。

「念動ぜずして、気は霊明にしたがって闊達流行、心を載せて滞らず、その形を御すること無礙自在《むげじざい》」

これは、剣術家・柳生宗矩《やぎゅうむねのり》が、菅沼新八郎《すがぬましんぱちろう》という剣豪に対して語る、剣の要諦です。この言葉に、想像力の翼を広げ、歴史上の偉人たちをも巻き込んで大スペクタクルをつくり上げていったあなたの姿を思い出すのは、わたしだけでしょうか。「無礙自在」という創作の極意は、あなたから学んだ〝ペンの奥義〟であったのです。

一〇〇
縁に泣き縁に笑った開高健は、昇天して〝皆のモノ〟になった。

開高健（かいこう・たけし）

1930年、大阪生まれ。小説家。大学を卒業後、コピーライターとして活躍する。そのかたわら創作をはじめ、1958年、『裸の王様』で芥川賞受賞。ベトナムの戦場に赴くなど、精力的な活動でも知られる。1989年、58歳で死去。

開高健先生。あなたは、天下の文豪になるための条件として、悪妻を持たなければならないと思い込んでいたのではないですか。あのレフ・トルストイや夏目漱石も、悪妻に苦汁をなめたようです。あなた自身も、7つ年上の詩人・牧羊子《まきようこ》さんを娶《めと》り、この〝悪妻〟と対峙したのでした。彼女が悪妻と呼ばれる理由はさまざまですが、あなたに金銭的な不自由を強いたことは有名です。あなたはよく、「わしの小遣いは月5万円や」と、笑いながら嘆いていましたね。

あなたが大好きな釣りがテーマの『オーパ!』がベストセラーになっても、「すべて税金で持っていかれる」という夫人の言葉を鵜呑みにして、収入が少ないとこぼしていたそうではないですか。あなたの親友・谷沢永一《たにざわえいいち》さんに、「開高、いくらなんでも、山より大きなイノシシは出ないんとちゃうか」とからかわれたときも、あなたは「そやろか」と一言発しただけでした。それでは、あなたが得ていたはずの莫大な印税は、どこへ消えたのか。

羊子夫人は、北鎌倉の名刹《めいさつ》・円覚寺《えくがくじ》塔頭《たつちゆう》松嶺院《しようれいいん》の見晴らしのいいところに、あなたの墓を構えるため、財を投じたのではないか――これがわたしの推測です。いま、その墓石は、まるであなたが昼寝をしているかのように、優雅に横たわっているのです。

あなたの通夜のことは、いまでも鮮明に覚えています。無宗教のあなたらしく、会場ではヴォルフガング・アマデウス・モーツァルトの交響曲第41番『ジュピター』が流れていました。夫人と娘の道子さんが2人並んで、訪問者に挨拶していましたが、わたしは羊子さんにこう言われたのです。「シマジさん、気障《きざ》な相棒……」。

この夫人の言葉に、わたしは涙をこらえられず、狼のように号泣しました。

四十九日が過ぎた頃、わたしは羊子さんに呼び出され主なき開高邸を訪ねました。すると片膝を立て昼間から水割りを呷《あお》っていた夫人は次のように言い放ったのです。

「シマジさん、開高は死んで、やっとわたしのモノになりました」

通夜の際は、羊子さんの優しさに触れましたが、このときは、あなたの奥方に、才気煥発な詩人としての凄みを感じたものです。

夫を共同墓地に埋めたことで有名なモーツァルトの妻・コンスタンツェと比較しても、夫人は第一級の悪妻であったことは疑いようがありません。あなたと羊子さんとの確執は、もはや言葉を超越して、取っ組み合いの夫婦喧嘩にまで発展することもしばしばであったそうですね。しかし、稀代のユーモリストであったあなたは、そんなことさえも笑いに変えて、よくわたしに話してくれました。

あるとき、争いの最中、あなたが彼女をヘッドロックしたところ、詩人は文豪の豊かなお腹に噛み付きながら、こう吐き捨てたそうですね。

「この殺人豚！」

あなたは、この逸話をわたしに話しながら、「さすがは詩人や。わしはその言葉でガクッと力が抜けたんや」と笑っていたものでした。

開高先生、縁というのは不思議なものですね。生涯の伴侶と馬が合わず、不幸な顚《てん》末《まつ》を迎えることもあれば、自分の意図しないところで素晴らしい巡り合わせを生むこともあります。この「Ｐｅｎ」の前身の雑誌は「ギリー」といいましたが、この名称は、あなたと釣りの番組をつくるため、スコットランドを訪れたスタッフが、現地で出合った言葉と聞いています。「案内人」という意味だそうですが、当時の日本人には受け入れられず、わずか半年で休刊となり、「Ｐｅｎ」として再出発したのでした。

長く続けてきたこの連載も、今回をもってその掉尾《ちょうび》を飾ることになりました。突然この世に呼び戻され、高貴なエピソードから下世話なジョークまで、ペンの走るままに書き立てられた怪物たち。身勝手なこのわたしを笑って許してくれた、すべての敬愛する怪物たちへ。合掌。

すべての人間のなかに怪物が棲んでいる。

本書は、雑誌「Ｐｅｎ」で２０１４年９月１日発売号から、４年３カ月間にわたり連載したエッセイをまとめた単行本『そして怪物たちは旅立った。』（ＣＣＣメディアハウス）を、文庫版として装いをあらたにしたものである。この連載は「Ｐｅｎ」編集部のサトウ・トシキが着想したものだ。それはある日、サトウがわたしの仕事場を訪れて発した言葉からはじまった。

「シマジさんが個人的に興味のある歴史上の人物を１００人選んで、あたかもその人物の葬式に出席して弔辞を読むように、その人物のなかに潜んでいる怪物性を抉《えぐ》り出して書いていただけませんか」

「面白い！」とわたしは膝を叩いて引き受けた。すべての人間のこころのなかに〝怪物〟は棲んでいるのだと、カントも語っているが、わたしも常々思っている。まして歴史上に名を残すほどの人物ならなおさらであろう。物書きはまずファーストリーダーである担当編集者を感動させ唸らせることが重要である。福島県出身のサトウが、小学生のときに読まされた野口英世の伝記と、わたしの書いた原稿とのあまりの落差に驚愕した。

貧しい農家の生まれで、幼い頃いろりのなかに落ちて左手に大やけどを負ったのも、幼年の頃シジミを売って歩き、親孝行の鑑《かがみ》として崇められたのも、神童といわれたほど勉強ができたことも事実であるが、野口英世の秘められた怪物性は、病的なまでの浪費家であったことだ。

いよいよ夢が叶ってアメリカ留学に旅立とうとしたとき、婚約した女性の実家から工面してもらった300円と、東京の父母と仰ぐ小林栄夫妻からいただいた200円の大金を懐に、野口は送別会と称して数十人の友達を集め豪遊し、その日のうちにほとんど使い果たしてしまったという。この見境もつかない豪気さこそまさに〝ロマンティックな愚か者〟だと、わたしは野口の怪物性を賞賛した。

当時300円の金がないとアメリカに入国できなかった時代であった。野口はやむなく再び300円を用意してもらって、アメリカに旅立った。そんな借金大王の野口英世がすました顔して現在千円札のなかにちゃっかり収まっているのが面白いと、わたしは書いている。

本書で取り上げた100人のなかで卓越した怪物は誰だと問われれば、わたしは大正9年に「人生、一度は貧乏くじを引いてみるか」と東京市長になった後藤新平だろうと強調したい。

そして後藤は東京市長になったとき、3人の助役を選んだ。安かった助役の年俸を引き上げるため、まず市長の年俸を2万円から2万5千円に上げ、しかも自分の上げた年俸は全額東京市に寄付し、ちゃんと所得税まで払った怪物である。

後藤新平はこの世から旅立つ前に素敵な言葉を残している。

「よく聞け。金を残して死ぬやつは下だ。仕事を残して死ぬやつは中だ。人を残して死ぬやつは上だ。覚えておけ」

そして後藤はそのことを有言実行した。後年読売新聞を再建した正力松太郎が警視総監就任を目前にして虎ノ門事件が起こり、退職金ももらえず免官されたとき、後藤は正力を自宅に招いて、

「あせってヘンな仕事に手を出すなよ。ここに1万円ある。君に進呈する。2、3年、ゆっくり骨を休めろ」

と、失意の正力を励ました。そしてまもなく無聊《ぶりよう》を託《かこ》っていた正力のところに「10万円都合がつけば、赤字続きの読売新聞を任せる」という話が舞い込んできた。さっそく正力が後藤に相談すると、「よし、わかった。少し待てば出してやる。しかし失敗したら、無理に返済することはない。それからおれが出したことは内密にしておいてくれよ」と後藤は正力を助けたのである。

正力は死に物狂いで働いて読売新聞社を立て直し、借金はやがて全額返済した。後藤が正力に工面してやった10万円の大金は、麻布の自宅を担保にして借りたものだった。後藤が亡くなったとき、正力はその事実を知って号泣した。その正力松太郎も取り上げた100人のなかに入っている。正力も3万部で引き受けた新聞を300万部

にした怪物である。

外国勢の怪物中の怪物は、タイタニック号と一緒に死んだスミス船長だろう。救命ボートから助けのオールが差し出されたにもかかわらず、それを拒否し「みんな元気を出すんだぞ！」と一言いい残して、深夜の冷たい暗い海の遠くを目指し泳いで消えていったスミス船長の荘厳な死に様に、感動せずにはいられない。

序文で塩野七生さんがユーモアたっぷりに書いているように、毎夜、寝る前に2、3人を選んで読んでくださることを切望してやまない。

島地勝彦

本書は、ＣＣＣメディアハウスより刊行された『そして怪物たちは旅立った。』を、文庫収録にあたり改題のうえ、改筆したものです。

島地勝彦（しまじ・かつひこ）

1941年、東京・奥沢に生まれる。4歳で岩手県一関市に疎開し、一関第一高等学校を卒業。青山学院大学卒業後、集英社に入社。「週刊プレイボーイ」編集部に配属され、1983年に同誌編集長に就任、100万部雑誌に育て上げる。その後「PLAYBOY日本版」「Bart」の編集長を歴任し、取締役を経て、集英社インターナショナルの代表取締役に。2008年に退任後、エッセイスト&バーマンに転向する。シングルモルトをこよなく愛し、現在、西麻布にて「サロン・ド・シマジ」を経営、毎日バーカウンターに立つ。

著書に『甘い生活』『知る悲しみ』『アカの他人の七光り』（いずれも講談社）『salon de SHIMAJI バーカウンターは人生の勉強机である』（CCCメディアハウス）など、多数がある。

知的生きかた文庫

時代《じだい》を創《つく》った怪物《かいぶつ》たち

著者　島地《しまじ》勝彦《かつひこ》
発行者　押鐘太陽
発行所　株式会社三笠書房
〒一〇二-〇〇七二　東京都千代田区飯田橋三-三-一
電話〇三-五二二六-五七三四〈営業部〉
〇三-五二二六-五七三一〈編集部〉
https://www.mikasashobo.co.jp
印刷　誠宏印刷
製本　若林製本工場

ISBN978-4-8379-8825-0 C0130
JASRAC 出 2302463-301